U0886357

宁波市文化研究工程项目

宁波帮志·文化卷

周兴华 著

中国社会科学出版社

图书在版编目（CIP）数据

宁波帮志·文化卷／周兴华著．—北京：中国社会科学出版社，2009.11

ISBN 978-7-5004-8104-1

Ⅰ．宁…　Ⅱ．周…　Ⅲ．商业史-宁波市　Ⅳ．F729

中国版本图书馆 CIP 数据核字（2009）第 158232 号

责任编辑　宫京蕾
责任校对　张　青
封面设计　弓禾碧
技术设计　李　建

出版发行　中国社会科学出版社
社　　址　北京鼓楼西大街甲 158 号　　邮　编　100720
电　　话　010-84029450（邮购）
网　　址　http://www.csspw.cn
经　　销　新华书店
印　　刷　北京奥隆印刷厂　　装　订　广增装订厂
版　　次　2009 年 11 月第 1 版　　印　次　2009 年 11 月第 1 次印刷
开　　本　880×1230　1/32
印　　张　11.125　　插　页　2
字　　数　255 千字
定　　价　28.00 元

凡购买中国社会科学出版社图书，如有质量问题请与本社发行部联系调换

版权所有　侵权必究

《宁波帮志》编辑委员会

主　任　谢永康

委　员　林崇建　王启富　袁海林　姜建蓉

　　　　俞建文

主　编　戴光中

总　　序

戴光中

宁波，秦代称“鄞”，意为商贸之邑，是我国极少数源自商贸的古地名之一。

所谓宁波帮，原本是指明清以来浙江宁波府属鄞县、慈溪、镇海、奉化、象山和定海（今之舟山市）六邑的地域性商人集团。孙中山在1916年说过：“宁波人素以善于经商著，且具坚强之魄力”；“宁波开埠在广东之后，而风气之开不在粤省之下。且凡吾国各埠，莫不有甬人事业，即欧洲各国，亦多甬商足迹，其能力之大，固可首屈一指也。”① 1949年5月6日，毛泽东致电解放浙东的前线将领，指示：“在占领绍兴、宁波等处时，要注意保护宁波帮大小资本家的房屋财产，以利我们拉住资本家在上海和我们合作。”② 这表明毛泽东也是这么看待的。但当1984年8月1日邓小平发出“把全世界的宁波帮都动员起来建设宁波”的指示③，其内涵就大而扩之了，不仅仅限于商人集团，而且泛指活跃在国内外各项事业的甬籍

---

① 1916年8月25日《杭州国民日报》。

② 《毛泽东文集》第5卷，人民出版社1991年版，第290页。

③ 宁波市政协文史委编《宁波帮研究》扉页，中国文史出版社2004年版。

人士。同时，由于新中国成立后宁波行政区划的变化，其地域又增加了原属绍兴府的余姚市和原属台州府的宁海县。

宁波位于东部海岸线的中段，南通闽粤，东接日本，北与朝鲜半岛相望，扼南北水路之要冲，拥天然深水之良港，遂有“恬风波而轻生死”的甬商，前往沿海各地乃至东北亚、东南亚各国经营航运和贸易，自唐至明，海外杂国，贾舶交至，“番货海错，俱聚于此”，号称“市廛所会，万商之渊”。这里是东方“海上丝绸之路”、“海上陶瓷之路”的始发港之一。明嘉靖二年（1523），宁波发生日商“争贡事件”，因此而遭海禁。于是甬商“弃海登陆”，习计然策，谋什一之利，足迹遍及天下，声势有增无已，中国十大商帮中有了宁波帮。清末浙东民谚“无宁不成市，无绍不成衙”。意思就是没有一个集市没有宁波商人，没有一个衙门没有绍兴师爷。发展到20世纪上半叶，宁波帮更是超越老牌的徽商、晋商，以其雄厚的实力，在经济金融中心大上海独占鳌头。新中国实行计划经济，宁波帮在大陆进入休眠状态。但移师海外的宁波帮依然活跃，人数不多，质量较高，涌现出好些世界级的商海巨子。改革开放后，大陆宁波帮也迅速复苏，新生代悄然崛起，并与海外宁波帮交融合流，展现出新时期重振雄风的勃勃生机。

孙中山、毛泽东、邓小平这三位世纪伟人，都对宁波帮如此关注，足见其地位之举足轻重。其实，学术界的兴趣也相当浓厚。早在1909年，就有相关论文在国外发表，德国学者马克斯·韦伯在其名著《儒教与道教》中予以引用和肯定。从那时到今天100年间，中外学者对于宁波帮的研究不绝如缕，时有佳作。特别是邓小平谈话公开之后，在海外宁波帮积极响应、报效桑梓的同时，宁波帮研究也掀起了空前的热潮，并呈现出方兴未艾之势。因此，当世界经济发展到21世纪、中华民族将实现伟大复兴之际，我们大有必要全面系统地整理迄今为止有关宁波帮的研究成果，以利于进一步的研究，从而推动当代宁波帮为家乡乃至大中华地区经济腾飞作出应有的贡献。这就是我们编辑出版《宁波帮志》的动机所在。《宁波帮志》拟分十卷：第一历史卷，第二实业卷，第三人物卷，第四会社卷，第五善举卷，第六教育卷，第七文化卷，第八科技卷，第九遗迹卷，第十文献卷。各卷单独成书，最后汇编成志，集此前之大成，开后世之新宇。

2009. 6. 21

目　录

导　言

宁波帮这一称谓原指明清以来旅外从事工商业的宁波（包括鄞县、镇海、慈溪、奉化、象山、定海、余姚、宁海）商人群体，现在它的内涵已经有所拓展，泛指在经济社会与科学、教育、文化等领域奋发有为的旅外宁波籍人士。作为商帮，宁波帮在金融、商业、航运、工业等实业界作出的贡献有目共睹，而在文化领域，他们同样出类拔萃。20世纪初叶，以上海为中心，中国社会在外来文化的影响下发生了翻天覆地的变化，在这个进程中，宁波帮以强烈的开放意识和开拓精神有力地推动了中国文化产业与文化事业的发展。他们不断吸纳先进的理念与先进技术，创办产业，研究技艺，无论是电影、娱乐界，还是出版、文博、体育界，宁波帮都在全国占有一席之地。他们夺得了多个“第一”与之“最”，既是这个领域中的开拓者，又是最高水平的代表者。在中国现代文化发生翻天覆地变化的进程中，宁波帮以强烈的开放意识和开拓精神有力地推动了中国文化产业与文化事业的发展。与宁波帮其他实业界人士相比，在文化界的奋斗者最突出的特点是他们有不同的身份，但又有共通的终极目标。

一 宁波帮在文化领域中的不同身份

立足于文化领域看宁波帮，可以看到这个群体的两种身份：“文化产业家”及“文化事业家”。前者的目标是“商”，后者的目标是“心”。这两种质素有时分离，有时又交错地体现在一个人身上，从而显现了宁波帮在文化追求上的特色。

“文化产业”作为一个术语于新世纪之交才在学术研究与文化管理领域里广泛应用，但作为一种经营类别，20 世纪初期宁波帮就已在上海开了先河。经过将近一个世纪的奋斗，宁波帮在电影业、娱乐业、新闻出版业、文物业、博物馆业、体育业、艺术业、文化科技与科研以及文化交流方面，都取得了骄人的成绩。张石川把自己创办的“明星影片公司”办成了赫赫有名的企业，他设置机构，创办杂志，开办演艺训练班，制造明星，注重管理，发展院线发行、媒体宣传等相关产业，为中国早期电影产业竖立了标杆。黄楚九首创娱乐场，他先在“新新舞台”屋顶上办起了“楼外楼”，而后又创办了出奇制胜的“新世界”，接着又建造了闻名中外的“大世界”。大世界“新奇别致，百戏杂陈”，全国南北戏剧于此汇聚，各种休闲设施齐备，强烈的海派文化气息吸引着成千上万的海内外宾客，以至有了“不到大世界，枉来大上海”的说法。直到今天，“大世界”仍是一个标志，见证了中国现代市民文化的过去与现在。鲍咸昌主持的商务印书馆在 20 年的苦心经营中一跃成为中国以及亚洲最大的文化出版企业，不仅打破了外国人垄断中国近代印刷业的局面，也成为中国近代印刷业全面崛起的标志和动力。他们编写各类教科书，编纂《辞源》等大型工具书，译介西方学术名著，出版当代著名作家的文学作品，整理重要古籍，编辑“文库”、“丛书”，出版各类杂志，创办东方图书馆、尚公小学校，制造教育器械，甚至拍摄电影，在海内外铸造了民族出版业最著名的品牌，创造了中国现代出版业的诸多第一。

然而文化产业毕竟是一个特殊的行业，经济效益当然是经营者关注的目标，但似乎又不止于此。比如戏剧、电影导演应云卫为了他所热爱的戏剧、电影事业，放弃了收入丰厚的稳定职业，去做生活没有保障的“戏剧买办”，一度生活窘困到连自己的孩子都只能寄养在亲戚家里；邵洵美为了文化普及与文化教育的理想，以一种“堂吉珂德”式的精神致力于出版事业，最后不仅倾尽精力也赔光了家产；张寿镛藏书 16 万卷，广收善本、珍本及乡贤遗著，最终又把这些都捐献给了国家；还有袁牧之、周信芳、丁景唐、林海峰这一群人，他们以高超的专业能力在各自领域里独领风骚，那种兢兢业业的事业心，使他们超越世俗功利将文化的发展与传承作为生命的寄托和目标。从这一点上看，“文化产业家”与“文化事业家”的区别是明显的，为“利”还是为“心”成为区分二者的突出标志。

可是，问题的复杂性在于，有些获得“商业”成功的文化产业经营者，有时又会出现一种特殊的精神状态，就是为“钱”也为“心”。比如张石川自从进入电影界就一直在这块阵地上坚守，他的搭档郑正秋曾因喜爱文明戏一度离开影业，张石川却拍了一部电影就再也放不下了，整整干了一辈子。他崇尚“票房价值”，鸳鸯蝴蝶派影片赚钱就拍鸳鸯蝴蝶片；武打片卖座就拍武打片；“左翼”电影兴起，他就拍了《脂粉市场》、《前程》、《压岁钱》等片。他既开滑稽娱乐的先河，又是长篇正剧的导演；既是武侠神怪电影的始作俑者，又是“左翼”新潮的拥护者，一边拍摄进步电影，一面拍摄鸳鸯蝴蝶派影片。[1] 他的选择肯定与商业有着密切的关系，但连续几天几夜站在水银灯下拍片，自己的公司被烧毁后就到别的公司拍片，这些行为用“商业追求”作简单解释就很难令人信服了。张石川晚年身体状态很糟糕，可一听柳中亮请他帮助办好“大同”，立刻就生知遇之感，马上打起精神再干一场。他在病榻之上替柳家筹划一切，一点一滴地指点柳和清工作，还勉力拍了一部《乱世的女性》。即使明白柳中亮想榨取他最后的一点东西，却仍然把自己所有的经验都告诉给他。显然这已与商人的唯利是图不能同日而语。从艺术的高度去评价张石川的电影，大概精品不多，然而他视电影为生命支柱的敬业精神至今仍然给人留下深刻印象。

张静庐也是如此。比起张石川，他有更清晰明确的事业意识。他说：“我是个‘出版商’，二十年来生活在这圈子里，姑不论对于文化工作做到如何成绩，对于社会影响达到怎样程度，但是，我是个‘出版商’而不是‘书商’，希望认识我和不认识我的朋友们对于我有这最低限度的了解！——这是‘差之毫厘谬以千里’的分界线。”[2] 在张静庐看来，出版商和书商虽然都是在做关于书的生意，都关心利润，但他们的追求目标却十分不同。出版商有自己的责任和使命，他所关心的并不仅仅是账单；而书商则将赢利放在首位，出版书只不过是赚钱的工具而已。正因为这样，张静庐才会对只有薄薄六本的所谓《高尔基全集》充满愤怒，认为这“丢尽中国出版家的脸”。他是以做文化事业的精神来做文化产业，其境界要远远

---

① 参见 http：//baike. baidu. com/view/29224. htm。

② 张静庐：《在出版界二十年》，江苏教育出版社 2005 年版，第 136—137 页。

高于商业的追求。这当是宁波帮在文化产业经营中非常突出的一个表现。

二 宁波帮文化界人士超越功利的人生目标

尽管在文化领域内，宁波帮的身份有所不同，但他们的人生目标却有共通之处，那就是以自己的努力求得自我实现。即使他们没有在商业上获得成功，也会是专业领域里的佼佼者。这种确证自我的人生观和价值观，使他们总能令人刮目相看。

美国心理学家马斯洛曾以一个金字塔图形来解释人类不同层次的需求。最基本需求是生理需求，这是赖以生存的必需；再上一层是安全需求，是对人身安全、生活稳定的渴望；第三层是归属需求，是社会交往上的需要和满足；第四层是爱与敬的需求，关心的是成就、名声、地位，而最高层的自我实现需求，以充分发挥自己的天赋、才能和潜力为目标，属于人类最崇高和神圣的精神家园。假如从这一角度来看文化领域中的宁波帮，会发现金钱只是他们自我价值实现的工具之一，但他们绝不会把赚钱当成人生的终极目标。

应昌期作为在金融界、实业界赫赫有名的人物，并没有在商业的成功中得到最大的精神满足，他生命中最重要的东西是围棋。他用经商赚来的财富去推动他所喜爱的围棋事业——恢复中国围棋组织，建立职业棋士品位制度，推广新闻围棋比赛，改良棋具，发明计点制围棋规则，捐资举办被称作“围棋奥运会”的应氏杯世界职业围棋锦标赛。他创造了多个世界围棋之最——第一个提出世界围棋规则要统一；第一个倡导举办世界职业围棋锦标赛；第一个举办世界电脑围棋赛；第一个推出应氏杯世界青少年围棋赛。他的朋友说，应昌期是把围棋当成自己的事业，而经商只是他的职业，无论金钱多么重要，都无法超越围棋的魅力。在他身上，我们看到宁波帮最了不起的地方，那就是——他们既是成功的商人，又是能以金钱为中华民族赢得尊严的人，无论是应昌期创办的四年一次的“围棋奥运会”，还是邵逸夫颁发的被称为“东方诺贝尔奖”的“邵逸夫奖”，都将金钱的能量发挥到极致，从而在自我价值的展现中获得真正的成就感。

再看上海巨商黄楚九，表面看来他所作的一切似乎都是为了赚钱，然而在他不断开拓事业的过程中，依然能够感受到“醉翁之意不在酒”的意味。他在药业经营上取得了巨大成功，成就、名声、地位都已拥有，即使只守住这块阵地依然是沪上巨富之一。然而他却不断涉足新领域，由药业而至娱乐业，再到烟草业、银行业、服务业，成为“百家经理”。这些作为如果只用商人的唯利是图来判断，实际上很难讲清他四面出击的心理动机——金钱虽然已经帮助他赢得了尊严与成功，但社会上的承认未必就能代表自我的心灵满足。所以如果将黄楚九对事业的不断拓展理解为他对自我价值的确证，似乎便能解释他在大世界开园时的意气洋洋了。

将心灵价值放在第一位的人，会毫不犹豫地将世人看得很重的东西轻易放弃。张寿镛在民国时期先后当过十多年的财政官员，后来却辞官办学，以藏书、读书、著书为乐。他的学生曾说，“张校长生平三大快事，做官不在其列”。他刊刻大型乡邦文献集《四明丛书》，历时 11 年，汇成 8 集，184 种、1184 卷，① 卷帙之巨，为国内乡邦文献所罕见。无论誊写、雕版、印刷，都没有得到政府的任何资助，全靠个

---

① 因统计方法与标准不一致，对《四明丛书》的“种”与“卷”的数字统计也不统计。本书采用的是宁波天一阁博物馆研究员虞浩旭的说法。

人的心力倾注。他将个人的价值定位在对民族文化的保护之上，身外之物便可以置之度外。他将藏书献给国家，又将《四明丛书》全部雕版以其夫人的名义捐赠给浙江图书馆，藏书的价值、刊刻的价值因此得到了充分展示，他也完成了心灵意义上的自我实现。在这一类人的心中，金钱与功利并不是人生的终极目标，自我价值的实现才是最重要的。所以袁牧之会为了戏剧放弃人人都认为前途无量的法学学业，马承源会在政治突出的年代辞掉政治职务而专心于文物，应云卫、邵洵美为了自己心爱的事业用尽家产仍然无怨无悔……这是他们给自己设计的人生之路，超越金钱，超越功利，基于信念，止于心灵。这条路纵然让他们历尽磨难与挫折，依然能够做到义无反顾。

这就是在文化领域活动的宁波帮独具的迷人风采。他们以商人的精明，推动了中国传统商业向现代商业的转型，推动了近代中国文化产业的发展；又以书生的操守，在对事业的执著追求中体现了超越性的人生境界。

三　宁波帮文化界人士的重要贡献

无论是经营文化产业，还是致力于文化事业，宁波帮作出的贡献都是有目共睹的。有形的贡献是他们在这一领域内创造了多个“第一”和之“最”，无形的贡献则是渗透在他们日常行动中的人格精神，而这正是宁波帮的核心精神之所在。

人常说，宁波帮敢为天下先。这种可贵的开拓精神使从事文化事业的宁波人在多个领域中领风气之先。在娱乐界，黄楚九创办了中国第一家屋顶花园“楼外楼”，中国第一家综合娱乐场“新世界”，建立了远东第一大游乐场“大世界”，创办了中国第一家发行量最大的娱乐企业报《大世界报》；在电影界，张石川组织经营了中国第一个电影制片公司——新民公司，导演了中国第一部有情节的故事片《难夫难妻》，第一部新闻片《上海战争》，第一部多集武侠片《火烧红莲寺》，第一部有声电影《歌女红牡丹》；在出版界，张静庐首创我国第一家以代订、代办、代理杂志发行业务为专业的新型书店，邵洵美从德国引进了代表中国当时出版最先进水平的全套影写版照相、制版、印刷设备；在报业，金臻庠创办的《时事公报》是宁波历史上发行时间最长、发行量最大的报纸；在文博界，马承源是文物抢救第一人，他主持建造的上海博物馆是“二十世纪最后的绝唱”；在体育界，王正廷是首位中国奥委会委员，舒鸿是首位奥运会篮球决赛裁判，林海峰是日本首位“名人本因坊”，傅其芳教出了首位中国乒乓球世界冠军……这些载于史书的辉煌既是宁波更是中国的骄傲，也对中国的文化事业产生了巨大的推动作用。

很多在文化领域奋斗的宁波帮人士，都有一个艰苦的创业过程，白手起家，惨淡经营，但历经挫折而不倒，在跌倒处他们总能很快爬起来。邵醉翁的“天一影业公司”曾在“六合围剿”之下经营惨淡，但重压之下却能另辟蹊径，最终在南洋将自己的事业壮大起来；林海峰作为日本围棋划时代的人物，共赢得35个日本正式棋赛冠军，被称为“不死鸟”、“常青树”、“永不沉没的航空母舰”。但在20世纪60年代，他也曾连遭败绩，最后才得翻转。1965年，林海峰与当时日本棋坛新锐石田芳夫对局，曾经九连败。在接下来的七番棋决赛中，又连输三盘。1973年，卫冕冠军林海峰在第12届名人战中遭到石田芳夫九段的强有力挑战，对方开始以3比0领先，可林海峰毫不气馁，竟然连取四胜，使日本围棋史上第一次出现了三连败后反败为胜的案例。他以相扑

“二枚腰”式的精神力量作支撑，处于劣势也绝不放弃，拼尽全力，坚持到底，从而在最后关头造成逆转。这应该是宁波帮屡获佳绩的内在力量。

开拓之源在于创新，走向成功则需要百折不回，需要敬业精神。宁波帮的文化人士便作出了这样的榜样。张石川为中国电影付出了毕生精力，他静下来的每一分钟都在考虑编剧本的问题，生活极其单调，除了拍戏，还是拍戏。他一生编导了156部影片，成为中国早期电影作品最多的导演。黄楚九办“大世界”，可谓用心良苦，他仔细研究大众心理，投其所好，以低廉的票价满足游人的好奇心、凑热闹心，满足文人雅士的闲情逸致。不仅京戏、地方戏、南北曲艺、杂耍、魔术，应有尽有，还有哈哈镜、诗谜、小报凑趣，更有从美国进口的惊险格斗片及其他娱乐设施供人玩乐。“大世界”之所以能成为远东最大，成为上海的标志，在很大程度上取决于这个花花世界的丰富多彩。而它的兴盛显然与经营者的敬业之心有着直接的关系。

敬业的核心是对消费群体的了解和经营中的服务意识。只有社会公众接受了经营者所提供的文化、娱乐产品，才能实现经济效益和社会效益。黄楚九在娱乐业中投大众之所好设置娱乐项目，既考虑了消费者的需求也体现了服务的基本宗旨，所以才会有日达两万人的盛况；张静庐的光华书局、上海杂志公司从细节上体现出服务的温暖，从而使读者数量大增。当年张静庐爱书却没钱买书，只好到书店林立的棋盘街上去当“巡阅史”，现在他出书卖书，就把大门向这个人群敞开。他采用开架售书的方式，竭诚欢迎没有钱买书的读者自由自在地翻看所需要的书籍和杂志。这个开现代中国开架售书之先河的举动，显现了文化产业推广文化事业的自觉精神，直到今天还为人们所沿用。张静庐后来开办上海杂志公司，替读者代订杂志，提出“改定、退定的绝对自由”的原则，更将服务精神贯彻到细枝末节，从而使读者对上海杂志公司充满信任。张静庐因此而大获其利，取得了商业上的成功。

文化领域里的宁波帮为“利”、为“心”也为“义”。在国家遭受外侮之时，宁波帮讲原则，重气节。巴黎和会上，任北洋政府外交总长的王正廷正气凛然地拒绝在《巴黎和约》上签字；“一·二八”时，张石川冒着生命危险深入前线拍摄抗日纪录片；就连青帮头子黄金荣也开放了“荣记大世界”和“黄金大戏院”安置无家可归的难民。抗战时期，柳氏兄弟停办“国华”影业公司不与日伪为伍；金臻庠登报声明他的《时事公报》已被日伪抢走利用；邵洵美在这个非常时期创办了多种刊物反映人民的呼声——《时事日报》、《自由谭》不仅揭露日寇的暴行和汉奸的无耻，还向读者推荐毛泽东的《论持久战》，直至在日本特务的威胁恫吓下被迫停刊。宁波帮“见利思义”、不赚“昧心钱”的骨气由此可见一斑。

“见利思义”在宁波帮回报家乡回报社会这一点上更突出地显现出来。宁波帮绝大多数的商者只要积有余资，莫不兴办慈善公益事业，造桥铺路，设工厂，办医院，造福桑梓。从事文化产业的鲍咸昌、黄楚九、黄金荣等均有此类善举，而气势恢宏的大手笔是邵逸夫与应昌期的捐资活动。邵逸夫不仅捐资数十亿用于祖国各地的医疗教育事业，还设立了与诺贝尔奖相媲美的“邵逸夫奖”，以奖励未被诺贝尔奖纳入的科学工作者们；而应昌期不仅捐资百万建立应昌期围棋基金及上海应昌期围棋学校，还举办与奥运会同年进行的世界围棋大赛，以弥补围棋未列入奥运会的缺憾。他们将华人的气魄与胸怀借金钱的力量尽显于此，展现了中国人的大超越和大气概。在他们的眼中，金钱的极致不是个人占有，而是超越生存享乐展现个人与民族精神风采的工具，“积财给子孙，不如积德给子孙”，这平实的话语道出了宁波帮对金钱的理性态度，正因为此，才使这个商帮见识不凡，卓尔不群，从而在全国各大商帮中居于很难替代的优势地位。

第一章

电影界人物

一　宁波帮与中国影视发展概述

电影在中国自1905年诞生以来，宁波人的身影就与中国电影的发展如影随形。从电影事业家到编导、演员，从摄影、录音、美工到剪辑、服装、道具、化妆，从电影评论家到电影管理者，几乎每个行业都有宁波籍的行家里手："编导方面有中国一流的电影大师张石川、袁牧之、应云卫、桑弧等；电影事业方面有亚洲娱乐大王邵逸夫等；在电影表演艺术方面有老一代的张翼、舒适、陈燕燕、韩非、白穆、乔奇、王丹凤和新一代的洪金宝、张小磊、陈肖依、周星驰、林芳兵、王志文等；在电影摄制方面早期有郑崇兰、余省三、周诗穆、董克毅等，后期又涌现出费俊庠、罗从周、葛伟卿等，以及新中国以后新一代的优秀电影摄影师陈锦俶、蔡继渭等；在电影工业方面，有发明制造中国第一台35毫米有声摄影机，填补这一领域空白的郑崇兰等；而在电影录音、美工、音乐、剪辑等门类中，宁波人更是涉足者众多，如研制出中国第一台电影磁性录音机的录音技师林圣清，美工师张云乔、俞翼如、谢棨前，洗印师夏国伟，动画设计师楼青蓝、洪德顺，特技美术师史久铭、谷家栋，作曲家陆仲任、车明，电影剪辑师黄汉、朱小勤、姜兴隆，化妆师乐羽候，道具师徐国梁，服装设计师夏亚一等。”[①] 宁波电影人名人荟萃、大师辈出，在中国百年电影史的大背景上，每个时间段都有宁波影人不懈奋斗的身影。

（一）

在中国电影最早的尝试期，有宁波人张石川创办的“新民公司”（1913）及“幻仙影片公司”（1916，这是中国第一家民族资本自主经营的电影公司），他摄制的《难夫难妻》成为中国第一部短故事片，而他根据同名文明戏改编拍摄的影片《黑籍冤魂》，又成为中国故事片创作从短片向长片的过渡作品，不仅直接导致“影戏”电影在20年代独步影坛，对以后中国电影史上戏剧电影的长盛不衰，也产生了较大影响。

1922年，中国电影进入了发展期。此时不仅有张石川与郑正秋合作创办的明星影业公司，还有甬人邵醉翁兄弟的“天一影片公司”。明星公司于1922年拍摄的电影《劳工之爱情》是我们今天所能看到的最早的中国电影，而张石川于1923年拍摄完成的影片《孤儿救祖记》，在编、导、演、摄影、美术、制作等各方面都有明显提高，它的问世，标志着中国早期电影的拓荒者已经开始掌握艺术追求、教育作用和票房价值三者间的有机联系，初步找到电影在自己民族土壤中赖以生存和发展的道路。不久之后，张石川拍摄的《火烧红莲寺》（1928）作为中国第一部多集武侠影片在商业上获得成功；《歌女红牡丹》（1931），又成为中国第一部蜡盘发音有声片而享誉海内外。邵氏兄弟的“天一影片公司”在成立之初就以明确的市场取向成功引领了“稗史片”、“古装片”的风潮，他们杀出“六合围剿”的重重围困在南洋发展，最后在其继

---

① 郭学勤：《宁波帮与中国近现代电影业》，中国文史出版社2006年版，第10—11页。

承者“邵氏兄弟影业公司”那里创造了一个辉煌的电影帝国。张石川与邵醉翁是中国早期电影当之无愧的拓荒英雄，而邵氏兄弟则是中国电影发展的历史见证人，他们创办的电影公司堪称中国电影三最：亚洲最大、拍片最多（共1000多部）、经营历史最悠久，迄今为止已逾80年，是中国电影史上唯一一家自20世纪20年代起，把电影业一贯到底的私营电影企业。从默片到有声，从黑白到彩色，中国电影的每一步演变都有邵氏家族付出的心血。

20世纪30年代以后，“左翼”电影大量涌现。宁波人应云卫、袁牧之则是“左翼”电影人中的佼佼者。应云卫导演、袁牧之主演的《桃李劫》（1934），不仅传达了进步的内容，而且还是艺术创新的典范。它是中国第一部以完整的有声电影手法创作的影片，音响在这里第一次成为一种艺术表现的手段。袁牧之主演了《风云儿女》（1935），成为中国第一个在银幕上演唱《义勇军进行曲》的人。他编导的《都市风光》（1935）是中国第一部音乐喜剧故事片，该片是中国电影音乐创作的一座最重要的里程碑，其对电影音乐的自觉运用，表明我国电影音乐艺术创作已从幼稚走向成熟。而其1937年编导的《马路天使》代表了“左翼”进步电影的最高成就，不仅赢得了国内极高的评价，也赢得了国际声誉，使中国电影扬名西方世界，提高了中国电影的国际声望。

（二）

1949年后，中国电影进入了一个新的发展时期。宁波电影人创下了若干个第一。

袁牧之创建了第一家人民电影制片厂——东北电影制片厂，并出任厂长。他领导东北电影制片厂生产了新中国电影事业的第一部多集有声纪录片《民主东北》（1947）、第一部木偶片

《皇帝梦》(1947)、第一部动画片《瓮中捉鳖》(1948)、第一部短故事片《留下他打老蒋》(1948)、第一部科教片《预防鼠疫》(1948)、第一部译制片《普通一兵》(1949)以及新中国的第一部故事片《桥》(1949);1949年4月，中央电影管理局正式成立，袁牧之出任第一任局长。他制定出台了新中国第一批电影法律法规和具体规章制度，在中国电影史上第一次使全国公、私营电影业的管理有法可依、有章可循。

桑弧也有三个第一的光荣纪录：他拍摄了新中国第一部彩色戏曲片越剧《梁山伯与祝英台》(1953)。影片上映后创下了一亿多人次的观影纪录，造成万人空巷的盛景；他拍摄了新中国第一部彩色故事片《祝福》(1956)，桑弧也因此成为从上海跨省到北影拍片的第一位导演；他拍摄了新中国第一部立体电影《魔术师的奇遇》(1962)，该片以全新的形式和强烈的喜剧色彩受到观众的欢迎。

于学伟创下了另外三个第一：他导演了新中国第一部少数民族题材的电影《内蒙人民的胜利》(1950)，导演了新中国第一部中苏合拍的影片《风从东方来》(1959);同时他又是新中国第一部导演出身的导演学教授。

宁波的山水哺育出了众多的优秀电影人，作为一种“不多见的文化现象已为电影史学界关注”，这些为中国的电影事业作出巨大贡献的名字，构成了中国电影史上的座座丰碑，令后人充满了惊奇与感佩。郭学勤曾评价道：“在中国电影发展史上，宁波籍电影家是一支不可忽视的重要力量，他们对中国电影的发展作出了重大贡献，在中国电影发展的每一个重要阶段和重大转型时期，都起到了重要的甚至是不可替代的作用。”①

---

① 郭学勤：《宁波籍电影家对中国电影的贡献》,《当代电影》2006年第6期。

二 电影事业家

张石川与他的电影事业

张石川

张石川（1889—1953）原名伟通，字蚀川，因“蚀”字含有“亏本”之意，故改为石川，镇海霞浦（今属北仑区）人。1905 年随舅父到上海，后任美华洋行广告部买办。后与人合办文明戏班并经营上海新世界游艺场。1913 年，美商在上海经营亚细亚影戏公司，聘其担任导演，拍摄我国第一部短故事片《难夫难妻》。其后又编导《活无常》、《五福临门》、《脚踏车闯祸》等 10 多部短片。1916 年，自筹款开办幻仙影片公司，成为中国第一家自主制片的影片公司，改编并导演国产第一部喜剧片《劳工与爱情》（又名《掷果缘》）。不久任上海新世界娱乐场经理。1922 年，与郑正秋、周剑云、郑鹧鸪、任矜苹等人创办明星影片公司，任总经理兼导演。1923 年，执导我国第一部长故事片《孤儿救祖记》。1924—1928 年，执导了《玉梨魂》、《好哥哥》、《盲孤女》、《空谷兰》、《可怜的闺女》等 20 多部影片。并自编自导《四月里底蔷薇处处开》、《她的痛苦》等。1928 年编导武侠神怪片《火烧红莲寺》（1—18 集）。1931 年，导演了我国第一部蜡盘配音的有声片《歌女红牡丹》。此后，明星影片公司成为“左翼”电影运动的拍片基地，他参加了导演《战地历险记》、《脂粉市场》、《前程》、《压岁钱》等进步影片。至上海沦陷后，明星总厂为日军占据，他从战区抢救电影器材，加入国华影业公司。1942 年并入中华联合制片股份有限公司，出任分厂厂长兼导演。抗日战争胜利后，1948 年任上海大同电影企业公司制片主任。张石川一生从无声片到有声片共拍摄长、短故事片 150 余部，是我国早期拍片最多的集“编剧”、“导演”、“制片人”与“投资人”于一身的电影奇才。1953 年去世。

张石川从 1913 年 23 岁开始从事电影事业至 1953 年去世，他为了中国电影付出了毕生精力。他以富于探索冒险的精神为中国早期电影开辟道路，共编导了 156 部影片。在中国电影史上，他是第一位电影企业家，第一位导演艺术家，第一位电影事业家，是中国电影的拓荒者。

（一）第一位电影企业家

张石川出生于宁波一个养蚕的商人家，16 岁只身到上海谋生，在舅父经润三任总经理的华洋公司当一名抄写文书的小职员。张石川是一个刻苦努力的青年，白天上班，晚上苦读英语，果然不出两年他当上了美华洋行广告部买办。当上海出现了中国第一个话剧社团“春阳社”之后，新剧社团纷纷成立，张石川的舅舅经润三也看到了新剧的大好前景，成立了“立鸣社”，张石川担任经理，组织管理新剧演出。因为新剧他结识了郑正秋，也因此成了美国人开办的亚细亚影戏公司的顾问。

美国商人 B. 布拉斯基在 1909 年创办了亚细亚影戏公司，曾拍摄过《西太后》和《不幸儿》等短片，但不受中国观众欢迎。1912 年，布拉斯基将公司和部分资财转让于上海南洋人寿保险公司美国人依什尔和萨弗，但此二人不谙中国国情，遂邀请熟悉中国新戏的上海洋行广告部买办张石川担任顾问。具有精明头脑的张石川不满足于仅仅为洋人打工，很快他摸清了门路，便开始开辟自己的事业。

1913 年，张石川邀请郑正秋、杜俊初、经营三①等组织新民公司，专事承包亚细亚影戏公司的编剧、导演、拍摄、雇用演员等工作，影片的投资、发行以及相关电影设备则由亚细亚影戏公司负责。新民公司拍摄的影片《难夫难妻》，由郑正秋编剧并与张石川联合导演，这是中国人拍摄的第一部短故事片。与此同时，还拍摄了一部纪录上海民众声讨袁世凯、革命军攻打制造局和吴淞炮台实况的新闻片《上海战争》。郑正秋离开新民公司后，张石川又继续为亚细亚影戏公司拍摄了《活无常》、《五福临门》、《二百五白相城隍庙》、《脚踏车闯祸》、《一夜不安》、《老少易妻》、《死人偷洋钱》等近 20 部短故事片，内容多属庸俗无聊或滑稽打闹之类，但对电影表现手段的运用，起到了学步与试探的作用。1914 年第一次世界大战爆发，德国胶片货源断绝，亚细亚影戏公司即告歇业，新民公司也随之解体。

新民公司与亚细亚影戏公司的互相依赖关系，实际上为中国电影提供了一种新的操作模式。外方出资、国人办事，既保证了本土观众对影片的认同感，又未使投资者经济受损，同时为国人拍摄电影积累下许多宝贵的经验。这种投资发行与拍摄制作分离的方式，直到今天仍在电影业大面积沿用。此外，新民公司还创下了同演员签订合约的先例，对演员在具体拍摄期间的要求有非常明晰的规定，这也为日后中国民族电影机制留

---

① 经营三：经润三之弟，张石川的小舅父。

下不少值得借鉴的地方。张石川就这样成了中国电影制片业“第一个吃螃蟹的人”。

张石川创立的第二个影片公司是幻仙影片公司。1916 年，美国胶片大量进入中国，成为上海市面上的抢手货。出于对电影的执著，张石川邀请既喜欢新剧又酷爱电影的友人管海峰，与之合作在徐家汇创办了幻仙影片公司。这是中国第一家在经济上摆脱外国商人的自主影片公司。他们租用意大利侨民阿·劳罗的器材和摄影场拍片，拍摄了影片《黑籍冤魂》。这部影片讲述了一个因为吸食鸦片，致使家破人亡的悲惨故事。这个故事曾在 1913 年前后以文明戏的形式在上海各个剧场上演，反响非常强烈。张石川敏锐地洞察到《黑籍冤魂》的市场潜力，在新民公司时他就有意拍摄，但因亚细亚影戏公司不同意而未能实现。此时他亲自导演这部影片，采用实景拍摄的方式，打破了舞台空间的限制，采用了电影化的叙事原则。其蒙太奇手法的运用，极大地丰富了电影的艺术表现空间，影片上映后，影院座无虚席，观众反响热烈。

然而，拍电影毕竟需要大量资金，虽然张石川因摄制《黑籍冤魂》而赢利，但幻仙公司不善经营，又无远大计划，拍完一部片子之后就告结束，成为所谓的“一片公司”。张石川一度去经营游乐场，先是帮助舅母重振“新世界”，经手建造连接“新世界游艺场”和“新新世界”的地下通道，然而这个巨大的工程虽然在当时引起了轰动，人们蜂拥而来，但结果却造成了很多踩踏事故和刑事案件，加上地道渗水，最终将“新世界游艺场”和“新新世界”都先后赔了进去。后来张石川又创立“和平新剧社”，开办“大同交易所”，前者一年之后就倒闭了，后者却突然遭遇了交易所的倒闭之风。在这种情况下，张石川果断转向，于 1922 年利用所剩的 1 万元资金

(对外号称5万)，与郑正秋、周剑云、郑鹧鸪、任矜苹等发起组织了明星影片股份有限公司。

明星公司在运作方式上体现了现代企业管理的特色。

第一，张石川与郑正秋、周剑云成立了以三人为核心的领导集体，建立了严密的组织机构。五位主创人各尽其能，分工明确。张石川任总经理兼导演，郑正秋任协理兼编剧，周剑云负责行政兼发行，郑鹧鸪负责公司剧务，任矜苹负责宣传和对外联络。明星公司设有股东会、董事会以及总管理处，下设制片部、总务部和营业部。制片部设有编剧科、导演科、摄影科、剧务科、置景科等电影生产部门；总务部设有会计、文书、保管等科室；营业部设有片务科，负责收藏、修复胶片，以及业务科和宣传科。管理体制非常完整。

第二，明星公司及时调整制片路线，以适应市场需要。1924年以前明星公司共生产9部长短故事片，全部由张石川导演，他挖掘每一种能更多更好地赚取利润的创见、思路和方法，开拓每一块有着极大票房前景、能接受其梦幻统治的市场。在拍摄了数部纪录片之后，明星公司逐渐确立制片方针，依照张石川的意见，以纯商业价值为标准，开始创作娱乐性强、具有票房的“趣剧”，拍摄了《滑稽大王游沪记》（又名《卓别林游沪记》）、《劳工之爱情》(又名《掷果缘》)、《大闹怪剧场》、《张欣生》(又名《报应昭彰》）等影片。而后又调整思路拍摄伦理片《孤儿救祖记》大获成功。1924年冬，明星公司开始增招外股，并自建玻璃棚，购置水银灯、弧光灯及各种机械设备，同时聘请编剧、导演扩大自己的创作队伍，把公司引向大规模生产。

第三，明星公司充分利用“明星”号召票房。公司创办之始，便同时成立了明星影戏学校，为公司培养自己的明星。这是中国最早的电影演艺训练班。出于竞争需要，张石川又运用各种手段，捧红了光彩夺目的四大名旦：王汉伦、杨耐梅、张织云和宣景琳。公司甚至专门为某一演员写戏，或将演员的角色固定化，以确保上座率。如王汉伦被定位为悲旦，王献斋自《孤儿救祖记》之后就一直饰演“坏蛋”。这些明星在公司的运作机制下，充分展示了自己的才华，逐渐形成各自的风格。1927 年张石川又趁天一影片公司改组之际，把其“台柱”胡蝶挖了过来。胡蝶在“明星”主演了不少影片，1933 年又登上“影后”宝座，声誉历久不衰，成为“明星”的摇钱树。

第四，展开宣传攻势扩大影响。明星公司不仅在影响很大的《申报》上刊登电影广告，还创办自己的刊物配合宣传。1922 年，创办不定期刊《晨星》，宣传的大多是“明星”的影片。1925 年 5 月，明星公司又创办了自己的《明星特刊》，带有浓厚的宣传性质。1933 年 5 月，在提出变革计划后创办了《明星月报》，迥异于以前公司特刊的固定模式，着眼于整个电影策略的探讨。1935 年 4 月创刊了《明星半月刊》，延续了月报的特点，是以宣传为中心但又颇具思想性和娱乐性的刊物。纵观明星公司的发展史，伴随其间的各种期刊在不同时期都起到了配合宣传、扩大影响的不可忽视的作用。

第五，设立影院建立自己的发行网。为了使影片充分赢利，1925 年公司收购了申江大戏院（亦称申江亦舞台），并改名中央大戏院，专映国产片。1926 年张石川与百代公司经理张长福等集股，承租了雷玛斯的“夏令配克”、“维多利亚”、“恩派亚”、“卡德”、“万国”5 家影院，同时吸收“中华”、“平安”两家影院，组织为中央影戏公司。中央影戏公司直辖

7家影院，目标为“提倡国产影片”，实际上是明星公司自己的影院。1930年10月29日，张石川集资创办的明星大戏院在帕克路（今黄河路301号）揭幕。至此，明星公司在一定范围内拥有了自己的发行放映网。

作为一个电影企业家，张石川把自己创办的“明星影片公司”办成了赫赫有名的影业公司，占据了中国电影史上的重要篇章。他设置机构，创办杂志，开办了中国最早的电影演艺训练班，制造明星，开拓市场，注重管理，发展院线发行、媒体宣传等相关产业，为中国早期电影企业竖立了标杆典范。明星公司从1922年成立到1937年因“抗战”而停止营业，在近16年时间里共拍摄无声故事片142部、有声故事片50部、动画短片13部、短纪录片30余部，经历了从无声片到有声片的变革；曾创办《明星》、《明星特刊》、《明星月报》、《明星半月刊》等杂志和明星影戏学校，培养了包括编剧、导演、演员、摄影、美工、录音、剪辑、洗印、发行在内的一整套人才，为中国早期民族电影事业兴起、发展、进步作出过有益贡献。

（二）第一位导演艺术家

张石川不仅是一位电影企业家，还是一位一生编导过150多部影片的电影导演。他导演的电影在中国电影史上占据了多个第一。

他导演了中国第一部故事片《难夫难妻》。这部影片由张石川和郑正秋共同导演，从仅有的文献看，《难夫难妻》是中国第一部有编剧、开始讲故事的电影，故事讲述乾坤二家欲结秦晋之好，于是不顾子女意愿，请媒人代为奔走。经媒人甜言蜜语，此欺彼诈，又经繁文缛节，择吉成亲，拜天地入洞房。将一对素不相识的男女逼成夫妻。影片以嘲讽的笔触，批判了封建婚姻制度。片长4本,[①] 1913年在上海首次放映，虽然拍摄手法没有产生什么技术性的飞跃，永远是一个“远景”，但用镜头讲述故事的方式却很新奇，放映时取得了“轰动效应”。

张石川导演了中国第一部劳工题材的电影《劳工之爱情》(又名《掷果缘》)。这部影片是中国电影资料馆馆藏影片中最早的一部中国电影胶片拷贝，《劳工之爱情》是一部全长只有22分钟的无声滑稽短片，由明星电影公司1922年租借意大利商人劳罗的玻璃棚拍摄，该片由郑正秋编剧、张石川导演，《劳工之爱情》推出后，引领了20年代滑稽片的潮流。《劳工之爱情》在模仿西方影片的同时，已开始中国化的创新，运用平行蒙太奇的手法饶有兴趣地向观众讲述了一个水果摊贩想方设法赢得爱情的滑稽故事。当时在上海公映后引起不小的轰动。

张石川导演了中国第一部社会伦理片《孤儿救祖记》。这部影片1923年由郑正秋编剧。影片讲述的是一场争夺财产继承权的家庭纠纷，一位富翁听信侄子谗言，将守寡且有孕在身的儿媳赶出家门，儿媳含辛茹苦地将孤儿抚养成人，最终孤儿在危难之际救下祖父，赢

《孤儿救祖记》剧照

① 本：与电影长度相关的术语。一部影片的胶片长度通常在一万英尺左右，为了放映与携带方便，人们将其分成几段，分别卷放在若干个片盒里，一盒即为一本。

得继承权。电影于1923年12月28日在上海爱普庐影戏院开始上映，其效果有史料记载："未二日，声誉便传遍海上，莫不以一睹为快"，且"营业之盛，首屈一指；舆论之佳，亦一时无两"。[①] 扮演儿媳的王汉伦凭此片成为当时的顶尖明星，尤以扮演悲剧女性闻名。而郑正秋之子郑小秋在片中扮演孤儿，由此走上银幕，成为一代男星。

从1923年的《孤儿救祖记》开始，中国电影创作正式进入了长片的拍摄阶段。作为早期中国电影里程碑式的作品，张石川、郑正秋合作的《孤儿救祖记》是中国第一部在艺术上较为成熟和完整的故事片。票房上的成功不仅改变了明星公司经营上的窘境，而且刺激了众多投资者的热情，引发了一波创办电影公司的热潮。影片的题材引来了很多跟风者，使得"社会问题片"在20世纪20年代中期的中国影坛盛极一时。包括明星公司在内的很多制片机构在三四年时间内拍摄了大量涉及家庭道德、教育、妇女等题材的电影，此类电影由于和"五四"以后中国社会希求变革的背景相呼应，受到观众的热烈欢迎。直到1927年前后，古装片开始盛行，社会问题片热潮才告一段落。

张石川导演了中国第一部武侠片《火烧红莲寺》。这部影片也是我国早期电影中最长的系列影片。1928年张石川、郑正秋根据平江不肖生[②]的畅销武侠小说《江湖奇侠传》拍摄了《火烧红莲寺》，这部影片虽然不是武侠和功夫电影的始作俑者，但正是它带动了中国电影史上第一次武侠电影热。《火烧

---

① 转引自李多钰主编《中国电影百年》（上编），中国广播电视出版社2006年版，第41页。

② 平江不肖生：原名向恺然，湖南平江人。现代著名武侠小说家。其作品《江湖奇侠传》、《近代侠义英雄传》曾名震大江南北。

红莲寺》的第一集讲述的是红莲寺僧人作恶多端，被陆小青等众侠客所破的故事。为了在众多当时流行的商业影片中独树一帜，张石川要求影片要表现出飞檐走壁，御风而行以及放飞剑、掌心雷及各种匪夷所思的武侠神功。摄影师董克毅凭自己的智慧创造出许多特技手段，制造出了侠客骑神鸟飞过山川、侠客分身等画面。由于《火烧红莲寺》在以往的武侠电影中加入了大量武林高手以“异技”斗法及半人半魔的神怪内容，并从以往武侠片拍摄武打场面转向了以大量特技镜头和机关布景来表现武林高手们的各种“奇门妖术”，因此影片一上映，即在整个上海滩引起轰动，其后拷贝卖到南京、北平等地，同样制造出万人空巷的效果，大街上到处可见由夏燕燕扮演的女侠英姿飒爽骑在马上的招贴广告。受到票房收入的鼓舞，张石川于当年就开始拍摄续集，并一人身兼编剧和导演。而且他从续集起在片中增加了一个侠女红姑，由大名鼎鼎的胡蝶来扮演。到 1931 年止，《火烧红莲寺》共拍摄了 18 集，这使它成为我国历史上第一部电影长系列片。

《火烧红莲寺》剧照

由于武侠神怪片热带来的一些负面影响，国民政府下属的电影检查委员会下令查禁包括《火烧红莲寺》在内的所有宣扬怪力乱神的电影，这一波武侠神怪片热潮便戛然而止。不过，该片的一些导演和演职人员转至香港，并于 1935 年在香港拍出了第 19 集《火烧红莲寺》，武侠电影的传统在香港得到传承。

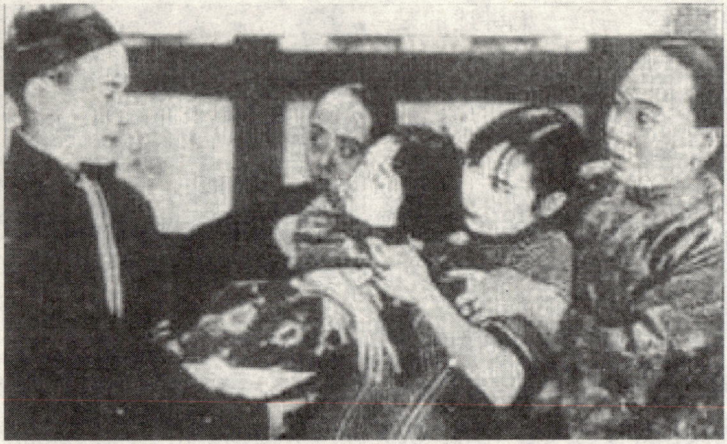

《歌女红牡丹》剧照

张石川导演了中国第一部蜡盘配音的有声片《歌女红牡丹》。这部影片由庄正平（洪深）编剧，董克毅摄影，1931 年出品。影片讲述一歌女嫁给一个无赖，受尽折磨和痛苦，但毫无怨言终于感动了丈夫的故事。通过歌女红牡丹的遭遇，暴露了封建礼教对妇女心灵的毒害和束缚，抨击了社会上一批寄生虫的卑劣嘴脸，具有一定的现实意义。影片中穿插了京剧《穆柯寨》、《玉堂春》、《四郎探母》和《拿高登》4 个片断，增强电影声音的效果。明星公司为拍摄此片，费时 6 个月，先后进行了 5 次试验，才获成功。它是中国第一部有声电影，1931 年 3 月 15 日在上海公映，在全国引起轰动，波及南洋。菲律宾片商以高于一般无声片十几倍的价格买下了其拷贝。

作为电影导演，张石川还有中国电影史上的许多第一——比如他导演了中国第一部政治片《黑籍冤魂》、第一部体育片《二对一》，等等。张石川导演的影片故事性强，有头有尾，剧情发展过程交代清楚，通俗易懂，粗制滥造的片子固然不少，但大多很受小市民观众的欢迎。

张石川驰骋影坛 30 多年，从无声片到有声片共拍摄长、短故事片 150 余部，是我国早期拍片最多的集“编剧”、“导演”、“制片人”与“投资人”于一身的电影奇才。

（三）第一位电影事业家

张石川是一位比较复杂的电影事业家。一方面他为电影而活，另一方面又过分看重“商业”，因此对他的评价就显得不那么简单。他把电影作为生命支柱，可以几天几夜在水银灯下拍片子，说起戏来更是眉飞色舞，绘声绘色。生活也过得极其单调，除了拍戏，还是拍戏。他反对消遣，不会休息，静下来的每一分钟都在考虑编剧本的问题；但同时他又崇尚“票房价值”，鸳鸯蝴蝶派影片赚钱就拍鸳蝴片；武打片卖座就拍武打片；“左翼”电影兴起，他也拍了《脂粉市场》、《前程》、《压岁钱》等片；为了配合国民党剿共，他又拍了纪录片《剿匪纪实》……他既开滑稽娱乐的先河，又是长篇正剧的导演；既是武侠神怪电影的始作俑者，又是“左翼”新潮的拥护者；后来居然将明星公司分为二厂，一边拍摄进步电影，一面拍摄鸳鸯蝴蝶派影片。他相信现代法律并遵守法律，为影片的摄制权对簿公堂，又为了实际的利益不得不拜在黑社会霸主杜月笙的门下；既兴奋地为国民党当局拍摄“剿匪纪实片”，并高兴地接受蒋介石的接见，但又对蒋介石要他帮助查找共产党不敢应承；既在上海沦陷之初拒绝与日本人合作，致使日本人将占领的明星片场付之一炬，但到后期还是忍不住加入日伪控制的“中联”影业公司，继续拍片。

1933 年，张石川曾在一篇文章中提到，有三部影片他不会忘。一是《空谷兰》，二是《火烧红莲寺》，三是《啼笑姻缘》。而念念不忘的原因是因为《空谷兰》为明星公司创造了

12万元的票房价值；《火烧红莲寺》为张石川赚过大钱也挨过骂；而《啼笑姻缘》则因为争夺摄制权而与大中国影片公司对簿公堂，付过巨额赔款后，却没有上座率，“明星”也因亏损差一点倒闭。张石川事业的起落其实都与电影本身的商业本性有关，因此重视商业性是张石川非常突出的特点。

不过，张石川并非只是个唯利是图的商人。张石川前五个孩子分别起名为“张敏吾”、“张敏求”、“张敏知”、“张敏华”、“张敏书”，联系起来就是“吾求知华书”，从中可以知道他对知识的尊重。他虽然非常重视影片的娱乐性和商业价值，提出“处处唯兴趣是尚，以冀博人一粲”的主张，但又随时调整制片思路，有意平衡作品的娱乐性和社会价值，从而取得商业和社会影响力上的双重成功。其创作的影片题材、类型多样，故事性强；导演手法平易朴实，通俗易懂。《孤儿救祖记》、《苦儿弱女》、《好哥哥》、《玉梨魂》等大多以家庭伦理故事为内容，影片人物设置善恶分明，故事情节一波三折，最后以大团圆结局表达了惩恶扬善的主题。在价值判断上以富于社会责任感的资产阶级改良思想和同情弱者的人道主义为取向，在技巧运用上则以传统叙事文艺的传奇方法和平俗晓白为依据，因而容易赢得尽可能多的观众的认同和舆论的总体肯定。

张石川为了电影可以玩命。1932年，张石川从报纸上读到“一·二八”事变的消息，不禁拍案而起。他不顾个人安危，亲自赴前线拍摄战争纪录片，这在当时上海民营影业企业中属第一人。张石川冒着枪林弹雨拍下了敌我血战的场面，1932年2月上旬纪录片《十九军抗日血战》第一集就在上海、南京、苏州等地公映。这部影片的及时性使家家影院场场爆满，反映了同胞们热烈爱国的心情。接着张石川又赶赴前方拍摄第二集，正当他拍得兴起，国民党政府突然不再增派援兵，给了敌人以喘息的机会，于是日军由江苏太仓县浏河登陆（郑和下西洋率船队出发处），我军腹背受敌，无奈被迫撤退。次日，淞沪陷落，3月3日停火。在英、美、法和意大利等国家所谓“调停”下，1932年5月5日，国民党政府与日本签订了丧权辱国的《淞沪停战协定》。张石川就此含恨关掉摄影机，《十九军抗日血战》第二集也随之“猝死胎中”。不过，他冒死拍摄的十九路军抗日血战，留下的大量镜头，已成为珍贵的历史资料。

“一·二八”事变后，张石川接受新文化工作者的建议，建立了由洪深、夏衍、郑伯奇等参加的编剧委员会，陆续摄制了《狂流》、《女性的呐喊》、《脂粉市场》、《前程》、《铁板红泪录》等20余部揭示社会矛盾、反映人民呼声的左翼影片。1936年春，公司新建的枫林桥总厂完工，同年7月进行改组建立一厂、二厂，提出了“为时代服务”的制片方针，摄制了《生死同心》、《压岁钱》、《十字街头》、《马路天使》等优秀影片。这种决策本身又是将电影的商业价值与社会价值并重考虑的体现。

1937年抗战爆发，明星影片公司制片基地遭到日军炮火严重破坏，总厂厂址随即被日军占领，又于1939年被全部烧毁。张石川愤慨万分，欲哭无泪。全部基业被毁后，他还是无法忘情于电影，于是便又加入国华影片公司，拍了不少古装片和时装片。1941年，上海沦陷后，上海电影业操纵在敌伪手中，张石川半推半就，又参加了伪“中联”（后来又改组为伪“华影”），担任过分厂厂长、制片部长和导演的职务。他这些作为虽在操守上为人所诟病，但这个选择显然又与他对电影的挚爱有着密切的关系。只有将电影视为生命寄托的事业而不仅是生存的职业，才可能忍受各种磨难一心为之。抗战胜利之后，张石川因此以汉奸罪被指控，这一刺激，使他心脏病和糖尿病同时发作。虽附逆之事最后只是一场虚惊，但张石川在精神上却遭受了一次沉重的打击，他的健康每况愈下，从1946年起，经常卧病在床。1948年，柳氏兄弟（柳中亮和柳中浩）又重振旗鼓，办起了“国泰”和“大同”两家公司，张石川应邀出任“大同”制片主任，虽然重病在身，仍在病榻上指导柳和清的工作，把自己全部的经验都传授给他。当他勉力拍完了《乱世的女性》一片之后，就不能再拍片了。1950年，张石川迁居苏州，不久又重返上海，辗转病榻三年之久，于1953年6月告别人世，终年64岁。

邵醉翁与天一影片公司

邵醉翁

邵醉翁（1896—1979）原名同章，字人杰，镇海庄市朱家桥人。中国早期电影事业家、导演。1914年毕业于上海神州大学法科。曾任上海地方审判厅律师。1921年任中法振业银行经理，并在津、沪、浙等地与人合股经营商号30余家，因经营失败改事文化娱乐业。1922年与张石川等集股经营“笑舞台”演出文明戏，并于次年创办“和平社”剧团，演出自编讽世剧本。1925年与诸弟在上海创办天一影片公司，任总经理兼导演，改编、摄制《梁祝痛史》、《白蛇传》、《孟姜女》等一批当时有影响的影片。1927年，又设法在南洋建立和发展电影机构。

成为中国第一个把电影推向海外的影片公司。他们又以天元公司、天生公司名义独资拍摄《七侠五义》等影片。1933 年，天一公司拍摄中国第一部片上录音的有声影片《歌场春色》。1932 年，“一·二八”事变后，随着民族危机的到来，邵醉翁在制片路线方面也作了些改变，吸收一部分“左翼”电影工作者担任导演、编剧、摄影等工作，制作抨击封建婚姻制度的《芸兰姑娘》、《挣扎》（被禁止在租界公映）等影片，并将改编自法国作家莫泊桑的短篇小说《项链》的电影剧本《一夜豪华》搬上银幕。1936 年后他将一部分资材运往香港，设立香港分厂，筹备拍粤语片。抗日战争全面爆发，他结束天一公司在上海的制片活动，把全部资材运往香港，改名为南洋影片公司。后又成立邵氏父子制片公司，1949 年后公司业务全部由其弟邵逸夫、邵邨人、邵仁枚主持，中华人民共和国成立后，他退出电影界后闲居于上海。

在中国早期电影的拓荒时代，邵氏兄弟对中国电影作出了重大贡献。20 世纪二三十年代，邵醉翁主持的天一影业公司引领了“古装片”与“稗史片”的潮流，并在向海外市场开拓方面作出了卓越的贡献。

（一）创办天一影业公司

邵醉翁祖辈原是浙江宁波的富商，从父辈开始向上海发展。20 年代初，邵醉翁的父亲在上海经营漂染业，膝下 4 男 2 女，都已长大成人。这 4 兄弟排名是仁杰、仁棣、仁枚、仁愣。4 兄弟都没有继承父业，全都投进了娱乐圈，并将本名弃而不用，全都改成别号，分别叫做醉翁、邨人、山客、逸夫。4 兄弟中的大哥邵醉翁，毕业于上海神州大学法科，曾任律师，后创建和平新剧社，演出于“笑舞台”。由于看到“明星”拍摄的《孤儿救祖记》赚了大钱，因此1925年6月邵醉翁筹资一万元，以“笑舞台”全套文明戏演员作班底，在上海闸北横浜桥正式创建了天一影片公司。邵醉翁自任总经理兼编导，邵邨人任会计，邵仁枚任发行，邵逸夫任外埠发行（主要是建立南洋一带的发行网）。除邵醉翁外，其他三兄弟，有时也参加公司的编剧和摄影工作。

1925年10月，《立地成佛》开拍，这是“天一”的第一部影片。影片讲述一个高僧点化要为子报仇的督军“放下屠刀，立地成佛”的故事，宣扬劝人为善的传统道德观念，公映后观众踊跃，卖座率极高，两千大洋的成本不仅很快收回，而且像一个雪球般滚起来，越滚越大。邵醉翁大受鼓舞，一鼓作气，两个月内接连拍摄了《女侠李飞飞》、《忠孝节义》两部影片，因内容既涉及传统道德，又有刀光剑影，因此广受观众欢迎。这三部影片让天一公司在上海滩上站稳了脚跟，而且很快就与明星公司、大中华百合公司形成三足鼎立之势。

邵醉翁以其精明的商业头脑和宁波帮吃苦耐劳的天性，坚定不移地致力于电影事业，大量新影片接二连三地从天一影片公司推出。《夫妻的秘密》、《梁祝痛史》、《义妖白蛇传》、《珍珠塔》、《孟姜女》、《唐伯虎点秋香》、《孙行者大战金钱豹》等都是在天一影片公司成立的两年中由邵醉翁亲自编导的。这些影片大多由胡蝶主演，明星的号召力使这些影片几乎片片轰动。之后，邵醉翁又导演了《刘关张大破黄巾》、《铁扇公主》、《双珠凤》、《乾隆下江南》等30多部影片，还编写了《寻父遇仙记》、《红宝石》、《施公案》、《夜明珠》、《孽海双鸳》、《黄浦江边》、《女同学》、《富贵荣华》等多部电影剧本。天一公司古装片的大红大紫，引发其他公司跟风而上，中国影坛掀起了拍摄古装片的狂潮，从而形成了中国电影史上第一次商业电影潮流。

“一·二八”战事发生，邵醉翁很快拍摄了《上海浩劫记》等宣传抗日的有声纪录片，此片在国内和南洋上映，得到广大观众和舆论的肯定。同时，天一公司还吸收了汤晓丹、沈西苓、司徒慧敏（中共地下党员，新中国成立后任中央电影局技术处长)、田方（新中国成立后任中央电影局副局长、中国电影工作者协会副主席）等一批进步文艺工作者，请他们分别担任编剧、导演、演员、美工、录音等工作。在当时“左翼”电影运动蓬勃开展的情况下，邵醉翁当年拍摄的9部影片中，有抨击封建婚姻制度的《芸兰姑娘》，根据莫泊桑短篇小说《项链》改编的、在一定程度上针对部分城市妇女爱慕虚荣的《一夜豪华》，宣传抗日的《东北二女子》等。

1933年，国民党政府为配合第五次反共围剿，加紧了对电影的检查，他们任意剪删进步电影，或将片子扣压，迟迟不得上映。11月12日，国民党特务组织兰衣社派出30余名打手，捣毁了田汉任编导的艺华影片公司，并对各影片公司和电影院进行威吓。一时白色恐怖笼罩上海电影界；邵醉翁只好重走老路，拍社会言情片。

1934年，天一公司共拍摄了18部片子，多半是鸳鸯蝴蝶派题材，比较有影响的是根据叶浅予同名连环画改编的《王先生》，另一部是《海葬》，该片比较真实地描写了当时社会穷苦渔民的悲惨苦难生活。这一年，因为战乱、上海的市场萎缩等缘故，邵醉翁到香港建立天一港厂，1937年，天一港厂改名南洋影片公司，由邵邨人代替邵醉翁主持业务。1950年，南洋影片公司改名邵氏父子公司。

（二）独树一帜的经营策略与经营方式

“天一”从诞生之日起就“一只眼盯着艺术、一只眼盯着商业”。和当时那些热衷于“明星制”、“风月题材”的欧化电影公司不同，他们公开标榜“注重旧道德、旧伦理，发扬中华文明，力避欧化”的观念，大量拍摄根据民间故事和旧小说改编的影片。“天一”拍摄的《梁祝痛史》是中国电影史上第一部古装片，也被史学家称为“稗史片”，影片借远离现实的古代民间故事，将中国传统文化与电影的娱乐性有机结合起来，迎合观众的文化口味。由于故事情节家喻户晓，人们在银幕上看到心仪已久的人物不禁大为兴奋，再加上浩大的宣传声势，观众观影如潮。

随后的几年中，“天一”共投拍了100多部影片，其中一半以上取材于“水浒”、“三国”、“西游”、“施公案”、“三言二拍”，以及其他取之不尽的乡村野史、民间稗闻。比如江南地区广为流传的《珍珠塔》、《白蛇传》都拍了3集，风靡一时；《乾隆游江南》更是拍了7集之多。一时间，“天一”势头蒸蒸日上，所出品的影片几乎部部卖座。这些影片不仅国内市场看好，南洋电影市场也火爆一时。天一影片公司以明确的市场取向获得了商业上的成功，虽是后起者，它却成功地引领了“稗史片”、“古装片”等风潮。这些制片路线也给“天一”在20世纪后半叶的继承者“邵氏兄弟”电影公司打上了印记。

天一影业公司采取的是典型的家族式经营，兄弟四人分工合作，稳扎稳打，一部一部频率稳定地出着低成本受欢迎的电影。1927年，“天一”虽然一度与南洋片商合作开设青年影片公司，把“天一”改名为天一青年影片公司，拍摄了《刘关张大破黄巾》、《西游记女儿国》等近10部这类影片，但很快，“天一”与“青年”就在1928年秋终止了合作，“天一”公司不仅恢复了原名，而且又回到家族运作的模式上来。为了节约成本，他们常常利用自己短平快的长处跟人抢拍同名电影。比如黎民伟的民新公司曾花大工夫拍《木兰从军》，由于周期长导致该片 1928 年才上映。“天一”照葫芦画瓢拍出《花木兰从军》，提前上映，致使“民新”亏损严重。1928 年，天一公司培养起来的明星胡蝶被明星公司挖走，为了不再出现类似问题，邵醉翁考察了陈玉梅，觉得她人品很好，是合适的夫人人选，如果“娶了陈玉梅而将她捧红，将来天一公司便不怕没有主角”。1934 年，邵醉翁通过小报炒作，将陈玉梅评为上海电影刊物《影戏生活》组织选举的“电影皇后”。这样陈玉梅作为他的夫人之一，便成了永远不会给第二家影片公司挖去的女主角了。“天一”的很多电影都是由陈玉梅领衔主演的，不必求助于外人演主角，成本就少了许多。“天一”在重重围困之中仍然能够立足，与这种家族式的运作模式显然有着非常重要的关系。

“天一”对电影的新技术也极其关注，并不断改进自己的技术装备。1929 年，美国有声影片大量进入中国，垄断了整个上海电影市场，上海各影片公司面临挑战。邵氏兄弟分析形势，认为市面上尚有不少默片影院，默片仍有一定市场，但非长远之计，必须跟上时代潮流，才能与洋商抗衡，因此，邵醉翁积极筹备有声影片的试拍工作。当时有声影片有蜡盘配音与片上发音两种。前者制作简单，成本低，但质量差，往往影声不能同步。后者制作复杂，成本高。1930 年，天一公司开始蜡盘发声的短片《钟声》试制。不料，中途摄影棚失火，影片烧毁。邵醉翁并不灰心，重建了摄影棚，又不惜重金，从美国聘请了摄音师、录音师来华，并租借了这些美国人的有声器材。在苛刻条件下，拍摄了片上发声的《歌场春色》。为了加强号召力，还罗致了别家影片厂的著名女演员来客串演出。

1931年10月10日，天一公司片上发声的《歌场春色》，在上海“光陵”、“南京”两家电影院首映。影片充分发挥有声片的优越性，穿插了许多歌舞场面，这是中国继蜡盘录音有声片后，最早问世的片上发音的有声片之一。公映后，曾轰动一时。

（三）竞争中的开拓

天一影业公司在题材上追求最大限度的本土化、通俗化以求合乎观众口味，使得它的发展非常迅速。“天一”的迅速发展，使上海滩上的大小电影公司感受到了威胁，于是联合起来结成反“天一”联盟。从1927年开始，明星公司组织上海“明星”、“大中华”、“民新”、“友联”、“上海”及华剧公司联合组成六合影业公司，与“天一”展开激烈的竞争，并与发行商签订严格的规定，即任何发行商与他们签订了合同，就绝对不能购买“天一”出品的影片。史称为“六合围剿”。面对这种局势，邵醉翁一方面在国内建立非“六合”院线，一面派遣六弟逸夫①长期在南洋协助邵仁枚，建立发行及放映网络。邵醉翁是较早意识到发行、放映渠道建设重要性的人，1926年就派邵仁枚带着3部天一公司拍摄的影片，只身南下到新加坡拓展电影发行渠道。“六合围剿”期间，由于南洋片商不敢与“天一”合作，邵仁枚与邵逸夫兄弟二人只好采取“农村包围城市”的战略，扛着电影机和数十卷“天一”出品的影片巡回放映，他们凭着毅力和意志，备尝辛酸劳碌，终于在南洋站稳了脚跟，不但获得戏院的放映权，若干年后，还购地建戏院，建立了完整的电影发行网。

1933年初，天一公司除原有的摄片部外，又增加了代摄

① 邵逸夫在兄弟姐妹中排行第六，后人也称其为“六叔”。

部、播音部、机器部、唱片部和印刷部。这一年，天一公司共拍了10部片子，有为适应尚未改装的无声电影院放映需要而拍摄的4部无声片，还有符合新时代潮流的6部有声片。其中以反帝反封建为内容的《挣扎》，深受“左翼”电影评论界的赞扬，但也引起帝国主义分子的不满，被上海租界当局禁止在租界上映。当年，天一公司还为百代公司拍摄了由谭富英主演的中国第一部有声戏曲纪录片《四郎探母》，并与粤剧名伶薛觉先合作，在上海拍摄首部有声粤语电影《白金龙》，在香港上映取得不俗的票房与口碑，也为天一公司的南迁香港做好了准备。

经过邵仁枚、邵逸夫在南洋近十年的艰苦努力，他们在当地有了一定的经营基础。于是就在1934年夏，邵醉翁把上海的一部分资材运到了香港，在九龙清水湾设立香港分厂，专摄粤语片。从1935年开始，相继推出《泣荆花》、《哥哥我爱你》、《乡下佬游埠》、《梁山伯祝英台》、《火烧阿房宫》等10余部片子。当时，粤语片除港澳外，在马来西亚、新加坡、泰国、印度尼西亚、缅甸、菲律宾、澳大利亚，以及南北美洲，都有大量的华侨观众，因此业务发展很快。而“天一”在上海的制片活动逐渐下降，1937年上半年，勉强完成《王先生奇侠传》等7部影片后，邵醉翁把天一公司的资金、器材，全部迁往香港。不久，改名为南洋影片公司，以拍粤语片为主。

1938年，邵醉翁和他的弟弟们创建的南洋影片公司以及在新加坡的邵氏机构，已拥有设在香港九龙清水湾制片厂的4座摄影棚，和设在香港以及东南亚的79家电影院。后又在新加坡建立摄影棚，可以在香港和新加坡两地同时拍片。此外他们还在新加坡、马来西亚、爪哇、越南、婆罗洲等东南亚各地拥有电影院110多家、游乐场9家，游乐场设有舞台、剧场，每晚可容纳观众数万人，几乎雄霸了东南亚影业市场。

1941年12月，太平洋战争爆发，不久香港沦陷，邵氏兄弟电影事业陷入困境。1945年8月，日本投降后，邵氏兄弟重振雄风。邵醉翁因家住上海，经常往返港沪两地，此时他已年过半百，留港时间逐渐减少，事业大权也就逐步移交邵仁枚、邵逸夫。1949年后，他就长住上海了。邵醉翁曾任上海市政协第三、第四届委员会委员，1975年病故，享年80岁。

邵逸夫的香港邵氏影视产业

邵逸夫

邵逸夫（1907—2009）电影事业家、娱乐业大亨、慈善家。原名邵仁楞，浙江宁波镇海人。上海青年会中学毕业。1925年与兄醉翁、邨人、仁枚在上海创办天一影片公司，负责外埠发行业务，并学习摄影和编剧。1928年与仁枚携影片去新加坡、马来西亚开辟放映市场。后成立邵氏兄弟有限公司，并在南洋各地拥有数十家电影院。1957年与仁枚在香港成立邵氏兄弟（香港）有限公司，接办邵氏父子公司的制片业务。并辟建邵氏电影城，摄影棚扩展至十余个，拥有拍摄、录音、彩色洗印、放映等全套设备，使之成为香港规模最大、设备先进的电影制片厂，被称为“东方的好莱坞”。据统计，邵氏出品的电影已超过1000部，被称为全球最大的华语电影宝库。在东南亚各地，其戏院已扩展至160余家，形成了一个庞大的发行网，并在东京、巴黎、罗马、伦敦、柏林等大都市设常驻代表，使中国影片打入世界电影市场。由于他对电影事业的贡献，自1980年起邵逸夫以最大的私人股东身份出任香港电视广播有限公司（即香港无线电视，简称TVB）董事局主席，集中力量经营所属的明珠台和翡翠台，使其收视率长期在港岛名列前茅。1974年和1977年分别获英国女皇颁授CBE勋衔和爵士勋衔。1983年获第二届香港电影金像奖最高荣誉奖，并兼任香港中文大学校董、香港艺术节主席、香港艺术中心主席等。邵逸夫于1975年成立香港邵氏基金，屡屡大额捐赠予世界各地的教育、医疗或其他福利事业，总捐款额已超过34亿港元。2002年他又设立了旨在推动科学研究的“邵逸夫奖”，每项奖金100万美元，表彰在学术及科学研究或应用方面获得突破性成果、对人类生活产生深远影响的科学家。邵逸夫的贡献为世人所瞩目，1990年，中国科学院为了表彰他为中国教育事业作出的贡献，将中国发现的2899号行星命名为“邵逸夫星”。1991年，美国旧金山市将每年的9月8日定为“邵逸夫日”，以此来表彰邵逸夫对社会作出的贡献。1998年，邵逸夫获香港特区政府颁发大紫荆勋章。2006年，获第51届亚太影展颁发的“终身成就奖”。2007年，荣获“世界影坛成就大奖”。2008年，邵逸夫获中国民政部授予“中华慈善奖终身荣誉奖”，以赞扬他长期致力于慈善事业的精神。

邵氏家族是中国电影事业的拓荒英雄，他们创办的电影公司已成为亚洲最大、拍片最多、经营历史最悠久的私营电影企业，在中国电影史上写下了诸多“第一”和之“最”。从20年代从事电影业到现在，邵逸夫经历了电影不同时代的演变，目睹中国电影的成长与兴衰，堪称中国电影史的见证人。

（一）从天一影业到邵氏无线电视台

邵逸夫在美国人开办的上海青年会英文中学读书时，便加入了长兄创立的天一影片公司，协助兄长开拓外埠发行。毕业后他放弃升学，全身投入电影制作。18 岁时，他就成为摄影师，作品包括《珍珠塔》（上下集）及《西游记》，等等。当"天一"遭遇"六合围剿"时，邵逸夫便与三哥邵仁枚推出流动放映车，为新加坡、马来西亚乡村送片上门，这是中国影业史上的首创。从 1928 年开始，邵家三兄弟不断收购新、马的戏院和游乐场，组成属于自己公司的院线和发行网络，10 年间开设了 110 间电影院、9 间游乐场和剧场。1931 年，邵逸夫赴美购买有声电影设备和学习当地的技术，1934 年，迁往香港的天一港厂凭借邵逸夫引进的技术，推出了中国电影史上第一部由中国人独立制作的有声电影《白金龙》（粤语），为中国电影技术带来突破。不过，邵氏兄弟在香港的发展并不是一帆风顺的——1936 年，天一港厂的片库接连发生两次火灾，几乎将之前拍摄的母片全部烧毁。1937 年天一港厂正式改名为南洋影片公司，由邵邨人接管。抗战胜利后，曾与人合作成立大中华影片公司，不久又停办。1950 年南洋影片公司更名为邵氏父子公司，由邵邨人父子管理。但是，邵氏父子公司在港遭"电懋"和"长城"两大电影公司夹击。邵邨人萌生退意，收缩电影制作业务，转而从事地产业。在这种情况下，邵逸夫决定接掌香港的电影生意。1957 年，他从南洋回港接管了二哥的制片业，兄弟二人将业务作了明确分工，邵邨人在香港专事戏院及影片的发行经营，而邵逸夫另行成立邵氏兄弟（香港）有限公司，专事制片业务。

公司成立后，邵逸夫一边在钻石山租借片场拍摄影片，一

邵氏兄弟左起邵邨人、邵仁枚、邵逸夫

边与香港当局接洽买地事宜。30 多年的影业生涯使邵逸夫认识到，没有一个配套完整的拍摄场地，影片的水平就难以提高，影人没有摄影棚，等于工人没有工厂，租借片场拍电影，非长久之计。要想发展，必须建立自己的电影基地。他以 32 万元买下了香港九龙清水湾附近一座半荒的山冈，投入巨资，筑起了一座电影制片厂——邵氏影城。这一工程于 1957 年破土，至 1961 年 12 月 6 座摄影棚竣工后，全部工作人员全数迁入，昼夜拍片。1967 年，影城扩张到 12 个摄影棚可以同时拍摄 12 部影片。它是亚洲最大的影城，占地 100 万平方英尺，内有现代化摄影棚及设备先进的暗房、彩色中心、印刷厂；有 1500 多名员工，无数的特约演员，有 100 多匹良驹宝马，10 万余件道具，94 个高 13 英尺的衣柜，还有 5 个永久性的唐街、宋城，以及为摄影所需而建造的亭台楼阁和古今中外的各类建筑。其规模宏大，气势恢弘，被称为“东方的好莱坞”。电影公司实行大片厂制，兼以采纳明星制度，流水作业，垂直整合了拍片、发行、上映等制作环节。邵氏兄弟公司在这座电影城中拍摄的电影，取得了巨大的商业效益与社会效应。

邵逸夫成功招揽以林黛为首的多位影星到邵氏，从黄梅调电影起步，拍摄各种类型片，其影业得到了飞速发展。1971年，邵氏公司股票上市，制片量亦进入顶峰期，在1974年拍片达到50部。到70年代初，邵氏在日本、泰国、新加坡、澳大利亚等几十个国家和地区建立了200多家发行网点，专门放映邵氏公司拍摄的中国影片。从1925年邵氏天一公司成立，到1987年邵氏兄弟公司停产，期间邵氏共推出逾1000部电影，最少获得30个本地和国际电影奖项。

进入80年代，电视的普及使得人们足不出户就可以休闲，电影受到了电视的冲击。毕生从事娱乐业的邵逸夫敏感地意识到，这种新的娱乐方式更具市场潜力，必须把业务向多元化发展。早在60年代中期，香港当局以公开招标竞投无线电视广播经营权时，邵逸夫就与几位志同道合的投资者合作，闯进了电视广播领域，成为香港电视广播有限公司（无线电视台）的董事。70年代末期，电影业开始走下坡路，精明的邵逸夫收缩制片业务，租出或卖出院线，更将邵氏影城的地皮租给旗下无线电视，从而把更多的金钱与时间投资在无线电视上。1980年，邵逸夫出任“无线”董事局主席，他将邵氏影城的明星和香港演艺的精英都网罗到门下，使“无线”制作的高水平高质量的电视剧纷纷出笼，收视率急剧上升，压倒了竞争对手“亚视”，雄视港岛，影响扩及中国内地和澳门、台湾地区以及世界各地华人社会。1984年1月，无线电视台（TVB）正式上市，当年纯利润达2.04亿港币，1986年达到3.14亿，1987达到4.08亿。

邵氏停拍电影后，虽仍断断续续通过附属公司投资电影，例如《审死官》、《十万火急》等，但产量稀少。不过在2003年，邵逸夫的邵氏兄弟公司又宣布斥资1.8亿美元，重新在将军澳兴建邵氏影城。这座影城面积占地为523000平方尺，总建筑面积为11000平方尺，由行政大楼、电影院、后期制作中心、展览厅及5间录影厂等9幢大楼组合而成，影城于2003年2月18日正式动工兴建，在2006年局部落成，预计于2009年全面启用再拍摄电影。

（二）邵氏影视产业的运作方式

邵逸夫在公司建立之后一面建设邵氏影城，一面搜罗人才。他在报纸上大登广告，招聘人才。广告中说："本公司有感于当今电影水准之低，决心改良设备，引进新技术，发掘制片人。本公司已选址清水湾建邵氏之影城，急需如下人才：制片、化妆、剪辑、配音及暗房等，公司将与同仁并肩奋斗，同甘共苦！"不久，陶秦、李翰祥、卜万苍、岳枫、罗臻、何梦华、严俊等名导演，林黛、李丽华、东蒂、张仲文、丁红、丁宁、陈厚、赵雷、关山等名演员都齐集在邵氏门下。此外，邵氏公司还物色到一大批摄影、制片、化妆、剪辑等方面的人才，不少剧作家也前来应聘。

为了打响邵氏影城的第一炮，邵逸夫亲自挑选剧本，大胆起用新人搞大制作。他针对市民口味选取剧本，然后投入大量资金进行拍摄。比如《江山美人》的预算达到100万港币，他起用年仅30岁的李翰祥担任该片导演，结果一炮打响，创当时香港电影票房最高纪录，并且囊括了第五届亚洲电影节五项大奖。这部电影不但使邵氏公司站稳了脚跟，也使李翰祥一举成名。紧接着，邵逸夫又不惜重金，把《杨贵妃》、《梁山伯与祝英台》搬上了银幕。这两部倾注着邵逸夫心血的巨片上映后，在香港、台湾地区以至东南亚一带掀起了一股中国片的狂潮，当时各种报刊争相发表文章评论邵氏出品的电影，欧美人也纷纷前来订购邵氏的影片。到70年代初，日本、泰国、新加坡、澳大利亚等几十个国家和地区建立了200多家邵氏影片的发行网点，专门放映邵氏公司拍摄的中国影片。自邵氏公司成立以来，在历届亚洲电影节中获得多项大奖，创下了中国电影史上的最高纪录。

邵逸夫又将好莱坞的大制片厂制度引进邵氏，实现厂棚式制片和科学管理。作为一个精通业务的电影企业家，邵逸夫熟悉电影制作的每一个环节。从剧本、摄影到导演、演员的选聘以及化妆、剪辑，他样样在行，而影片推广、发行、剧院管理更是行家里手。邵氏影城拥有多个摄影棚，可以多片同时开拍，并严格按照制片流程作业。电影拍摄的标准时间是40天，古装武侠片因为有动作和服装场景等问题，拍摄周期可能是80—200天不等。邵氏影城内电影设备先进，厂内有配音间，同时为影片加配国语和粤语，或根据需要配其他语种；彩色冲印间可以每日冲洗彩色影片4万到4万8千尺；拍摄特技需要的设备，都有单独的人和车间安排；拍摄古装片需要的服装、刀剑，历朝历代配备齐全。一部影片从剧本策划到最终发行拷贝的各个步骤，都可以在邵氏影城内完成，完全不需要借助外力。香港从黑白电影普及到伊思曼七彩电影、从普通银幕普及到“邵氏综艺体弧形阔银幕”，都是在邵氏的引进下完成的。

在人事管理上，邵氏有着一套独特的方法。由于清水湾远离市区，邵氏影城内建有4座职工宿舍，保证了制片人员的机动性。影城内人员分为技术人员和演员两大类：技术人员通常是签订合约，住在职工宿舍，常驻技术人员（包括木工、电工、布景师、美术人员、录音师、摄影师等）有500余人；而演员的情况相对复杂一些。邵氏早期从各大公司高薪挖请大明星，包括李丽华、林黛等人，每部电影签约一次；而1967年垄断地位确立后，就开始施行“捧明星制度”。即公司内开设演员培训班，从社会上招收年轻人进行培训，如果发现新人具有发展潜力，就签订长达五年的合约，在工资和接片方面控制演员。

邵逸夫是最早在香港推行“电影明星制”的人。邵氏公司设立了“南国演员训练班”以及后来的“无线艺员训练班”，招考新人，然后签下有潜质的新人予以力捧，使之成为红星。邵逸夫创办《电影周刊》，设置“影星生活”、“邵氏明星”、“国际影坛消息”等栏目，吸引影迷。在一系列宣传策略的推动下，他的影视王国创造了无数大明星、大导演和名编剧，如当今走红的周润发、张曼玉、梁朝伟、王菲、梅艳芳、张国荣、“四大天王”、周星驰、谢霆锋、王祖贤、古天乐、汪明荃等演艺明星及吴宇森、杜琪峰、王晶、李翰祥等著名导演，几乎目前香港娱乐圈80%的人物都出自邵氏，邵逸夫也当之无愧地成为世纪华人影坛最有影响力的人物。从1959年建厂到1979年的20年间是邵氏称霸天下的时代，尤其是前10年，也是邵氏王国的黄金时代，公司阵容强大，出片水准高，当时实施的计划就是投大资、拍大片、赚大钱。而如李翰祥、胡金铨、张彻等大导演逐渐组建自己的制作队伍，演变出不同的派系阵营。在邵氏转向电视经营以后，无线电视台在邵逸夫带领下好戏连台：《上海滩》、《射雕英雄传》、《神雕侠侣》、《鹿鼎记》等巨制红遍华语电视圈。捧出了“五虎将”黄日华、刘德华、梁朝伟、苗侨伟、汤镇业；女星则在汪明荃、赵雅芝、郑裕玲之后捧出了陈玉莲、曾华倩、戚美珍、黎美娴、刘嘉玲等各具特色的花旦，创造了一代电视王国的辉煌史。

在生产流程上，邵氏制片有着一套有效的方式，保证影片的产量和质量。一是引进配音组，影片拍摄过程中演员只念“ABCD”、“1234”来加快拍片速度，拍完之后由配音组统一配声效和对白，使南北演员不受方言阻碍；二是为适应不同市场的电检标准，把影片剪成三个版本，最激烈的版本提供给欧美和日本市场，最温和的版本提供给新马市场，中庸版本供本港市场；三是以制片部为核心部门，旗下有编剧组、导演组、演员分配、剧务部、厂务部、美术组、布景、宣传等一系列部门负责各个步骤，分工有序，保证了各个步骤之间可以紧密衔接。邵逸夫会对影片严格把关。每个月开拍影片剧本、故事，他要亲自审阅，自己不看剧本时，由导演或看剧本人向他报告，由他最后裁决。为了树立邵氏的良好形象，他强调要以“邵氏出品，必属佳片”为准则。出现劣片，往往亲手烧掉，毫不手软。他认为如果对此放任，会使观众失去信心。邵逸夫自称自己是全世界看电影最多的人，看电影是他的工作也是他的娱乐。在70年代，他每年要看六七百部影片，最高纪录是一天看9部片子。在这种管理之下，“邵氏”电影得到了空前发展。1959年邵氏影城正式投入生产后，年产量超过20部，而从1966—1983年，每年的年产量都超过30部，1974年时达到了50部的高峰。每年的十大卖座电影，邵氏影片从不下两部，有时多达7部。

在发行上，“邵氏影城”生产的影片，都供应给香港地区和东南亚的邵氏院线，更发行到日本、韩国和欧美华人社区，保证影片制作—发行—放映各个环节的展开。虽然“邵氏”电影未能成功打入欧美主流市场，赢得欧美国际电影节的认可，但在亚洲影展上却屡获殊荣。从1959—1968年间邵氏几乎囊括所有奖项，包括最佳影片、最佳导演、最佳演员等。而邵氏影城内也吸收了日本、韩国众多的电影人参与工作，以强势的地位在亚洲地区发行、放映电影。邵氏电影以其垄断性和稳定性奠定了香港作为“东方好莱坞”的地位。

不过，随着时代的变化，邵氏的制片厂制度在70年代后逐渐显得僵硬，导致许多导演、演员离开了邵氏，而电视业的兴起，又出现了新的生长点，因此邵逸夫果断转向电视业。在经营思路上，公司主要生产电视剧，多采用厂棚拍摄，仍走类型片的制作方针路线；演员仍是合约制，签订合约后才捧红年轻明星；邵氏仍控制着最终的窗口环节，掌握着电视频道的转播权——这就像当年的电影院线。

（三）邵氏的类型影片

邵逸夫在接手邵氏公司之后，就开始针对观众的心理需求设计拍摄题材。1958年先以《貂婵》投石问路，票房口碑皆佳，次年推出《江山美人》更是观者如潮，卖座空前，取得了巨大成功。由此邵氏公司带起电影的一种重要类型——黄梅调。1962年9月，邵氏公司进入“彩色时代”，邵逸夫在当年的生日宴会上表明了彩色世纪的制片方针：配合观众需求，保持“邵氏出品，必属佳片”的荣誉，生产更多更好的影片。他拟定的制片计划主要是拍摄历史故事片和民间故事片，前者如《妲己》、《香妃》、《西施》、《珍妃》、《六朝金粉》、《红拂》、《倾国倾城》、《精忠报国》，后者如《乔太守》、《描金凤》、《花魁》、《潘金莲》、《刁刘氏》、《卓文君》、《翠屏山》、《木兰从军》、《宝莲灯》、《牛郎织女》、《观世音》、《十八罗汉》、《蝴蝶梦》、《画皮》等。此外，还要筹拍更多的时装故事片。显然在这个思路中已经显现了邵氏电影制作的类型化趋向。60年代中期，一连拍了数年的“黄梅调”影片终于盛极而衰，渐渐失去观众。邵逸夫审时度势，借鉴当时的美国西部牛仔片和日本武士片，再结合中国传统侠义及武术文化，起用当时尚属新锐导演的胡金铨、张彻，分别拍出开创港台武侠片新纪元的《大醉侠》和《独臂刀》。这两部影片导演技法娴熟精巧、影像风格奔放浪漫，不仅在当时受到观众广泛热烈的欢迎，更令其后数十年武侠功夫片风潮愈演愈烈，最终发展完善为香港向世界电影贡献的独特类型。这是邵氏公司带起的第二个类型。“美人”与“武侠”使邵氏电影在商业上取得巨大成功，在此基础上又出现了许多新的派生，通常人们谈及的邵氏类型电影有以下几种。

一是爱情文艺片，以爱情为元素的影片。爱情作为生活与电影中的重要主题，是邵氏电影的一种重要武器，影片以“眼泪与女人”作为基本元素，显现人间的悲欢离合。其中比较优秀的作品有《后门》、《蓝与黑》、《新不了情》、《明日又天涯》,《何日君再来》、《雪儿》、《非法移民》等，涌现出了不少优秀的文艺片导演，如李翰祥、袁秋枫、秦剑，等等。

二是歌舞音乐片。这类影片以歌舞贯穿始终，以歌言志抒情。邵氏公司在60年代出品了不少的歌舞片佳作，像陶秦的《千娇百媚》、《花团锦簇》、《万花迎春》三部曲，引进日本导演井上梅次拍摄的《春江花月夜》、《花月良宵》、《钓金龟》，等等。还有擅长拍摄其他类型影片的导演也尝试过歌舞片的拍摄，如张彻的《大盗歌王》、卜万苍的《一夜风流》、李翰祥的《江山美人》等。

邵氏推出的黄梅调电影，也属于歌舞音乐片的一种，因为黄梅戏本身就是从歌唱中衍生出来的。邵逸夫投资由李翰祥拍摄黄梅调影片《貂婵》取得不俗的口碑与票房，随后再接再厉，继续推出《江山美人》、《梁山伯与祝英台》、《王昭君》等作品，奠定了黄梅调影片在邵氏电影中的重要地位。邵氏公

《梁山伯与祝英台》海报

司集中了香港一流的音乐人才来创作，并聘请了一流的歌唱家，将京剧昆曲、山歌民谣甚至是时代流行曲等元素加以糅合，使得黄梅调电影尽可能的非地区化、现代化、大中华化等，以吸引尽可能多的观众。再加上黄梅调本身的秀丽婉雅朗朗上口，自然受到当时不少人的喜欢，《梁山伯与祝英台》在台湾上映时，出现了万人空巷的轰动效应。

三是新派武侠动作片。武侠动作片至今仍是华语电影中的一种独特的类型，早在20年代，明星公司就凭借改编自武侠小说的“火烧红莲寺”系列而扬名，而邵氏公司的前身天一制片公司在早期也是凭着武侠片《女侠凤飞飞》而受到极大的关注。但邵氏公司在60年代中期后最有影响力的武侠动作片，并非传统的套路，它从技巧到内容都是革命性的。如胡金铨的《大醉侠》节奏明快，刀来剑往，飞来飞去，镜头灵活，剪接徐疾有致，充满电影动感；而张彻的《独臂刀》和《大刺客》除丰富的镜头感外，更将传统中国的尚武侠义精神赋予现代的生命力，还把现代青年的反叛形象投射在古之侠者身上，与时代毫不脱节。《龙虎斗》、《大决斗》、《拳击》、《天下第一拳》、《马永贞》等电影中的侠客不再是可以飞天入地的神奇侠客，更大程度上是一个人。风格独特的楚原又将文艺片的唯美、浪漫与古龙小说的唯美浪漫及悬疑性相互融合，拍摄出了有特别意境的影片，如《流星·蝴蝶·剑》的虚无缥缈，如《天涯·明月·刀》的忧郁伤感，《楚留香之蝙蝠山庄》的诡异悬疑，等等，这不仅使邵氏电影更受观众欢迎，也使楚原成为邵氏兄弟公司与李翰祥、胡金铨、张彻齐名的四大导演之一。

四是艳情片。70年代的香港电影虽然还没有三级片的分级说法，但以情色为卖点的艳情片也逐渐成为邵氏电影70年代的一个热点，特别是在李翰祥回归邵氏公司以后，为邵氏公司拍摄了一系列带有情色成分的作品，如《风月奇谈》、《金瓶双艳》等。张曾泽导演的《面具》(根据香港小说家依达的同名小说改编),也是通过一个个情色故事讲述一个年轻人在社会现实中的迷惘、无奈等内容。

五是写实片。邵氏电影除了强调娱乐之外,也关注社会的世情变化。这类影片大拍社会奇案和新闻内幕,结合警匪片、黑帮片、心理惊悚片、奇情打斗片等特色,将摄影机带到街头巷尾,实地取景,捕捉大城市的黑暗角落和人性的沉沦,见证了香港社会的剧变以及由此产生的一系列问题。1974年邵氏发行的《天网》和《成记茶楼》都是反响热烈的写实片。前者根据60年代非常轰动的"三狼绑架案"① 所改编,并大量收集了相关的内幕资料,拍摄为这部由犯罪、侦缉、内讧到破案、死刑过程组成的作品,影片环环相扣,丝丝推进,其情节具有警世的意义。而后者的描写范围更加广泛,以一个茶楼(港人喜欢喝茶,而茶楼是日常生活的地方)老板的见闻串联起当时香港的种种社会问题,如打劫伤人、逼良为娼等,更是道出了当时不少港人的那种缺乏归属感、缺乏生命保障的悲哀。《成记茶楼》的续集《大哥成》将现实问题更为尖锐地指了出来,并以大量的实景拍摄取得观众共鸣。此类影片还有程刚、华山和何梦华共同执导的《香港奇案》,蓝乃才的《城塞出来者》、《暗渠》,等等。

六是喜剧片。这是邵氏电影的一个主要类型。常以夸张的方式制造娱乐效果。邵氏的喜剧电影是在楚原的《七十二家房客》后兴起的,影片以不俗的口碑和票房促使了港产粤语

---

① 香港商人黄应求在1959年6月19日遭自称"野狼"的三名歹徒绑架,其右耳被割下寄给黄氏家人,勒索55万元。其后黄应求被撕票。警方在1961年12月10日破案,罪犯李渭、倪秉坚、马广灿被判死刑。这个案件被称作"三狼绑架案"。

《大军阀》海报

片的复兴，也使得喜剧片重出江湖，此后邵氏公司又继续推出《香港73》、《多嘴街》、《贼公计小偷才》等小市民生活喜剧。李瀚祥一度离开邵氏，回归后曾推出的“片集”式影片《一乐也》就是喜剧中的佳作。影片由三个民初故事《十粒金丹》、《千万小心》、《一乐也》串联而成，由主持过滑稽电视集的许冠文主演。在第三个故事中，小乐子因为常年练习剃西瓜，实战时忘记这是人头而将剃头刀往上一戳的场景，仿佛侯宝林相声的再现。

由来自新加坡喜剧谐星[1]野峰和王沙共同演绎的“阿牛”系列（包括《阿牛入城记》、《阿牛出狱记》、《阿牛发达记》、《阿牛奇遇记》等）则是邵氏公司的喜剧佳作系列，以土头土脑的乡下人入城因不懂得城里“规矩”而不断闯祸式的模式，造成一种喜剧的效果。另外，邵氏发行的根据港产漫画《老夫子》改编的系列电影则是把不美的人性或者不美的体形作为喜剧的对象呈现出来，带给观众喜剧效果。

除此之外，邵氏公司还推出过一些新的类型与作品。如特工片，借鉴“007”系列的基本模式，呈现出现代都市人的危机感，与身份变换所带来的迷幻与惊悚感。《铁观音》、《金菩萨》、《谍网娇娃》、《亚洲秘密警察》、《特警009》、《千面魔女》等都是其代表作。另外还有恐怖片、科幻片等。这类电影主要以离奇怪诞或扣人心弦的情节、配合上阴森可怖的场景或音响效果来吸引带有一定好奇心的观众，如《鬼眼》、“降头三部曲”包括《降头》、《油鬼子》、《勾魂降头》、《星际钝胎》、《猩猩王》、《银翼杀手》等。

从50年代后期到80年代初期，邵氏公司雄霸香港影坛。各种不同类型的影片全方位地对准不同年龄、不同层次、不同性别的观众口味，从而将电影的魅力发挥到极致。邵逸夫缔造了香港影视的黄金时代，提起中国电影就无法绕过邵氏兄弟的

---

① 谐星：一般指综艺节目中的小丑明星。

大名。

（四）回报社会

邵逸夫有许多职务，也有许多荣衔。他曾任邵氏兄弟（香港）有限公司总裁，香港电视广播有限公司董事会主席、香港电视企业有限公司董事会主席、香港新鸿基财务有限公司董事，并任香港制片人协会会长、红十字会香港分会主席、香港艺术中心主席、香港中文大学校董、香港中文大学联合书院董事会主席。1974 年获 CBE 勋衔，1977 年获爵士勋衔，并先后获香港大学、香港中文大学、香港理工学院、澳门东亚大学荣誉博士学位。在电影界，他创下了若干电影之“最”：拍摄了中国最早的有声电影《白金龙》；拍摄影片 1000 余部，为中国所有电影制片厂之冠；拥有最多的影院，最高时期达 200 多家，为中国私人拥有量之首；建造了亚洲最大的电影拍摄基地，被誉为东方私人拥有量之首。人们把邵逸夫叫做娱乐圈教父，说他是一个即使再过 100 年都不可被忽略的标杆性人物。电影给他带来了巨大的财富，他又把这财富回报给社会，他以超越财富、超越功利的境界达到了人生的辉煌。

邵逸夫于 1975 年成立香港邵氏基金，大额捐赠予世界各地的教育、医疗或其他福利事业，总捐款额已超过 32 亿港元。在 80 年代，邵逸夫就已经捐出 1.1 亿港元为香港中文大学兴建逸夫书院，现时香港中文大学、香港理工大学、香港大学、香港城市大学、香港浸会大学都有邵逸夫资助的建筑。医疗方面，在 1977 年成为香港红十字会会长，赞助该会的工作，在 1984 年为该会成立首个输血服务中心。邵逸夫 1998 年卸任会长之后，仍然担任该会的副赞助人（主赞助人为香港政府）。另外，邵逸夫亦曾于 1977 年出资 600 万港元资助当局兴建香港艺术中心，同时倡办香港艺术节，成为当时的大会主席。

1985 年伊始，邵逸夫在中国内地持续巨额捐献，平均每年都拿出 1 亿多元用于支持内地的各项社会公益事业，尤其是资助办学。现在受惠学校及教育项目近 5000 个，包括 50 所大学。以他名字命名的图书馆、教学楼、体育馆、科技馆及其他文化艺术、医疗设施遍布全国各地。捐助内地的医疗和教育外，邵逸夫还曾于 1985 年出资 1000 万港元，协助保护敦煌莫高窟壁画，保护中华文化的宝贵遗产。在古今中外捐资助学史上，邵逸夫当之无愧可称为第一人！

邵逸夫的捐献并不局限于中国内地和香港、台湾地区以及新、马一带，邵逸夫设立了奖学金计划，资助亚洲学生攻读欧美大学，例如美国的哈佛大学、英国的剑桥大学等。在旧金山亦开办了以他首任妻子命名的老人中心。旧金山政府为嘉许他对该地的慈善贡献，在 1988 年宣布每年的 9 月 8 日命名为“邵逸夫日”。在 1994 年，向牛津大学捐赠 300 万英镑，成立了中国研究所。

除了捐资助学以外，发生天灾的时候，邵逸夫也会向灾区慷慨捐助。例如在 1999 年捐出 2500 万港币，救助台湾南投县“9·21”大地震灾民；2005 年，捐出 1000 万港币给南亚海啸受灾地区；2008 年，又向四川地震灾区捐款 1 亿港币，重建学校。

邵逸夫还有一个了不起的贡献，就是他为了推动各地的科学研究，在 2002 年创立了“邵逸夫奖”。其奖项与诺贝尔奖不相重复，目前设天文学、数学、生命科学与医学三个奖项，该奖每年颁布一次，奖金 100 万美元。奖项于 2004 年 8 月开始颁发。颁奖原则是：不论得奖者的种族、国籍、宗教信仰，而以其在学术及科学研究或应用所获得的突破性成果，该成果对人类生活有意义深远的影响为宗旨。由于其设奖宗旨和巨额奖金足以媲美声名显赫的“诺贝尔奖”，因而一设立就被称为“东方诺贝尔奖”。“邵逸夫奖”的评审和管理将比照诺贝尔奖，但并不完全相同，比如诺贝尔的评审委员都是瑞典人。“邵逸夫奖”的评委中有华人，也有非华人，以充分体现国际性和专业水准。诺贝尔奖的评委是终身制的，“邵逸夫奖”则会根据实际情况两年或三年进行轮换。“邵逸夫奖”的管理机构设在香港，管理委员会由熟悉中国香港和内地情况，并且对国际大奖的运作有所了解的人士组成，分董事会、理事会、评审会和秘书处四部分。评审会负责选出得奖人，评审人员从世界各地有限期聘任。诺贝尔奖规定一个单项奖的获奖者不得超过 3 人，“邵逸夫奖”则没有这样的限制，一项成果如果出自一个实验室，这个实验室就可以以集体的名义获奖。

中国科学院在 1990 年特地将他们发现的 2899 号行星命名为“邵逸夫星”，以示表彰。2005 年，邵逸夫成为“中华慈善大会”首批“中华慈善奖”得奖者之一。2008 年，中国民政部授予他“中华慈善奖终身荣誉奖”，以赞扬他长期致力于慈善事业的精神。

柳中浩兄弟与他们的影片公司

柳中浩（1910—1990），中国电影事业家，原籍浙江省鄞县。出生于上海，他的父亲柳钰堂是个精明的宁波人，19 世纪末乘着鸭蛋船进入上海滩，很快成为轮船招商局的一名高级职员，可惜他英年早逝，给三个儿子留下了一笔不小的遗产。1926 年，同哥哥柳中亮（1906—1963）在南京新街口创办了世界大戏院放映电影。1934 年，他筹集资金，在上海创建金城大戏院，作为一个专映国产影片的基地。1937 年又建办金都大戏院，也以上演国产片为主。1938 年，他又会同柳中亮

柳中浩

一起创建了国华影片公司，在不到4年的时间里，共出品40多部影片；大部分是古装片。1941年12月太平洋战争爆发后，柳氏兄弟不愿意与日本军方合作，停办"国华"，"金城"和"金都"两家戏院也改演话剧。抗日战争胜利后，柳氏兄弟又创办国泰影业公司；1948年又把资本拆开，柳中浩继续经营"国泰"，柳中亮和儿子柳和清则另外成立大同电影企业公司。作为民族资产阶级，柳氏兄弟在拍摄商业片的同时，也拍摄了《无名氏》、《忆江南》、《梨园英烈》等题材严肃的影片。中华人民共和国成立后，1952年1月1日，柳氏兄弟经营的"国泰"、"大同"会同其他公私合营和私营电影厂一起加入上海联合电影制片厂。

在中国电影史上，柳氏家族很受瞩目。著名影星周璇是柳中浩夫妇的义女，柳中亮的儿子柳和锵的妻子是"国华"的明星凤凰；而柳和清则于上海解放后和"国泰"的王丹凤结为伉俪。在事业上，柳中浩、柳中亮兄弟创办过电影院也创办过电影制片厂，只不过许多电影实业家都是在有了制片厂之后才建立电影院的，柳氏兄弟却正好相反。

（一）创办电影院

柳中浩和柳中亮的父亲柳钰堂，在清末朝廷大办洋务的浪潮中，进入了中国第一家轮船航运企业"轮船招商局"。在积攒了一笔不小的财富之后，撒手西去。当柳中浩和柳中亮继承了父亲的遗产，面临自己当家做主选择投资方向时，他们没有选择自己不感兴趣的轮船业，而是把目光转向了已成为都市生活的新时尚的电影院。他们不失时机地在电影界抢占了一块高地。

1930 年，柳氏兄弟首先在南京最繁华的地段新街口，兴建了自己的第一家戏院——世界大戏院。当时国民党定都南京不久，电影院还不多，世界大戏院的开张正适应了市民娱乐的新时尚，所以一经开张，生意顿时红火。那时的电影院多数以放映好莱坞电影为主，国产片的观众，处于“刮风一半，落雨全无”的境况。而柳氏兄弟为了支持民族电影业，尽可能地多放国产片，这就很受华资电影制片公司的欢迎，在当时的电影界独树一帜。

1932 年“一·二八”淞沪抗战中，上海的 16 家电影院（如新爱伦活动影戏院、上海大戏院、奥迪安大戏院、世界影戏院、闸北影戏院、中兴大戏院、宝兴影戏院等）都在战火中被毁，有 30 家中小型电影公司遭受不同程度的损失，无法正常营业，电影院一时难以满足市民的娱乐需求。而上海“左翼”电影又适应人民的抗日情绪而大批生产。柳氏兄弟意识到这样的背景下国产片将有一个大的发展，尤其是反映民族正气的进步影片，必将兴起一个热潮，开拓新局面的时机已到。于是他们接连在上海兴建了两家电影院：金城大戏院和金都大戏院。这些戏院都处在热闹地段的十字路口，为柳家的电影事业奠定了很好的物质基础。

1934 年 2 月 3 日，金城大戏院开业。首映影片是联华二厂的《人生》，并宣传专映国产片。专映国产片固然在客观上有为中国电影业呐喊助威之意，但从当时的情况分析，此举也

金城大戏院上映《渔光曲》时的盛况

有不得已的成分。在金城大戏院开业之前，一些著名影片公司的新片开映权差不多已被其他电影院抢光，它们只能放国产片，而且即使放国产片也有很多竞争，因为天一公司出品的电影多在“卡尔登”放，明星公司的电影多在“新光”上映，“金城”的片子多是“联华”出品。

1934 年 6 月，由蔡楚生编导、王人美主演的《渔光曲》在金城大戏院首映，使“金城”经营状况大为改观。《渔光曲》连续上映了 84 天，1600 多个座位每天都坐得满满的，而且天天加场、加座，创下了连续上映一部影片的最高历史纪录，造成轰动效应。片中那首著名的主题歌“云儿飘在海空，星儿藏入云中……”也从金城大戏院传遍大江南北。金城大戏院由此声名鹊起，“艺华、联华、电通出品均就之”，打开了放映市场。柳氏兄弟一鼓作气，又在 1937 年创办金都大戏院，也以放映国产影片为主。

（二）创办电影制片厂

1938 年 8 月，柳氏兄弟在上海创办了一个制片公司，取名为“国华影业公司”。之所以建立制片厂，是因为有明星公司被付之一炬的前提。当时明星公司已无力再办起一个电影厂，大导演张石川甚至改行去造纸。在这种情况下柳中浩、柳中亮两兄弟便提供资金，依靠“明星”旧人办起了国华影业公司，从而掀开了柳氏创业史上新的一页。

他们争取到资深导演张石川及“明星”旧人周璇、白云、吕玉堃等加盟，走古装片路线。其拍片速度之快，影响之大，常令同行们刮目。为了抢时间，与其他电影公司竞争，他们可以同时拍摄几部影片，一个演员也可以同时饰演好几个角色，布景也能够一景多用，还创造出 7 天完成一部《三笑》电影拍摄的影坛奇迹。他们捧红了周璇和周曼华两位“台柱”，捧红了舒适、白云、徐风、吕玉堃四位小生，国华影业公司遂成为电影界异军突起的一支劲旅。四年中，国华影业公司先后拍摄 40 多部影片，其中取材于民间故事的影片达 20 余部。他们拍摄的主要影片有《三笑》、《文素臣》、《李香君》、《孤岛春秋》、《孟姜女》、《李三娘》、《董小宛》、《西厢记》《碧玉簪》、《乱世英雄》、《风流冤魂》等。

太平洋战争爆发后，日本人占领了上海租界，对电影界实行“统一管理”，把十来家电影公司合并为“中华联合制片股份有限公司”，而柳家兄弟不愿跟日本人合作当汉奸，宁可将“国华”关闭也不加入“中联”。1943 年“国华”宣告停业。

抗战胜利后，柳氏兄弟又于 1946 年 7 月成立国泰影业公司。柳中浩任总经理，柳中亮任董事长，李大深任制片经理兼厂长，并先后聘请应云卫、吴天、周伯勋等参加制片工作，田汉、于伶、洪深等为特约编剧。公司为 40 年代规模较大的民营公司之一。1948 年，柳氏兄弟又将资本拆开，由柳中浩继续经营“国泰”，柳中亮及其儿子柳和清则另外成立了大同影片公司。“国泰”和“大同”完全走商业路线，但也拍了少数进步影片。他们既邀请国民党要人张道藩、潘公展任“国泰”董事长和董事，又聘请进步剧作家田汉、洪深、于伶等任特约编辑，采取的是左右讨好的策略，因此出品内容混杂，既有《忆江南》、《弱者，你的名字是女人》和《无名氏》等进步影片，又有《粉红色的炸弹》、《月黑风高》和《假面女郎》一类的商业影片。国泰公司在三年中共摄制故事片《民族的火花》、《湖上春痕》、《无名氏》、《裙带风》、《龙凤花烛》、《假面女郎》、《忆江南》、《春归何处》、《鸾凤怨》、《夜茫茫》、《十步芳草》、《平步青云》、《残冬》等 30 部。大同公司在两年中共完成 11 部影片，如《弱者，你的名字是女人》、《梨园英烈》等均有一定的社会意义，也有较高的艺术水平。另外还根据外国戏剧改编拍摄了《哑妻》、《欢天喜地》等两部喜剧片。1952 年 1 月，“国泰”与“大同”电影企业公司加入国营性质的上海联合电影制片厂。

（三）量身定做，打造明星品牌

作为一家电影公司，最重要的资源不是摄影机和胶片，而是演员、编剧、导演等人才的集合。明星又是最有票房号召力的人，因此柳氏兄弟便倾力打造自己的明星。

1937 年，周璇在《马路天使》中饰演小红就已成名。她最大的优势就是拥有一副名副其实的好歌喉，不仅音色细嫩、音质甜美，而且吐字清晰，经过麦克风传出来更是委婉动人。她那燕语莺声一般的歌喉加上电影明星的身份和曲折凄凉的身世，都受到了大众的热切关注。周璇加盟国华影业公司后，深谙市场运作之道的柳中浩，知道周璇的歌是影片中的最大卖点，于是便在每部影片中都为周璇量身订制插曲。在这一点上，柳中浩打造明星品牌的方式获得了极大成功。

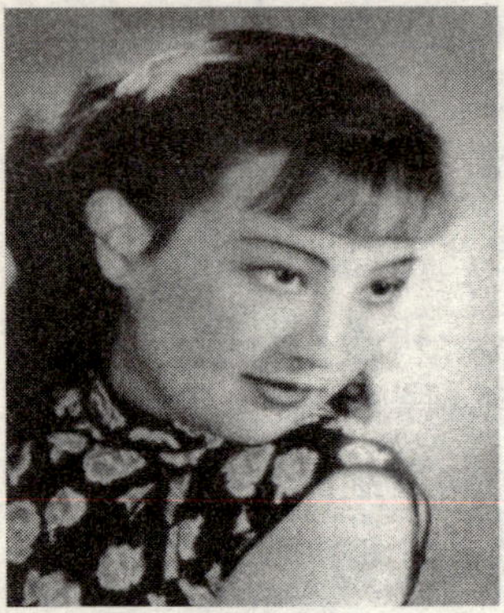

周璇

1939年初，周璇主演了国华影业公司投资拍摄的第一部古装戏《孟姜女》，并演唱了电影里的插曲《百花歌》。这部影片开创了中国古装歌唱故事片的先河，在金城大戏院首映那天，当时上海影响最大的报纸《申报》的头版，刊登出《孟姜女》的整版广告，轰动一时，取得了很高的票房价值。其后，周璇又主演了古装歌唱片《李三娘》（1939）、《七重天》（1939）、《董小宛》（1940）、《唐伯虎点秋香》（1940）、《黑天堂》（1940）、《孟丽君》（1940）、《苏三艳史》（1940）、《西厢记》（1940）、《梅妃和杨贵妃》（1941）、《夜深沉》（1941）、《恼人春色》（1942）等17部影片，并在影片中演唱36首插曲。插曲最多的是1941年1月拍摄的《天涯歌女》，在这部电影中，周璇一连演唱了七首插曲。

从1939—1941年，国华影业公司力捧周璇，老板柳中浩围绕周璇这块“金字招牌”做足了文章。他们指定剧作家为周璇量身订制能够发挥她兼具表演和歌唱才能、适合她的性格和气质的剧本；又聘用了电影界最有资历和名望的张石川等擅长拍摄古装片和音乐歌舞片的导演为她执导（张石川为其执导了九部影片，有《李三娘》、《七重天》、《唐伯虎点秋香》、《孟丽君》、《西厢记》、《梅妃》、《夜深沉》、《解语花》、《恼人春色》），聘请了当时最有名气的词曲作家如陈歌辛、黎锦光、陈蝶衣、吴村等，根据她的音域和演唱特点专门为她写作歌曲。两年多时间里，快速、集中地推出她的电影，这种完全商业化、高度市场化的运作模式，是当下的港、台、内地的影视公司都望尘莫及的。

由此周璇的“金嗓子”便成为20世纪中国电影市场的一个最著名的明星品牌，其由田汉、夏衍、贺绿汀、陈歌辛、黎锦光、张石川、袁牧之、李厚襄、吴村、方沛霖、应云卫，乃至后来的卜万苍、柯灵、佐临、吴祖光等文化、电影、音乐界的精英共同打造，产生了巨大的明星效应。周璇拍摄的影片无论是古装片还是时装片，每一部都能引起轰动，影片的拷贝达到了抢手的程度，东南亚一带的片商甚至提着现金到上海来抢购周璇的影片。这在中国迄今为止的电影史上是独一无二的。这是柳氏电影企业商业动作的成功典范，周璇的名字至今还保持着旺盛的生命力和难以估量的含金量。

柳氏兄弟为中国电影事业作出了重要贡献，他们开办的国华公司、国泰公司、大同公司，是中国电影史上的重要组成部分。他们秉承了一个地道的海派商人的全部特点：精明、有胆识、本分守法。他们从开办大戏院起家，善于把握时机，长于经营，从而在中国电影界占有一席之地。但由于文化产业的特殊性，也使他们的行为产生了诸多矛盾。在动荡的年代，他们有民族正义感，又有黑社会背景；想发展电影事业，又摆脱不开商人的“唯利是图”。时事的变迁更对他们的事业产生巨大影响。抗战胜利后，柳中浩险些被治“附逆”之罪；50年代，先是三部片子连遭“枪毙”，而后柳中浩因贷款拖欠被关进监狱两年，接着就是全部家产都顶了债。国泰公司所有的母带因无处保存而被当做废品卖掉。政治旋涡的飞转使柳氏电影企业难以自保，最终以并入国营上海联合电影制片厂的方式退出了电影业。

三 影视编导

袁牧之的电影业绩

袁牧之

袁牧之（1909—1978）原名家莱，号牧之，1909年4月12日出生在宁波市区的杨家桥。读中学时参加洪深主持的戏剧协社，为唯一的小演员。1927年参加戏剧革新运动，为辛酉剧社主要成员。1930年放弃大学学习，参加中国“左翼”戏剧家联盟，专业从事话剧表演，被称为舞台上的“千面人”。演过话剧《五奎桥》、《回春之曲》等。1934年加入电通影片公司，开始进入电影界。在夏衍等人帮助下，编写、主演《桃李劫》，主演《风云儿女》、《生死同心》，编导《马路天使》和我国第一部音乐喜剧故事片《都市风光》等，轰动影坛。《马路天使》被誉为“中国影坛上的一朵奇葩”。1938年在汉口中国电影制片厂主演《八百壮士》，同年8月赴延安，负责组建“延安电影团”，编导大型历史纪录片《延安与八路军》。1940年赴苏联学习考察并参与拍摄影片，与爱森斯坦共事。1946年回国，主持接管“满洲映画株式会社”和建立东北电影制片厂的工作。新中国成立后，历任东北电影制片厂厂长、文化部电影局局长、全国文联委员、中国电影工作者协会副主席、第一届全国人大代表等，是中国电影史上罕见的全才。著作有《牧之随笔》、《戏剧化装术》、《两个角色的戏》、《演剧漫谈》等。

电影史上，袁牧之集导演、编剧、演员、电影事业家于一身，是百年中国电影艺术发展史上罕见的“全才”，他为中国的电影事业出了重要贡献。

（一）戏剧舞台上的“千面人”

袁牧之出生在世居宁波的一个大家族里。其父亲原本是一个做工艺品的手工业者，在街头开店谋生，以后进钱庄学生意，因结识了一个日本商人而成为买办，曾经显赫一时。袁牧之是其父亲 61 岁时才得的独子，备受宠爱。他继承了母亲的艺术细胞，幼年受启蒙教育时，即表现出对文艺的兴趣。他 7 岁时父亲去世，13 岁离开家乡到上海投奔自己的大姐，进入澄衷中学读书。1924 年，还在中学读书的袁牧之加入了上海戏剧协社，从此正式涉足舞台，开始了他的戏剧生涯。由于年龄小，袁牧之在戏剧协社中的戏份并不重，但剧社正规的话剧艺术氛围以及应云卫、洪深等戏剧艺术家的影响，使他对戏剧表演有了更深刻的认识。他第一次饰演的是话剧《终身大事》中的亚梅，这是个女角，但是他的化装和表演都很成功，据说“比女性还要女性”，成为艺术家们所器重的小演员。他把大量的业余时间都用在了业余戏剧演出活动上，考取东吴大学法律专业之后他仍热心参与戏剧活动，并于 1927 年参加了辛酉剧社，成为这个剧社的一名业余演员。

袁牧之在辛酉剧社参加了朱穰丞提倡的“难剧运动”。所谓“难剧运动”就是专挑一般人认为难演的、内容深奥的好戏、难戏来演，在这场运动中，袁牧之的表演才能得到了很好的锻炼。他在契诃夫的《文舅舅》中饰演万尼亚，在安得烈耶夫的《狗的跳舞》中饰演亨利，他的优秀演技受到观众和戏剧界的重视。经过近十年的舞台磨炼，袁牧之不仅把自己完全变成了角色，还在表演上逐渐形成了自己独特的风格。他以精湛的表演赢得了“舞台千面人”的赞誉。他在《五奎桥》里饰演老年的地主周乡绅，曾令熟悉他的洪深[1]认不出来；他在《怒吼吧！中国》里扮演的老船夫悲怆慷慨，让观众为之泪下。在辛酉剧社演出的许多外国名剧，为袁牧之打下了比较坚实的艺术基础。

1930年以后，中国“左翼”作家联盟把“艺术”、“南国”、“摩登”、“辛酉”、“光明”、“大夏”等七个剧社所组织的上海剧团联合会改组为中国“左翼”剧团联盟，而后又改为中国“左翼”戏剧家联盟，在党的领导下开展新兴戏剧运动，袁牧之接触了大众化的新兴戏剧运动，艺术思想发生很大转变，成为“左翼”戏剧运动的活跃分子。这一年，袁牧之放弃大学学习，摆脱家庭束缚，投身于“左翼”戏剧事业。这是他在人生道路上的第一次重大抉择。袁牧之曾主演洪深编剧的《五奎桥》、苏联剧作家特列季亚科夫编剧的《怒吼吧！中国》、田汉编剧的《回春之曲》等剧目。除演剧之外，他还创作了一系列独幕剧:《爱神的箭》(1928)、《叛徒》（1928)、《爱的面目》(1928)《寒暑表》(1929)、《生离死别》（1929)、《甜蜜的嘴唇》（1929)、《流星》（1929）等，后分别结集为《爱神的箭》（1930)、《两个角色的戏》（1931）出版。他在实践中重视艺术总结，著有《戏剧化装术》(1931)、《演剧漫

---

① 洪深（1894—1955）中国早期电影的开拓者，导演、剧作家、戏剧批评家。一生编译38部话剧剧本，其中有26个剧本被拍成电影，还撰写了大量电影理论著作，导演了9部电影。

谈》（1933）等书。他主张演员表演时应“脱了自己而变成剧中的角色”。他提倡通过外形技术来模拟角色精神生活，并尝试过许多钻研角色和体现角色的方法，为当时的表演艺术开辟

《马路大使》海报

了一条新路。1934 年 8 月至 1935 年 4 月，曾编辑过《中华日报》的《戏》周刊 36 期。这一切都显示了他全面的艺术才能。

（二）“左翼”电影的中坚

1934 年，袁牧之加入电通影片公司，投身于“左翼”进步电影运动，成为集编、导、演于一身的罕见全才。他先后编导和主演了《桃李劫》、《风云儿女》、《都市风光》、《生死同心》、《马路天使》、《八百壮士》等影片，虽然数量不多，但部部是精品，在中国电影史上产生了重要影响。他编剧并主演的《桃李劫》（1934）是中国第一部以有声手法拍摄的影片，成为中国有声电影的里程碑；他编、导、演的《都市风光》（1935）是中国第一部音乐喜剧故事片，成为中国电影音乐创作和喜剧故事片的重要里程碑。这部影片是袁牧之电影执导的处女作，他把舞台技巧移到银幕上来，为中国影坛创造了喜剧片的典范。1935 年袁牧之主演了《风云儿女》，成为在银幕上第一个唱《义勇军进行曲》（影片主题歌，后来成为中华人民共和国国歌）的人。“电通”停业后，袁牧之进入明星影片公司二厂拍摄了《生死同心》（1936），他一人成功地饰演了两个身份不同、性格迥异的角色———革命者李涛和华侨青年柳元杰，受到了世界著名电影大师——苏联的爱森斯坦称赞，他称袁牧之为“天才的李涛”。1937 年，袁牧之编导的《马路天使》以现实主义艺术手法，反映生活在社会底层的人们的悲苦命运，在影片中成功地塑造了妓女、小歌女、吹鼓手、报贩、失业者、剃头师傅、小贩等劳苦大众的艺术形象，有力地抨击了国民党政权的黑暗统治。他成功地运用电影艺术表现手段（如音乐、音响、表演、蒙太奇等），以新颖、独特的艺术构思和导演技巧，把悲剧内容和喜剧手法有机和谐地统一起来，使整个影片的风格既明快幽默，又含蓄隽永。该片不仅成为“左翼”进步电影的成熟之作，也是新现实主义电影的最高典范，受到世界一些著名电影史学家和影评家的高度赞赏，被誉为“中国影坛上开放的一朵奇葩”，“经典中的经典”。

抗日战争爆发后，袁牧之积极从事抗日宣传活动，并与宋之的、陈波儿、崔嵬等组织“上海救亡演剧队”第一队，离开上海开赴抗日前线。他参加了著名抗战话剧《保卫卢沟桥》的演出工作。1938 年，该队来到武汉后，袁牧之主演了影片《八百壮士》中的团长谢晋元。影片在国内外放映时引起强烈反响。这年秋天，袁牧之与陈波儿在武汉八路军办事处的指导下，购置摄影器材，绕道前往延安、陕甘宁边区和华北敌后抗日根据地拍纪录片，同时负责筹建抗日根据地的电影机构。这是袁牧之在人生道路上作出的第二个重大抉择。

袁牧之当时已是著名的电影艺术家，但他跟随时代潮流毅然从电影事业发达的中心城市上海到边区小城延安，白手起家开创革命电影事业，组建了“延安电影团”。延安电影团是中国共产党在解放区领导并组建的第一个电影机构，它是人民电影的源头。电影团组建后，他深入陕甘宁边区和华北抗日根据地拍摄纪录片，并编导了解放区第一部大型历史纪录片《延安与八路军》。为了拍摄好这部片子，袁牧之到延安各个方面去体验生活，编写拍摄提纲。片子以抗战爆发后各地爱国青年赴延安为开头，纪录了延安的自然风光和社会环境。接着拍摄了毛泽东、朱德等中央领导、高级将领的活动，拍摄了抗日军政大学、陕北公学、鲁迅艺术学院等校师生的学习活动，农民自卫队、妇女会和儿童团活动以及农村政权民主选举等活动。延安电影团即将奔赴华北敌后根据地拍摄前夕，毛泽东主席专门邀请袁牧之等人到他的窑洞去做客、吃饭，询问电影团的工作情况。拍摄之余，他还与陈波儿合作编导了反映革命根据地新生活的舞台剧《延安三部曲》（1939），演出在延安引起强烈反响。

经过一年多的拍摄，影片进入后期制作，但当时的延安既无电也无相应设备，党决定派袁牧之与冼星海去苏联学习考察并完成后期制作。1940 年，袁牧之赴苏联学习、考察。在此期间，他曾与苏联著名电影大师爱森斯坦共同拍摄过影片，也曾独立导演过纪录影片《江布尔》，然而，《延安与八路军》的后期制作却没能完成。当苏方将全部底片洗印出来准备进行剪辑与配音工作的时候，苏德战争爆发，撤退时底片丢失，令袁牧之心疼不已。现在我们只能在中苏合拍的纪录片《中国人民的胜利》、《解放了的中国》中看到片段镜头，它已成为中国共产党抗战时期的重要党史资料之一。这部未完成的影片开创了中国人民电影新闻纪录片的历史，是中国新闻纪录电影的一块坚实的奠基石。

袁牧之因战争滞留在苏联，他颠沛流离，还在西伯利亚当过牧羊工。直到 1946 年 2 月才回到祖国。

（三）新中国电影的奠基人

1946 年，袁牧之回国后即同夫人陈波儿一起赴东北，参与了接管“满洲映画株式会社”的工作。由于战争形势的变化，电影厂辗转搬到了黑龙江省的兴山（今鹤岗）这个偏僻的煤矿小镇上，在这里，袁牧之创建了第一座人民电影制片厂——东北电影制片厂，并出任厂长。东影厂是党领导下的人民电影企业，为了根本区别于旧的电影制片厂，把东影建成一个正规的电影企业，袁牧之有意识地进行了一系列实践和探索。他举办电影训练班，培育电影新人，开展“三化立功”（指管理上的正规化、科学化、统一化）、“七片生产”（指艺术片、新闻纪录片、科学教育片、美术片、翻译片、幻灯片、新闻照片）运动，建立电影发行网络，在袁牧之的领导下，东北电影制片厂在不到三年的时间里，为新中国电影事业奠定了牢固的基础，培养了大批宝贵的电影干部人才，被人称为“新中国人民电影的摇篮”。①

袁牧之任东影厂厂长之际，生产了新中国电影事业的第一部多集有声纪录片《民主东北》（1947）、第一部木偶片《皇帝梦》（1947）、第一部动画片《瓮中捉鳖》（1948）、第一部短故事片《留下他打老蒋》（1948）、第一部科教片《预防鼠疫》（1948）、第一部译制片《普通一兵》（1949）以及新中国的第一部故事片《桥》（1949）。除此之外，东影厂还拍摄完成了一大批长故事片，如《回到自己的队伍来》、《光芒万丈》、《中华儿女》、《无形的战线》、《内蒙春光》（后改为《内蒙人民的胜利》）、《赵一曼》等。

1949年2月，袁牧之受党中央调遣，进北平参加组建全国电影领导机构的工作，4月，中央电影管理局正式成立，他出任第一任局长。袁牧之在全国迅速建立起了党统一领导下的一整套科学、系统、正规的，能适应人民电影事业发展规律的国营电影生产管理体制，创立了以国营电影制片厂为核心的电影管理模式，将“东影”、“北影”、“上影”作为中央电影局三大国营制片基地。同时制定出台了新中国第一批电影法律法规和具体规章制度，在中国电影史上第一次使全国公、私营电影业管理有法可依、有章可循。制片方面基本确立了“工农兵电影”为主流的“红色电影”创作方向，并很快恢复和重

① 郭学勤：《宁波帮与中国近现代电影业》，中国文史出版社2006年版，第120页。

建了电影生产能力，国营电影生产开始步入科学、正规、有效的运作和管理轨道，彻底改变了电影市场基本被英美等西方国家影片占领的状况，电影观众数量猛增，电影不仅成为国家最有利的宣传手段之一，也开始为新中国社会主义经济建设作出自己的贡献。

在袁牧之任中央电影局局长的第二年，就形成了新中国电影的第一个高潮，当年东北、北京、上海三家国营电影制片厂就出产了多部故事片，其中“东影”的《白毛女》、《内蒙人民的胜利》、《赵一曼》、《钢铁战士》，“北影”的《新儿女英雄传》、《民主青年进行曲》，“上影”的《团结起来到明天》、《上饶集中营》、《翠岗红旗》都堪称优秀影片，其中不少片子在国际电影节上屡屡得奖。同年“昆仑”、“文华”、“国泰”、“大同”等私营电影制片厂也拍摄了多部故事片，出产了《乌鸦与麻雀》、《我这一辈子》、《武训传》等可称作经典的作品，另外还有一些显示了远见卓识的影片，如《我们夫妇之间》、《关连长》等。电影界的盛况，虽然很难说是袁牧之一个人的功劳，但史学家认为新中国的第一任电影局长领导有方，并不为过。

第一次全国文代会之后，袁牧之被选为中华全国电影艺术工作者协会副主席。1954 年以后，他因肺病长期离职修养。在病中，他仍坚持创作活动，1971 年完成了童话剧本《小小环球》。1978 年 6 月 30 日，袁牧之在北京病逝，终年 69 岁。

应云卫的导演生涯

应云卫（1904—1967）戏剧、电影导演。字雨辰，号杨震，浙江慈溪人，生于上海。自幼喜爱戏剧，20 年代初参与组织和领导上海戏剧协社，为中国早期的话剧活动家之一。

应云卫

1930 年加入中国“左翼”戏剧家联盟导演话剧，1933 年，为纪念“九一八”两周年，导演话剧《怒吼吧，中国!》。同年被选为中国电影文化协会执行委员。1934 年进入电通影片公司，导演了“左翼”电影运动的代表作品之一《桃李劫》。该片也是我国第一部把声音作为有机的艺术元素运用电影拍摄的影片。1936 年进入明星公司，导演了抗日题材影片《生死同心》。次年又为艺华影业有限公司导演《时势英雄》，为中国旅行剧团导演话剧《梅梦秀》，组织中国舞台协会，并参与话剧《钦差大臣》的导演工作。抗战爆发后，担任上海救亡演剧队第三、第四队总队长，导演了《保卫卢沟桥》、《全民总动员》、《放下你的鞭子》、《国家至上》等抗战话剧。1938 年抵达武汉，发起组织中国戏剧界抗敌协会，并任中国电影制片厂编导委员会委员，导演《全民总动员》、《上海屋檐下》、《国家至上》等话剧及《八百壮士》、《塞上风云》等抗战电影。1942 年，他组织了当时中国戏剧界的强大阵容去重庆演出郭沫若的《屈原》。抗战胜利后受聘于国泰影业公司，导演了《无名氏》、《忆江南》、《鸡鸣早看天》等进步影片。新中国成立后导演的作品有《宋士杰》（京剧，与刘琼合导）、《追鱼》（越剧）、《斗诗亭》（越剧现代戏）、《周信芳的舞台艺术》（京剧，与杨小仲合导）、《武松》（京剧，与俞仲英合导）5 部戏曲艺术片及部分故事片，同时，他还导演了沪剧《自有后来人》、甬剧《半把剪刀》、越剧《关不住的姑娘》和方言话剧

《啼笑姻缘》等。曾任上海江南电影制片厂厂长，上海市电影局顾问，中国电影工作者协会第二、第三届理事，中国戏剧家协会理事，中国电影工作者协会上海分会副主席等职。“文化大革命”期间被迫害，1967 年 1 月 26 日猝死于游斗的车上（一说自杀）。

应云卫是我国早期著名的电影导演和戏剧活动家。他不仅熟悉话剧、电影，而且对各大剧种无一不精通。作为中国话剧运动的开拓者、中国电影创作的先行者和戏曲改革的热心支持者，应云卫被称为“中国剧影界的大树”。

（一）为艺术舍弃“钱”程

应云卫 1904 年 9 月 17 日出生于上海。七岁丧父，后在亲友的帮助下就读于湖州旅沪公学；15 岁时辍学挑起家庭重担，进了日商古河洋行当练习生。他白天跑街、送信、干杂务，晚上到八仙桥青年会夜校攻读英文、会计等学科。五四运动爆发，应云卫投入到反帝反封建的时代潮流中，他积极参加“救国十人团”和“半夜促醒队”。他们十人一组，深夜走街串巷，手敲竹筒，高呼“毋忘国耻”，宣传爱国自强；他们自编自演幕表戏，号召抵制日货。他编演的反帝爱国的幕表戏激怒了日商大班，应卫云被古河洋行开除了。离开古河洋行后，为了生活，他又进入英商慎昌洋行。先在船头房当练习生，因为勤勉能干，不久就升为办事员，再升为报关员。但因为不满于洋职员对同胞的歧视，1925 年愤而辞职，转而到浙江商人创办的肇兴轮船公司当报关员，在自己同胞办的公司为自己的同胞办事，应云卫心甘情愿，同时他的商业才能也充分得到了展示，很快由报关员升为业务主任（相当于买办）。应云卫有丰厚的收入，不但生活富足，而且前途无量。

但应云卫心里痴迷的对象却是艺术。小时候父亲曾带他看过不少绍兴高调和四明文戏；也曾看过上海艺术剧社上演的法国罗曼·罗兰的《爱与死的角逐》、美国辛克莱的《梁上君子》和德国米尔顿的《炭坑夫》。父亲亡故以后，应云卫一家跟着唱滩簧的舅舅生活，白天听舅父向晚辈传艺，夜间到剧场观看舅父演出，耳濡目染，艺术便渐渐在他的心中生了根。在八仙桥青年会夜校学习时，他结识了一批勤奋好学的同龄人，每到假日就结伴去看京戏、电影、文明戏和游乐场的各种曲艺。

1921 年，应云卫加入了业余话剧团体上海戏剧协社，这是五四时期中国“爱美”（Amateur，即业余的）的戏剧运动中最早的话剧团体之一，以“非营利的性质，提倡艺术的新剧”为宗旨，前后苦心经营了 12 年，举办过 16 次公演，是中国话剧史上存在时间最长的业余话剧团体，应云卫也因此成为中国现代话剧运动的拓荒者之一。每排新戏，他总到场充当导演的得力助手，还和与他一样热爱戏剧的妻子一起亲自设计服装、化妆、安排布景道具，以及收支账目等杂务。有的戏成功了，但也有很多戏失败了；成功的喜悦他和大家共享，但凡是失败，总是由他一人笑呵呵地独自承担经济损失。当北伐军向上海进发，全国掀起反帝反封建的革命浪潮时，他在十分困难的情况下，又排演了根据法国剧作家沙陀的《祖国》改编的《血花》，不但自掏腰包，而且自导、自演，连夫人程梦莲也上台饰演配角。《血花》之后，他又请宁波同乡顾仲彝翻译莎士比亚的名剧《威尼斯商人》，同时向银行、钱庄借贷资金，不惜工本定制服装、布景，高价请来名演员，在宁波同乡会演出。

没有人仔细计算过应云卫在戏剧事业中究竟耗费了多少钱

财，但他为了自己钟情的戏剧事业，很快从富人变成了穷人，最后成了债台筑得最高的艺术家。1933 年，他排演《怒吼吧！中国》激怒了租界当局，遭到了秘密通缉，戏剧协社被迫停止活动。轮船公司老板虞洽卿客气地请应云卫离职。夏衍在多年后曾这样回忆道：“在 20 年代，他开始搞话剧运动时，是上海有名的大资本家虞洽卿办的一个轮船公司的副经理。当时他有着优裕的生活和美满的家庭，本来是可以过一愉快舒适生活的，但他偏偏迷上了话剧，不仅是爱上而是迷上，他为话剧运动奋斗了一生。可以说，他为了戏剧什么都牺牲了。为了戏剧运动，含辛茹苦，典当借债。在旧社会，白色恐怖情况下，为了演出新戏，向剧场的老板、向戏剧检查的国民党官吏磕头作揖，也是为了推动话剧运动的发展。20 年代初，他在上海组织戏剧协社（业余剧团），不惜倾家荡产，还不得不到处借债。”① 为了戏剧事业，他失去了待遇优厚的买办职位，最终断送了自己的商业前程。

（二）中国话剧的开拓者

应云卫是中国现代话剧运动的开拓者。20 世纪 20 年代初，他参与组织和领导上海戏剧协社，并于 1923 年首次演出了根据剧本排演的话剧《孤军》，此后又在《终身大事》、《男扮女装》等话剧中扮演角色。1930 年，中国“左翼”戏剧家联盟一成立，应云卫即申请加入。只是因为组织者考虑到在国民党白色恐怖统治下，他的合法职业和社会地位对开展进步戏剧运动更为有利，故吸收他为秘密盟员。

应云卫参加“剧联”以后，演出过外国名著《威尼斯商人》、《卡门》等，而其最大的贡献是在 1933 年导演并组织演

① 夏衍：《怀念应云卫》，《新文化史料》1994 年第 4 期。

出了大型多幕话剧《怒吼吧！中国》。

《怒吼吧！中国》由曾在北京大学任教授的苏联作家塞格·米海诺维奇·铁捷克编剧，这是一出主题尖锐的反帝斗争戏，反映1925年英国军舰在四川万县制造惨案，引起中国人民强烈反抗的真实历史事件。排演这个话剧，群众斗争场面大而多，需要筹集较多的经费。应云卫在整个排演的过程中充分地施展了他的商业才能和戏剧组织才能。为了筹集制作码头、兵舰、商船和无线电台等特殊布景的巨款，他先以轮船公司"买办"身份去向钱庄、银行借贷，随后又说服同乡的宁波帮商人捐款，发放"预约券"。而在角色的安排上，除了主要角色和有戏份的演员之外，他还别出心裁地请来30位码头工人、20名童子军队员、数十位学生，加上戏剧协社的同人，饰演了近百名群众角色。这在我国话剧史上是个创举。应云卫运用各种戏剧技巧和表现手法，使这部8场9景的空前大戏一气呵成，达到了当时的最高水平。

因为此剧是反对英帝国主义的，故而公共租界无法演出。应卫云便巧妙地利用英法在上海租界的矛盾，通过多种渠道和关系，终于在法租界内于青帮头子黄金荣所开设的黄金大戏院里公演了。就这样，应云卫在很短的时间里，克服了常人无法克服的种种困难，终于在"九一八"两周年纪念日这一天，把中国工人阶级反对帝国主义的革命斗争搬上了舞台。该剧上演时，正值国际调查团来华调查"九一八"事件，代表中的马莱爵士来戏院看戏。应云卫在演出中播放了《国际歌》，又高唱《马赛曲》，马莱被深深打动，立即恭敬地起立，事后还撰文赞扬该戏演出成功。

《怒吼吧！中国》的演出，是应云卫艺术生涯中的一个里程碑，也是他人生的一个重大分野。这部戏初步形成了他朴实自然、清新流畅的导演风格，演出后社会影响很大。

抗战爆发后，应云卫接受组织委托，辞去中国电影制片厂的高薪职位，组织中华剧艺社。应云卫在中共的领导下和同志们一起运用戏剧这一武器与国民党政府进行斗争。在1941年10月至1942年5月的雾季演出中，“中艺”演出了七个大戏、一个小戏以及和“中万”（即“中国万岁剧团”简称）合演了一个大戏。其中《棠棣之花》、《天国春秋》、《屈原》的初次演出场次分别为24场、25场、21场，达到了当时的最高纪录，轰动了山城。“中艺”的成功，引起了国民党当局的注意，从此对“中艺”百般刁难和迫害。应云卫在政治与经济双重压迫的艰苦环境中，克服重重困难，继而在1942—1943年的雾季演出中，又组织演出了夏衍的《法西斯细菌》、于伶的《长夜行》、吴祖光的《风雪夜归人》等有深度、有水平的大戏。

为了避开国民党当局对“中艺”的迫害，应云卫带领“中艺”这支队伍，辗转内江、资中、自流井、成都等地演出。他既要执导并组织演出，还要应付各地国民党政府和地方邪恶势力的双重迫害。他临危不惧，面对持枪特务巧妙周旋；他为了解决演出经费和同志们的生活问题，到处借贷。在那样艰难的情况下，应云卫忍辱负重，团结“中艺”同仁一直坚持到抗战胜利，共演出大小剧目80多个。在1941—1943年间的戏剧运动中，应云卫领导的中华剧艺社起了核心和骨干作用，为中国的话剧事业作出了重要贡献。夏衍、于伶曾称应云卫为“中国戏剧魂”，并以他为原型，创作了话剧《戏剧春秋》。这出戏形象再现了应云卫等一代话剧活动家从文明新戏、爱美剧、新兴演剧运动所走过的不平凡之路，在重庆演出后，轰动抗战剧坛，载誉中国话剧史。

（三）进步电影与戏曲电影的先行者

自演出《怒吼吧！中国》后，根据党组织的安排和实际斗争的需要，应云卫进入电通影片公司转向电影的导演和制作。电通公司是在中国共产党电影小组的直接领导下，于1934年成立的。它的成立标志着这一时期“左翼”电影运动反“围剿”的重大胜利。在严重的白色恐怖下，应云卫首次执导反映爱国反帝的影片《桃李劫》一举成功。影片刻画了一对富有正气、耿直不阿的小资产阶级知识分子的悲剧命运。他们抱着为社会谋福利的理想，从学校走向社会，由于对所遇到的种种不合理社会现实表现出一次又一次的义愤和反抗，结果遭到社会黑暗势力的一次又一次的抵制和打击，以致幻想破灭，最后家破人亡。它对当时国民党统治下的半封建、半殖民地的社会制度，进行了深刻的揭露和控诉。影片的主题歌《毕业歌》是由田汉作词，聂耳作曲，描绘了当时面临的民族危机，提出了青年参加民族生存斗争的使命。“我们今天是桃李芬芳，明天是社会的栋梁……同学们！快拿出力量，担负起天下的兴亡！”这支充满着鼓舞力量的歌曲，在青年中产生了深远的影响。《桃李劫》是由应云卫和袁牧之合作编剧并由应云卫导演的第一部影片，也是第一次真正以有声电影故事片的创作方法完成的影片。它的成功进一步显示了应云卫的艺术才华、组织才干和导演才能。

抗日战争爆发后，应云卫带领抗敌演剧第三、四队沿沪宁线作抗日救亡演出。抵达武汉后，他参加了军委会政治部第三厅的工作，同时中共党组织又派他参加中国电影制片厂的工作，拍摄了《八百壮士》和《塞上风云》两部影片。1938年7月，他导演完成了阳翰笙编剧的《八百壮士》。影片气势磅礴，极富宣传、鼓动力，生动地表现出中国人民对侵略者的仇恨。1995 年，该片荣获中国反法西斯战争优秀影片奖。2001 年 4 月，第 25 届香港国际电影节上展映了中华经典影片 25 部，其中就有他导演的《八百壮士》。他亲率摄制组远赴内蒙拍摄《塞上风云》外景，在往返途中两次经过延安，受到毛泽东、朱德的亲切接见，并接受了毛泽东的题词“抗战、团结、进步”。1946—1949 年，应云卫在国泰影业公司导演了电影《无名氏》、《忆江南》、《一帆风顺》，在启明影业公司导演了电影《鸡鸣早看天》、《喜迎春》、《再生凤凰》等。

新中国成立后，他受到冲击，并逐渐被剥夺了故事片的导演权。在这种情况下，应云卫另辟蹊径，去关心剧坛，拍戏曲电影，从而开创出了另一番天地。

应云卫早在 1948 年就曾拍摄过袁雪芬、范瑞娟主演的越剧片《祥林嫂》，首次把越剧从舞台搬到银幕。他在艺术表现上充分发挥电影镜头运用灵活的长处，采用声画对位手法，随着唱词，银幕上立即现出与歌词对应的景物画面，使情景在银幕上交融，从而产生较强的艺术感染力，受到观众欢迎。在受排挤的精神痛苦中，应云卫便以其精通电影、熟悉戏曲的独特优势，为保留戏曲大师们的表演艺术精华和中国传统戏曲艺术风貌而努力工作。他把极大的热情与精力投入到戏曲艺术中，先后导演拍摄了周信芳的《宋士杰》和《周信芳的舞台艺术》、王文娟和徐玉兰的越剧《追鱼》，以及盖叫天的京剧《武松》等戏曲艺术片。《追鱼》是最早使用特技的中国戏剧片。应云卫将电影艺术与传统戏曲有机结合，为后人拍摄戏曲艺术片积累了许多成功的经验，产生了深远的影响。除了拍摄戏曲艺术片外，应云卫还热心帮助各地剧团排演地方戏，共同探索戏曲改革道路。他先后为滑稽戏、评弹、沪剧、苏剧、京剧、越剧、甬剧、绍剧、婺剧等 10 余个剧种导演了大小剧目

30余个。特别是1963年，他帮助上海堇风甬剧团导演天方编剧的《半把剪刀》，将这个不起眼的传统伦理剧加工成为催人泪下的社会悲剧，引起轰动；《半把剪刀》还被调往北京作为重点观摩剧目，得到了首都文艺界的高度赞赏，被誉为“又一出《十五贯》”，从而使这个古老的地方剧种重放异彩。

在现代戏的改革中应云卫也作出了不可磨灭的贡献。是他帮助上海爱华沪剧团导演《自有后来人》，并改名为《红灯记》；是他参与导演了上海京剧团《智取威虎山》，并创造性地把座山雕的舞台正中位置让给了英雄人物杨子荣。然而这样一位卓有成就的艺术家，用生命谱写了中国的“剧影春秋”的人，却在“文化大革命”中被游斗至死，直到14年后才得以平反。

桑弧与他的市民电影

桑弧

桑弧（1916—2004），电影导演。原名李培林。原籍浙江宁波，生于上海。1933年肄业于沪江大学新闻系，曾任中国实业银行职员。1941年起从事电影剧本创作，编写电影剧本《肉》（后改名《灵与肉》）、《洞房花烛夜》、《人约黄昏后》、《教师万岁》、《人海遗珠》等，均拍摄成影片上映。抗日战争胜利后，加入文华影业公司任编导，创作《假凤虚凰》，并导演《不了情》、《太太万岁》、《越剧精华》（戏曲片）和编导《哀乐中年》等影片7部。新中国成立后，任上海电影制片厂导演、艺术委员会副主任，先后编、导影片《梁山伯与祝英台》、《天仙配》、《宋士杰》、《祝福》、《春满人间》（与柯灵、谢俊峰合作编剧）、《魔术师的奇遇》（与王炼、傅敬恭合作编剧）、《她俩和他俩》（与傅敬恭、王炼合作编剧）、《子夜》（与傅敬恭合作导演）、《邮缘》（与王炼、李亦中合作编剧）、《女局长的男朋友》（与王炼、李亦中合作编剧）等十余部。其中《梁山伯与祝英台》（与徐进合作编剧、黄沙合作导演）于1954年获第八届卡罗维发利国际电影节音乐片奖、1955年获第九届英国爱丁堡国际电影节映出奖、[①] 1957年获文化部1949—1955年优秀影片奖；《祝福》于1957年获第十届卡罗维·发利国际电影节评委会特别奖、1958年获墨西哥国际电影节银帽奖；《她俩和他俩》于1979年获文化部优秀影片奖；《邮缘》于1984年获文化部优秀影片奖。此外，还创作美术片剧本《鹿铃》，拍摄成影片后，于1983年获第三届中国电影金鸡奖最佳美术片奖、文化部1982年优秀影片奖、苏联第十三届莫斯科国际电影节动画片特别奖。曾任中国影协第二至第四届理事、第五届主席团委员，上海电影家协会第三、第四届副主席。

桑弧自进入影坛便为中国电影事业的发展而努力。他以一种素朴的平民性思想和大众化趣味显现对生活的独特理解，又以对艺术的不懈追求与创新，形成了电影世界中的独特风格。

（一）从编剧到导演

桑弧出生在上海一个经营纸业生意的家庭里。1928年，父母不幸双亡，家境急转直下。1930年5月，还没读完中学，

---

① 该电影节不设奖品，凡选中放映的影片，电影节发给荣誉证书以作纪念。

14 岁的桑弧就进入上海华商证券交易所的一个下属字号当学徒。这个证券字号倒闭后，他一度在上海沪江大学新闻系读书。年轻的桑弧立志做一名杰出的新闻记者，可是，1934 年，他却考上了中国实业银行的练习生，之后转为小职员。桑弧从小喜欢看戏、看电影，曾写过许多观后感想。他发展了这个业余爱好，在工作之余开始以“醉芳”为笔名，为当时刚刚倦游归沪的麒麟童——麒派创始人周信芳写戏评。这位“醉芳”流畅的文笔、独特的见地引起了一些票友的赞赏。

1935 年，一个偶然的机会，桑弧通过周信芳结识了早期著名电影导演朱石麟，从此就在他的启蒙下开始了电影剧本创作。1941 年，桑弧创作了他的第一个剧本《灵与肉》（原名为《肉》，并借古诗“当年蓬矢桑弧意，岂为功名始读书”之意启用“桑弧”笔名）。随后，桑弧接连创作了《洞房花烛夜》（1942）、《人约黄昏后》（1942），均由朱石麟先后搬上银幕。

从 1945—1946 年，桑弧在朱石麟的支持下自编自导了《教师万岁》（1944）和《人海双珠》（1945）。他的作品始终透露出一种市民化的、狡黠的创造性，既无文明戏的僵化酸腐，也不似艳情古装剧的露骨，他线索繁多、浓淡适宜的特点为他逐渐赢得了认可。

1946 年 8 月下旬，卡尔登戏院老板吴性栽成立了文华电影公司。桑弧负责公司的艺术创作。为了打响文华电影公司成立的“第一炮”，桑弧经人介绍认识了张爱玲，随后便邀请她为文华公司创作电影剧本。张爱玲很快就写出了电影剧本《不了情》。1947 年 2 月，《不了情》作为文华公司的开山之作正式开拍，导演桑弧，主演为舒适和陈燕燕。这部影片只花了两个月的时间就完成，上映后一炮打响。借着《不了情》的轰动效应，桑弧再请张爱玲创作了《太太万岁》。这部影片哀而不伤，悲喜交集，桑弧对于喜剧的把握在这部影片里已经成熟。

1948 年，继《不了情》、《太太万岁》大获成功后，桑弧又拍摄了《哀乐中年》。它表现两个年龄悬殊的教员的爱情以及父子冲突，含蓄中见出浓烈，喜剧中透出悲凉，并越来越受到推崇。

1949 年后，市民的悲欢已经不可能成为文艺创作的主题。桑弧进入上海电影制片厂，拍摄了戏曲片（越剧）《梁山伯与祝英台》、《祝福》和《魔术师的奇遇》。“文化大革命”开始后，桑弧创作的空间更趋狭小，70 年代拍摄过样板戏芭蕾舞剧《白毛女》（1972）以及“三突出”① 类的电影《无影灯下颂银针》（1974）、《第二个春天》（1975），等等。1979 年后，他编导了《她俩和他俩》（1979）、《邮缘》（1984）、《女局长的男朋友》（1986）等影片，而他担任编剧的水墨动画片《鹿铃》（1982）获 1983 年金鸡奖和莫斯科国际电影节最佳动画片奖。1990 年，桑弧导演了京剧艺术片《曹操与杨修》，这时的桑弧已 74 岁。桑弧电影收山之作是纪念蔡元培先生的纪录片《蔡元培生平》，在片中他吸收电视手法，请来孙道临和张瑞芳担任主持人，之前几乎无人在电影纪录片中使用这种手法。然而 1988 年拍完此片正逢商业片大潮，该片一直未有公映机会，如今连拷贝也下落不明。

（二）新中国电影的三个“第一”

在新中国的电影历史中，桑弧有三个第一的光荣记录：即他拍摄了 1949 年后第一部彩色戏曲片、第一部彩色故事片、

---

① “三突出”：“文化大革命”期间的文艺指导理论之一，最早由于会泳提出，受到江青等人的赞同和推广。被称为“塑造无产阶级英雄人物必须遵循的原则”。具体指：在所有人物中突出正面人物；在正面人物中突出英雄人物；在英雄人物中突出主要英雄人物。

第一部宽银幕立体声故事片。

桑弧导演了新中国第一部彩色戏曲片越剧《梁山伯与祝英台》(1953)。筹拍《梁祝》时苏联专家曾明确表示“你们要拍彩色电影，再过3个五年计划再说，现在拍好黑白片就可以了”。在陈毅市长的支持下，专门从部队抽调来防空探照灯补充光源的不足，白天在摄影棚供拍摄用，晚上再送回去做防空照明。影片上映后创下了一亿多人次的观影纪录，造成万人空巷的盛景。1954年4月间，周恩来总理在瑞士日内瓦陪同卓别林观看了这部电影，这位举世闻名的电影大师竟然被感动得潸然泪下，盛赞其为“东方的罗密欧与朱丽叶”。

《祝福》剧照

桑弧导演了新中国第一部彩色故事片《祝福》(1956)。根据鲁迅原著改编，由电影表演艺术家白杨和魏鹤龄等主演，是当时国内观众最喜爱的电影之一，桑弧也因此成为从上海跨省到北影拍片的第一位导演。《祝福》本是上海电影厂1955年计划摄制的一部重要题材影片，主创班子已定，由桑弧导演，白杨主演。因为剧本是夏衍根据鲁迅的同名小说写成，所以上影领导格外重视。白杨每天抓紧时间阅读有关《祝福》，桑弧的导演分镜头剧本更是认真细读，摄制组还去绍兴山区体验生活，但上影突然接到中央电影局通知，说《祝福》影片要改由北京电影制片厂拍摄，并且只调导演桑弧单枪匹马去北京。由于几个内定的候选演员都不理想，最后仍由白杨担任主角。白杨与桑弧是第一次合作，但他们以对电影艺术的忠诚与追求结成了十分可贵的创作友谊，《祝福》可以说是导演和主演珠联璧合的典范。

桑弧导演了新中国第一部立体电影《魔术师的奇遇》(1962)。这部影片缘起于桑弧与编剧王炼一次夭折的创作，闲聊时，王炼曾提到后来成为《魔术师的奇遇》的主干情节。1961年初，天马厂准备拍一部彩色宽银幕立体故事片，桑弧立刻想起王炼向他讲述的那个喜剧构思，于是又是乘车又是步行，辗转赶到上海嘉定县江桥公社，找到正在那里参加农村整社工作的王炼，提出再度进行合作。王炼没想到桑弧还记得当年的闲谈，竟然为此找到这么交通非常不便的地方，他大为感动，当即应允。就这样，《魔术师的奇遇》应运而生了。

由于影片的主人公是魔术师，主要情节都与魔术、杂技有关，而这个职业因其特殊性，不但以往银幕上鲜有涉及，就连现实生活中也难以深入接触，为此摄制组特地安排访问了魔术大师张慧冲。张慧冲的介绍，大大深化了摄制组成员对魔术师这个角色的理解。影片把立体片的特点与杂技、魔术动作有机结合，增加了真实感和喜剧效果。故事以魔术师在1949年后回国寻子的巧合为主要线索，反映了新旧两种社会人的不同遭遇，妙趣横生又引人深思，既批判了旧社会的不合理，又歌颂了新社会中人与人之间的真挚情谊。该片以全新的形式和强烈的喜剧色彩受到观众的欢迎。

（三）市民喜剧电影的滥觞

在中国导演的队伍中，桑弧有独属于自己的电影梦。他置身在时势的旋涡之外，却俯首于情感分合、家庭摩擦、亲友关系的世俗纠纷之上，以揶揄的态度对之进行喜剧式的讥讽。他的作品浅显而生动，虽缺乏大历史的深度但有着人生的质感，尽管只是芸芸众生的悲欢离合，却也力透纸背地表达了活着的幸与不幸。他以上海市民的生活空间和家庭景观扩充了中国电影的地缘风情，以“琐琐的哀乐”、“细小的爱憎”、“善恶的摩擦”（柯灵语）添补了社会写实的主题内涵。桑弧的创作，使社会片不再是单色的时代政治图像，而成为杂色的人间众生相。从编剧到导演，桑弧以自己对生活的独特理解走出了一条自己的电影之路，显现了一个电影人的操守和智慧。他的《太太万岁》以庸俗纷扰的城市生活为背景，叙述了一个发生在中产阶级家庭中太太身上的故事，她费力周旋于家庭的各个成员之中，没有自我，没有尊严和体面，活灵活现地展现了凡俗人生中悲喜交集的生存状态。影片通过一枚小小的别针推动情节发展，入木三分地展现女主人公复杂微妙的内心世界，获得了极佳的艺术效果。而其喜剧幽默和电影技巧的娴熟运用也被法国的评论家赞为“一部相当出色的风俗喜剧”。他的《哀乐中年》叙述了小学校长陈绍常被儿子打着“不忍父亲辛劳”的旗号，只得退休在家“安度晚年”，儿子还送了他一座墓园以养老。在年轻女校长的鼓励下，陈绍常终于认识到“50 岁是人生最有为的中年”，他毅然将墓园改建为小学继续事业，并勇敢地和女校长结合。儿子所代表的新兴势力，虽是成功人士，但极端自私，且思想守旧。而子送墓园，父改墓园为小学的情节，让人联想到“葬送”与“教育”这两个关

《太太万岁》剧照

键词的深刻寓意，而影片的轻喜剧色彩又显现了市民文化的基本取向。桑弧的这两部电影被认为是开了中国喜剧电影之先河。

桑弧从小生长在上海，他一直对市井小民的琐屑生活保持着兴趣。他关注的是“不彻底的人生”，这使得他的电影有一种独特的品质，不同于“左翼”的慷慨激昂，也不同于一些商业片的一味媚俗。他的《不了情》、《太太万岁》、《哀乐中年》、《假凤虚凰》（编剧）等影片被研究者定义为对中国城市电影和市民观赏趣味的开拓。在这些影片的空间里，主要活动着中产阶层的人们，他们是银行职员、公司老板、律师、理发师、小学教员、家庭主妇……这里的人情纠葛是家长里短，人际冲突的核心是世俗利益。他们虽非巨富，却也无衣食之忧，远离大时代的硝烟，挣扎在个人事业或情感的焦虑之中。他在近乎于“自然主义”的生活图景中刻画了一个特定阶级的无奈和仓皇，而这种无奈和仓皇对于洞穿一个社会的黑暗和腐朽丝毫不乏锋芒和力度。在20世纪60年代（《魔术师的奇遇》）及80年代（包括1979年的《她俩和他俩》、《子夜》、《邮缘》、《女局长的男朋友》）的电影中仍然贯穿着这种精神。尽管世事变迁，但40年代创作活动中的人文电影精神，在他1949年以后的一些创作中依然绵延不辍。

干学伟与他的三个“第一”

干学伟（1917—　），浙江宁波人，生于1917年1月，中国电影导演，电影教育家。1932年进入上海麦伦中学学习，在校期间参加演出话剧《放下你的鞭子》、《扬子江暴风雨》等。1937年在未名剧社演出《王三》、《酸枣》等剧。1938年进入延安鲁迅艺术学院戏剧系学习。1939年毕业后留校任助

干学伟

教。1941 年在话剧《带枪的人》中饰演列宁，获鲁艺创作年会金奖。1948 年任东北电影制片厂编导，导演影片《内蒙人民的胜利》、《沙家店粮站》等，其中《内蒙人民的胜利》在捷克第七届卡罗维·发利国际电影节上获得电影编剧奖。1955 年起在北京电影学院导演系任教。1961 年起任教授，1964 年一度任北京电影制片厂导演，执导影片《小二黑结婚》、《沸腾的群山》等。1978 年回北京电影学院任教，为我国电影界培养了大批优秀的电影人才。1989 年长春电影制片厂以他“对新中国电影摇篮昌盛繁荣的奉献”赠予他荣誉证书；1992 年获得电影学院颁发的最高成就奖“金烛奖”；1994 年中国电影导演协会颁发给他“荣誉会员”铜证；1994 年获得国务院颁发的“政府特殊津贴”。

干学伟是一位非常有成就的电影家，除了从事电影导演工作外，还在新中国电影教育事业中作出了杰出的贡献，他创造了新中国电影的三个“第一”。

（一）艺术之路

干学伟出生在宁波市新街丝户巷一个殷实的家庭。为了将来找到一个好的工作，20 世纪 30 年代初来到上海求学。校长沈体兰经常请一些进步的“左翼”艺术家到学校演出，同时也非常支持学生们的课余文艺活动。干学伟在熏陶之下逐渐表现出了表演和导演天赋。他演出的第一部戏是《放下你的鞭子》，后在《扬子江暴风雨》扮演工人角色。他先后参加过十几个进步话剧演出，曾在上海大中学生赈灾联合演出时获得过表演三等奖。

随着年龄的增长，演技的日益成熟，同时也受到一些进步文艺家的熏陶，干学伟对革命圣地延安充满了向往之情。他参加了上海救亡演剧第六队[①]并担任导演。1937 年，上海的一个书店给了一点经费，上海救亡演剧第六队改为上海职业青年战时服务团宣传队，开始到全国演出。1938 年 3 月 9 日，干学伟从八路军驻西安办事处出发，坐了 4 天的卡车，来到了自己向往的延安。到延安后，干学伟就学于鲁迅艺术学院戏剧系，毕业后留在学校当起了助教。从 1938—1942 年，干学伟在延安共执导了《希特勒之梦》、《人命贩子》等十几部戏，并系统地学习了一些戏剧理论知识。他注重在生活中充实自己，积累创作素材，让生活本身来激发自己的创作激情。1941 年下半年，鲁迅艺术学院排《带枪的人》时，他扮演列宁。为了深入地刻画好这个角色，干学伟特意到鲁艺的图书室里借出了《列宁选集》并全部读完。他扮演的列宁受到高度赞扬，其剧照还通过苏联塔斯社驻中国分社介绍到了莫斯科。同年冬天，获得鲁艺创作年金奖。

1942 年，干学伟参加了延安文艺座谈会，亲耳聆听了毛泽东的《讲话》，以后的艺术实践中，他将自己不自觉地走民族的、民间的、大众的艺术道路变成了自觉行为。1944 年，干学伟从延安被派到绥德地区，以文艺为武器参加了陕甘宁边

---

① 救亡演剧队：抗日演剧团队，全称为上海话剧界救亡协会战时移动演剧队。1937 年淞沪战争爆发后，上海戏剧界人士组织了 13 个救亡演剧队分赴各地演出。第六队曾在嘉兴、湘州一带活动，后解散，队员因此又进入不同的团体。

区的抗日斗争。1948 年，经干学伟自己要求，他调到了东北电影制片厂任电影导演。从此，他这位从未拍过电影的人开始与新中国电影结下了不解的情缘。1949—1950 年，干学伟导演了《内蒙人民的胜利》，真实深入地反映了内蒙古人民的生活，影片在捷克第七届卡罗维·发利国际电影节上获得电影编剧奖。1964 年编导的《小二黑结婚》，不仅保持了赵树理原著小说的朴实，乡土气息浓郁的风格，而且不落俗套，格调高雅。此外他还执导了根据柳青的长篇小说《铜墙铁壁》改编的《沙家店粮站》及《沸腾的群山》等。

作为电影导演，干学伟拍的影片虽然不多，只有五六部，但他的电影却具有一种简洁、清新、明快、赏心悦目的独特魅力，因此很受观众的欢迎。

（二）新中国电影的三个“第一”

干学伟对新中国电影的突出贡献，是他创造了中国电影三个“第一”。

《内蒙人民的胜利》海报

干学伟的第一个“第一”，是导演了新中国第一部少数民族题材的电影《内蒙人民的胜利》（1950）。这部影片是干学伟任导演后的处女作。为了拍好这部影片，干学伟曾深入到内蒙古草原去体验生活，收集蒙古民歌，研究蒙古史，并聘请蒙族同志审阅剧本，作顾问。影片上映后，由于充满了浓郁的民族特色，充分展现了草原人民的斗争生活和风土人情而受到观众的热烈欢迎。在影片中，蒙古族的喇嘛庙、敖包会、蒙古人摔跤、用套马杆套马、王爷吃全羊等富有民族特色的种种生活场面，都在影片中得以展现，特别是影片中长达几分钟、差不多800尺长的（胶片）“骑兵作战”镜头，更是中国电影有史以来从来没有过的场面。骑兵激烈的战斗，人和马滚在一起等场面，产生了巨大的视觉冲击力和极强的艺术感染力，带给观众以心灵的震撼。像《内蒙人民的胜利》这样将蒙古民族风俗化的内容穿插进去，如此贴近少数民族生活的电影镜头，不仅国内过去的电影里很少看到过，即使在西方国家的同类电影中也是难以看到的。对于中国电影来说，《内蒙人民的胜利》的重要意义在于开创了新中国少数民族电影之先河，无论是主题方面，还是选用少数民族演员扮演本民族角色及表现少数民族特性等多方面，都对新中国少数民族电影产生了积极的和重要的影响，具有先导性的启示意义。

干学伟的第二个“第一”，是导演了新中国第一部中苏合拍的影片《风从东方来》（1959）。在这部影片中，干学伟任中方总导演兼编剧，林杉任编剧，叶里·吉甘任苏方总导演，卡什尼克夫任编剧。剧本由苏联方面先写初稿，再交中方编导修改。修改过程中，中方增加了许多符合中国国情的情节，但在主题方面双方产生过激烈争论，在片名上也曾有过反复，最后的结果是使用《风从东方来》和《在一个行列里》这两个不同的名字分别在中苏两国公映。《风从东方来》以建设浙江新安江水电站为背景，描写中苏人民的友谊。主角中国人王德民曾参加过苏联红军，并在苏联卫国战争中与苏联青年马特维也夫结下了生死之交。战后王德民回到中国，在新中国的社会主义革命建设中与苏联老战友重逢，并肩工作。王德民这个人物年龄跨度很大，从青年到老年，老年王德民由著名表演艺术家田方扮演，由于他的长相非常有特点，因此找一个青年王德民很难。干学伟为此而发愁，却不料在北京电影学院校园里发现长相与田方相像的马精武。由于这一发现，不单使影片更为真实，而且马精武也因为成功地扮演了青年王德民而成为一位电影表演艺术家。

干学伟的第三个“第一”，是他成为新中国第一位导演出身的导演学教授。1955 年北京电影学院即将成立，为了充实教师队伍，干学伟从导演岗位被调到北京电影学校（北京电影学院前身），担任了导演专修班的教师，同时给苏联专家教师当助手。1955 年 11 月，北京电影学校以培养师资为重点，举办了导演、演员、摄影、制片四个专修班，聘请苏联专家主持授课，学员都是来自各电影制片厂

《风从东方来》剧照

具有实践经验的在职干部。此前，北京电影学校从未招收过导演专修班，这是首届。1956 年北京电影学院成立后，才正式设立导演系，干学伟就在导演系任主任教员，并担任教研组组长，1960 年评为教授，同时被任命为电影学院学术委员会副主任，这样他就成了中国第一个导演出身的教导演学的教授。

1959 年，中苏合拍的纪念国庆 10 周年献礼片《风从东方来》完成，他回校组织学生的毕业作业，担任全校毕业指导委员会主任，组织各系教师辅导了导演、表演、摄、录、美第一届毕业生的联合毕业作业。其中三部短片——《父与子》、《大木匠》、《穿山巨龙》为电影发行公司采购放映于市。并因古巴及越南电影代表团索购，文化部即送了拷贝给他们，使电影学院初步获得了国际影响。

1961 年，文化部组织召开电影创作会议期间，周恩来两次与干学伟谈话，提出他应该从事电影创作。于是，1962 年他又从北京电影学院调到北京电影制片厂出任导演。他编导了《小二黑结婚》、《售票所的故事》之后，便因“文化大革命”中断了创作，1975 年又拍摄了《沸腾的群山》。

1978 年夏干学伟调回电影学院任电影编剧培训班主任，直至离休。他培养了一批又一批新中国自己的导演人才，真可谓是桃李满天下。2003 年第四代导演聚会时，人们惊奇地看到，那名单上竟有 1/3 是干学伟的学生，有的成了名导演，有的成为硕博导师，有的则在电影行政领导岗位上担任重要职务。如著名导演吴贻弓已挑起了中国电影家协会主席的重任，王心语、江世雄担任了硕士生导师，而谢飞已经是博士生导师。

四　影视明星

王丹凤塑造的多种角色

王丹凤

王丹凤（1925—　）女，原名王玉凤，宁波人。16 岁时，被导演朱石麟选中，在电影《灵与肉》中担任角色。1941 年，在影片《新渔光曲》中扮演女主角渔家女小猫，深得观众好评。1942—1948 年，接连主演了《丹凤朝阳》、《两代女性》、《民族的火花》、《终身大事》、《肠断天涯》和《青青河边草》等 20 多部影片。《青青河边草》是她在这个时期的代表作品。1948 年应邀赴香港。在“长城”、“南国”等影片公司主演《锦绣天堂》、《瑶池鸳鸯》、《方帽子》、《琼楼恨》等 7 部影片。1951 年回上海，任上影厂演员。1956 年，在电影《家》中扮演丫环鸣凤；1957 年在《海魂》中扮演女招待温梦媛；同年在《护士日记》中扮演女护士简爱华；1958 年，在浙江海盐农村参加拍摄《你追我赶》，扮演女社长耕香；1962 年，在喜剧片《女理发师》中扮演女理发师毕家芳；1963 年在古装片《桃花扇》中扮演名歌妓李香君；1978 年在喜剧片《儿子·孙子·种子》中扮演大嫂张秀英；1979 年拍摄《玉色蝴蝶》时，她已年过半百，扮演从少女到老年的日本妇女竹内七代，较好地完成了这一人物的塑造。王丹凤从影

40 年，先后主演近 60 部电影。曾多次参加中国电影代表团出国访问。1985 年，王丹凤夫妇应美国白宫邀请，参加在华盛顿举行的里根总统就职典礼，她是中国人民政治协商会议全国委员会第六、第七届委员；中国电影家协会第四、五届理事；被评为一级演员，曾被选为上海市“三八红旗手”。曾为上海市宁波经济建设促进会副会长。

王丹凤是我国著名的电影演员，是新中国首批 22 位影星之一。她从影 40 多年来，在近 60 部影片中饰演过各种不同的角色，给观众留下了极其深刻的印象。

（一）从“渔家女”到“大家闺秀”

王丹凤原名王玉凤，读书时她就特别喜欢周璇、袁美云等当时著名演员的片子。王玉凤的邻居舒丽娟是“天一影片公司”和“合众影片电影公司”的基本演员，1941 年的一天她带着王玉凤前往自己所在的电影公司参观，当时正在执导电影的导演朱石麟发现王玉凤具有演员的天资，便问她愿不愿意当一名电影演员。王玉凤又惊又喜，不顾父母反对来到电影公司试镜头。朱石麟让王玉凤在他导演的影片《龙潭虎穴》的布景前，扮演一个小丫头端茶的戏，发现镜头中的王玉凤不但十分上镜，而且非常抢眼。于是当即与她签订了三年的拍片合约。朱石麟对王玉凤未来的灿烂星途，寄予了最深切的厚望，他把“王玉凤”改成“王丹凤”，取其“丹凤朝阳”之意。

《龙潭虎穴》中的小丫头，仅仅只是王丹凤初上银幕“试镜头”的一个开端和起步。不久，王丹凤在朱石麟导演、桑弧编剧、顾也鲁和吴茵主演的《灵与肉》中扮演一个女学生。随后在当年年底，王丹凤又在于由编剧、屠光启导演的《新渔光曲》里一跃成为女主角，与当时的红小生黄河配戏。当年由蔡楚生编导的《渔光曲》脍炙人口，在1935年2月就获得了莫斯科国际电影展览的“荣誉奖”，其中由著名音乐家任光所作的主题曲，旋律优美，极富特色，广为流传。此次重新拍摄的《新渔光曲》，是在此基础之上另一种崭新的延伸。

王丹凤就在这部《新渔光曲》的影片中，扮演了过去王人美所扮演的角色———受尽剥削欺凌、贫穷而又善良的渔家姑娘小猫。这一角色对王丹凤来说，不但显得特别的陌生，而且与她的家境和个人的经历简直有天壤之别。但是，充满神奇光与影的银幕诱惑力和对角色的深深喜爱，使王丹凤对这个极富挑战性的角色情有独钟。尽管她在踏入银幕前没有受过专门的表演训练，也缺乏长期拍戏的实践经验，可王丹凤被自己扮演的这个人物的悲惨命运深深地打动。所以，在实际拍摄的过程中，王丹凤在导演的耐心启发下，完全融入角色当中，把这个渔家女表演得真挚而传神。影片放映的时候，立刻引起了广大观众的情感共鸣。这一影片给王丹凤带来了巨大声誉；她成了影坛上新升起的一颗明星，被影界称为“小周璇”，名噪一时。

1942年4月到1945年8月这三年间，上海的电影巨头张善琨把当时的各影业公司全部集中在一起，综合而成“中联影业公司”，后改为“华影影业公司”。王丹凤先后在“中联”、“华影”影业公司陆续主演和参演了《落花恨》、《春》、《秋》、《博爱》、《断肠风月》、《浮云掩月》、《三朵花》、《合家欢》、《两代女性》、《万紫千红》、《新生》、《丹凤朝阳》、《红楼梦》、《大富之家》、《教师万岁》、《凯风》、《春江遗恨》、《情海沧桑》、《人海双珠》、《鹏程万里》、《莫负少年头》、《幽兰谱》等共计22部影片，在这些以家庭悲欢离合和男女情爱为主题的影片中，王丹凤扮演的几乎都是那种被侮辱、被摧残和被迫害的不幸女性形象或历经爱情波折的气质高雅的大家闺秀。她在电影《红楼梦》中扮演的薛宝钗，与周璇、袁美云配戏，一颦一笑，显示出一种大家闺秀的雍容与华贵。银幕中不同的女主人公不尽相同的悲剧故事，牵动着银幕之外的无数观众的心，王丹凤也成为人们心目中最闪光的著名电影明星。

1945 年 8 月 15 日日本战败无条件投降之后，独揽电影生产大权的、一枝独秀的“华影”立刻被许多在战后如雨后春笋所纷沓成立的新的电影制片公司所取代。在 1946 年 7 月，柳中亮、柳中浩兄弟俩联合创办的国泰影业公司在上海率先挂牌亮相，投资开拍的第一部影片就是由杨小仲编导的《民族的火花》，王丹凤在剧中扮演一个富有爱国思想的进步女教师的形象。这是王丹凤在她主演和参演了 25 部电影之后，一改过去那种柔弱而不幸女性和形象娇美的大小姐的崭新戏路。这部进步影片是柳氏兄弟作为“国泰”的“开山之作”推出的，由于该片内容首先符合和适应了当时社会现实的需要，所以一经放映，就立刻受到广大观众的热烈欢迎。

此时王丹凤没有与任何一家影业公司固定签订合同，她在各影业公司相继拍摄了《终身大事》、《青青河边草》、《月黑风高》、《乱点鸳鸯》、《鸾凤怨》、《断肠天涯》、《无语问苍天》、《珠光宝气》、《夜来风雨声》9 部影片。1948 年，新成立不久的香港长城电影制片公司向王丹凤发来了邀请，高薪聘请她在该公司即将开拍的新片中担任女主角。王丹凤为了拓展更为广阔的演艺天地，1948 年 11 月便行色匆匆地赶往对自己来说十分陌生的香港。她在程步高编导的《锦绣天堂》、《瑶池鸳鸯》，乌莫方编剧、马徐维邦导演的《琼楼恨》，王元龙导演的《王氏四侠》，齐闻韶编剧、谭友六导演的《海外寻夫》，陶秦编剧、李萍倩和刘琼联合导演的《方帽子》六部影片中，扮演一个个宜古宜今、性格各异，且很有光彩的女主人公形象。王丹凤在香港拍摄的这几部影片，都取得了骄人的票房成绩，深受香港观众的欢迎和喜爱。

（二）从"婢女"、"名妓"到"护士"、"理发师"

1950年初，王丹凤与陶金、刘琼、韩非等人，作为香港电影剧团的成员，前往广州进行慰问、劳军演出，并参加了一次在广州举行的文学艺术工作者代表会议。新生的祖国使她为之兴奋，新中国文艺工作者的地位令她羡慕，便产生回大陆的打算。当年年底，在进步的电影人士司马文森等人的支持和帮助下，王丹凤满怀着对新中国电影事业的热爱和向往，与专程到香港前来接她的未婚夫柳和清一起，重新回到了阔别两年的倍感亲切和熟悉的上海。

1951年，王丹凤在大同影业公司主演了影片《彩凤双飞》。公私合营后，王丹凤在上影厂接受的第一个任务是在话剧《雷雨》中饰演四凤。1955年赵丹运用斯坦尼斯拉夫斯基体系排演舞台剧《雷雨》，在排练过程中，担任导演的赵丹同志同大家共同分析剧本的主题思想，研究人物与人物之间的关系和人物的性格特点，研究动作以及台词的含义、潜台词和内心独白等，常常还要做一些小品练习。这种对艺术严肃认真的态度对王丹凤触动很大，她过去也拍过不少片子，但那些是从来不做案头工作的。她如饥似渴地学习，一丝不苟地参加排练，将自己多年积累的表演上升到理论高度。她不但成功地饰演了四凤这个角色，也为她以后的艺术创作奠定了新的基础。接着她演出《家》中的鸣凤，在分析同样身份的四凤与鸣凤的处境及性格区别的基础上，将鸣凤演得比四凤更深沉、含蓄、朴实，显露出她表演艺术的才华和造诣。

紧接着，她又投入电影拍摄工作。参加了《家》、《海魂》、《护士日记》、《你追我赶》、《春满人间》、《风流人物数今朝》、《向阳花》、《女理发师》、《桃花扇》等十多部影片的拍摄。所饰演的人物也更加多样化了，有工人、农民、护士、理发员、售票员、招待员、歌妓、丫头等不同时代、不同性格的人物，为我国银幕增添了新的光彩。

《桃花扇》剧照

饰演《桃花扇》中的人物秦淮河上的名妓李香君，是王丹凤面对的重要课题——这一人物出自古典名著，在历代都曾广为流传；距今时代遥远，生活环境与现在有很大不同；人物身份特殊，性格不同一般。为了饰演好这一人物，她曾阅读了大量明末清初的历史书籍和资料，对当时的社会矛盾和时代风貌有了一定的了解。进而结合时代分析人物的社会地位和处世态度，对李香君这一人物产生了敬佩、爱慕之情。她在创作笔记中写道："李香君虽然是歌妓，却有着明确的生活目的和理想。李香君一直坚定地站在反对权奸、反对邪恶势力的正义立场上，表现出不为利诱、不畏强权的精神。"这一分析说明她把握了这一人物性格的特质和社会意义，也标志着她在艺术素养方面有了新的提高。在银幕上，她所塑造出来的李香君是一个多情、多才，个性鲜明，具有崇高的爱情理想和政治抱负的杰出女性，她血洒桃扇的献身精神，令人感到可歌可泣。《桃花扇》这部影片是我国电影在改编古典文学名著方面的宝贵贡献。

1957 年后，她塑造了各种性格迥异，不同类型的人物形象。她曾多次深入生活，细心观察人物的言行和她们热爱工作的优秀品质，因而在《护士日记》中细致地刻画出上海姑娘简素华到祖国边城做护士工作的思想发展、转变和成长过程。《护士日记》中的简素华，是一个具有浓郁的时代气息的新中国女青年，她志愿到最艰苦的地方去为人民工作，从而使她的生活趣味和生活理想得到了满足。这是一个理想主义的人物，她的行为对于改变旧的道德伦理观念和探索生活的意义具有很大的启发性。在饰演这一人物之前，王丹凤就到农村和工厂生活过，脑子里积累了不少新时代新人物的生活素材。在塑造简素华这一人物时，她集中体现了一代新人在思想感情上可贵的方面，使人们受到了教育。这部影片为王丹凤带来了空前的声誉。她终于一改戏路，第一次成功扮演了新中国的妇女形象。因为她的《护士日记》，一度让不少男士以“护士”为择妻的第一选择；因为她的《护士日记》，“小燕子，穿花衣，年年春天来这里”的插曲被传唱至今。

王丹凤主演的另一部电影《女理发师》，描写家庭妇女冲破旧的思想意识的束缚，积极参加服务性行业的故事。她以夸张而自然、可信的喜剧手法处理华家芳热爱生活、热爱理发工作的美好心灵，演得情趣盎然，显示了她喜剧表演的才华。王丹凤的戏路很宽，这是和她一丝不苟的作风与为艺术忘我牺牲的精神分不开的。

“文化大革命”时期，王丹凤也受到了冲击，失去了进行艺术创作的大好时光。“文化大革命”结束后她又回到电影世界中。继《儿子孙子和种子》的胖大嫂之后，她又在《玉色蝴蝶》中饰演了心地善良、情操高尚、性格温柔的日本知识妇女竹内君代这一角色。在拍摄过程中，她严肃刻苦，克服了许多困难，充分表现出一位艺术家的艺术责任心。王丹凤曾是上海市政协常委，上海市三八红旗手和上影厂的先进工作者，在参加全国第四次文代会期间，被选为中国电影家协会理事。1995 年在纪念世界电影诞生 100 周年、中国电影 90 周年时获“中国电影世纪奖”之女演员奖。

改革开放后，王丹凤申请去了香港，在那里开了一家素食餐馆“功德林”，去餐馆品味美食的顾客，最初大都是她昔日的观众，这些年逐渐扩大到崇拜她的海内外名流雅士和追星族。

沙莉的成长之路

沙莉（1924—2009），话剧、电影演员，本名钱善珠，又名秀娟，定海人。1941 年考入天风剧社当话剧演员，后入上海艺术剧团为基本演员。演出《杨贵妃》、《钟楼怪人》、《梅花梦》等。后参加中共地下党领导的同茂剧社当演员。1945 年，参加国风剧社。抗战胜利后，先后参加上海实验电影工场、“中电”二厂、“大同”、“昆仑”等电影公司。在电影《锦绣江山》、《浮生六记》、《铁骨冰心》、《舐犊情深》、《哑妻》、《蝶恋花》、《大雷雨》、《再相逢》、《女大亨》、《望穿秋水》中担任主要角色。在电影《丽人行》中扮演意志薄弱的女性梁岩英，深得好评。1950 年，主演电影《江南春晓》、

《无限的爱》和《夫妻进行曲》。1952 年，入上影厂任演员。1955 年，进北京电影学院表演专修班进修。1958 年后，随中国电影代表团参加卡罗维·发利电影节；同年，在电影《战斗的山村》中扮演复员军人的妻子。1959 年在影片《万紫千红总是春》中扮演家庭妇女蔡桂珍。1961 年底在影片《春催桃李》中扮演家庭妇女顾三娟。1964 年在《年青的一代》中扮演肖奶奶。曾为中国电影家协会会员。2005 年，她获得中国表演协会“金凤凰”表演艺术奖，同年还获得了文化部、国家广电总局的奖章和奖状。

沙莉是一位深受观众喜爱的话剧、电影演员。从 1941 年至今，60 余年来她在舞台和银幕上塑造了许多具有鲜明性格的形象，在戏剧电影界颇有影响。

（一）初为演员

沙莉本叫钱善珠，出生在一个职员家庭里，有八个兄弟姐妹，家境清寒。她的祖母是天主教徒，所以最初沙莉上的是教会学校。老师为了上课方便，给每个学生起了一个洋名，“沙莉”一名就是这时起的，后来又成了她的艺名。初二时她辍学回家，受大哥钱英郁影响，沙莉阅读了许多文学作品，比如巴尔扎克、屠格涅夫、鲁迅、巴金的作品和曹禺的剧本等。不久她到浦东大楼的补习学校去补习语文、数学和英语。大楼的底层便是“璇宫剧场”，经常演话剧。她每天补习完了，便溜进剧场，站在后排看“蹭戏”。台上的每一个角色都吸引着她，渐渐地，她便产生了当演员的欲望，幻想自己有朝一日也能在舞台上扮演各种角色，并把这视为最大的幸福。

1941 年春天，天凤剧社招考学员，她报考后被录取，她庆幸自己取得了初步的成功，但是将来能不能当演员还不知道，因为该剧社规定，学习半年后，考核合格者才能留在剧社，否则，依然要被淘汰。给学员上课的是一些老戏剧家和老演员，那时的沙莉立志抓紧时间，争取在学习期间基本掌握演员所必备的语言与表演技能。为了克服先天条件的不足，学好国语，她买了一本小辞典带在身边，按照拼音进行语音练习。此外，还争取机会，在演出话剧时给演员提词，一方面学习国语，另一方面也可以琢磨别人的表演技能，体会着角色的感情变化，印证老师们讲授的表演理论。半年时间很快地过去了，导演通过几个小戏进行考试，结果只有少数学员留下来，转为正式演员，沙莉便是其中之一。这样，她不但有了固定的薪水，除了自己用，还可以贴补家用。从此，她开始了自己的艺术生涯。

（二）刻苦磨炼

然而，要成为一名具有创造能力的名副其实的演员，并不是一蹴而就的。开始时，她只是演一些只有几句台词的群众角色。后来有一次剧社排练《孤岛男女》，扮演丫头的演员突然生病了，由于演期已近，导演费穆和剧社领导便把新演员召集到一起，让每个人念一遍这丫头角色的台词，决定从中选出扮演丫头的演员。临到沙莉时，虽然有几个字音读得不太准，对角色感情的起伏却掌握很准。原来在排戏时她已经注意到怎样处理这一角色。当她正演着这个曾被玩弄又遭抛弃的丫头，为了不失掉饭碗而苦苦哀求少爷时，导演突然叫“停”。这吓了她一跳，之后导演当场宣布让她顶替演丫头的演员。她在欣喜之中又担起心来，担心自己没有舞台经验，角色戏很多，排练时间很短，演不好会砸锅。可是演出却是成功的，她得到了导演的肯定。这个戏是她从事舞台艺术的起点。

1942 年，费穆组织一批年轻演员作为班底，成立了上艺剧团，在卡尔登戏院（现在的长江剧场）演出话剧，沙莉也参加进来。在这里，她先后参加演出了《杨贵妃》（扮演妃子）、《钟楼怪人》（扮演群众）、《梅花梦》（扮演小丫头）、《四姐妹》（扮演四妹）等剧。在这些剧中，她接触了性格、年龄各不相同的角色，这促使她注意观察现实生活中的人并调动起自己的生活记忆，寻求表演的根据。比如在演《梅花梦》中的小丫头时，要从十几岁演到七十几岁，她便从邻居中、马路上寻找模特儿，模仿她们的举止和神态，有一次她跟着一个老太婆走出了好几条马路。应该说，模仿能力，对于一个演员来说是必要的，但更重要的是如何使自己与角色的感情融会在一起。在这方面，沙莉没有放松自己的训练。

上海沦陷后，沙莉的哥哥钱英郁所在的地下党领导的剧团组织起“华艺剧社”，沙莉也参加进来。当时党组织提出“勤学，勤业，交朋友”的号召，这时的沙莉不但扩展了戏路，在业务上得到很大提高，而且在政治上也得到启蒙，懂得了一些革命道理。在后来的戏剧活动中，她一直拒绝演那些反动和黄色的坏戏，竭力宣传革命和抗日爱国思想。

这一阶段，她演过悲剧《风雪夜归人》（扮演小丫头）、《魂归离恨天》（扮演小姐）、《红菊花》（扮演妓女），喜剧《甜姐儿》（扮演丫头）、《富贵浮云》（扮演女儿），闹剧《八仙外传》（扮演何仙姑）、《哑妻》（扮演哑妻）。此外还演过《人之初》、《满江红》、《云彩霞》、《大团圆》、《少年游》、《大地》、《晚宴》、《孽海》、《家》等剧目。她饰演性格不同的角色，从质朴纯真的鸣凤到调皮活泼的丫头，从倔强的小妮到泼辣的女孩等各种类型都有，同时也扮演反派，表演的戏路很宽。她注意形象和声音的训练，曾与其他人一起集资请一位白俄芭蕾舞教师训练体形，请上海音专的老师教声乐和钢琴。

在演戏的空隙时间，自己也练琴、练声，往往一练就是两三个小时。这样，大大提高了形体和声音方面的素质，锻炼创造能力。在舞台上，沙莉也注意与对手互相切磋，共同探讨，在交流中理解与掌握角色，注意听取导演的启发以及在导演指导下的排练，从费穆、吴仞之、朱端钧等导演和刘琼、卫禹平等合作的演员那里获益良多。当时演戏，多采用纱幕和乐队伴奏，以利于演员在特定的情境中体现角色的思想感情，刻画人物，这对演员的帮助也很大。上海沦陷时期，像国华剧社这样提倡探讨艺术，互相协作的作风在艺术团体是不多的。但是，剧社的演出活动是在敌人严密监视下进行的，每当彩排时，敌伪的检查官都要来检查，提出删戏删词后才能公演。有时，日本宪兵跳到后台搜查共产党嫌疑分子，弄得大家不能演出。由于引起了日伪当局的注意，虽曾以更换投资人和负责人来应对，但国华剧社最终还是在1945年抗战胜利前夕被迫解散。

（三）形成风格

1945年初，费穆再次组织国风剧团，要求沙莉支持，参加该团。当时的沙莉已是一位成熟的演员，具有一定的社会影响。鉴于费穆是沙莉的启蒙老师，老师邀请，盛情难却，她便参加了进去。到国风剧团，演的头一个戏便是该团的“看家戏”《杨贵妃》，沙莉演杨贵妃，刘琼演唐明皇。由于这个戏急于上演，沙莉开了一个通宵的夜车，记下了全部台词。第二天便赶到金城大戏院（现在的黄埔剧场）排练，第三天就公演了。演出还是很成功的，沙莉表演的杨贵妃仪表雍容华贵，感情热烈细腻，在风格上与《家》中的鸣凤那种小家碧玉之气迥然不同。从此，沙莉便成为国风社的台柱，相继又在《梅花梦》、《红尘》、《贵族之家》、《蔡松坡》、《第二梦》等剧里担任了主角。费穆的导演风格是善于把感情丰富而又细腻的人物安置在诗情画意的环境里，并利用乐队的配音烘托舞台气氛，赋予演出以强烈的抒情色彩。因之他要求演员的表演也要挖得深、演得真，内心生活要丰富。沙莉的表演在这位严师的指导下，越来越显示出真挚朴实和细腻深沉的特点。这个阶段，沙莉的戏路子有了开拓，开始塑造丰富多样的人物性格，演技趋于成熟，艺术风格也逐渐形成。

抗日战争胜利以后，电影公司纷纷成立，话剧演员开始转向影坛。沙莉在拍电影的空当里，还参加话剧演出，如朱端钧导演的《少年游》、胡导导演的《孽海》、张骏祥导演的《万世师表》、应云卫导演的《棠棣之花》，以及石挥等人组织的，临时演出《大团圆》和《雷雨》等。当时，沙莉在《雷雨》中演四凤，石挥演鲁贵，张伐演周萍，韩非演周冲，卢碧云演繁漪，穆宏演周朴园，白穆演鲁大海，路珊演鲁妈，观众誉为“八大头牌”，盛况空前。

国风剧社解散后，费穆组办了上海电影实验工场，约沙莉拍了三部影片，第一部是《锦绣江山》，拍了一半停拍，接着在《浮生六记》和《铁骨冰心》两部影片里担任了主角。沙莉进入电影界后，在中电公司拍了《舐犊情深》、《再相逢》和《女大亨》，在悦仑公司拍了《丽人行》，在大同公司拍了《哑妻》、《蝶恋花》、《望穿秋水》、《江南春晓》、《大雷雨》和《无限的爱》等影片。这些影片从不同的角度反映了当时中国社会各阶层的人们的生活状貌，有的又是直接揭露国民党统治集团的腐朽统治和爱国进步力量斗争生活的，如《丽人行》反映了爱国知识分子与反动派的斗争；《舐犊情深》反映了在国民党反动派的统治下民不聊生的社会现实；《江南春晓》反映了爱国学生进行反饥饿、反内战的斗争和反动当局对这场斗争的残酷镇压。这在当时都有巨大的政治意义。

在人物塑造方面，沙莉最成功的角色是《浮生六记》中的芸娘和《丽人行》中的梁若英。这两个角色是两种不同的典型。前者是封建社会中的一个知识妇女，又是家庭中的贤妻良母，她全力支持不愿侍奉官府而又遭到封建家庭歧视的丈夫，靠卖东西和日夜刺绣来维持生活，最后在贫病交加中死去。这是一个深受人们同情、具有牺牲精神的女性，性格温柔贤淑。沙莉结合自己的生活感受，充分地体会角色的思想感情，表演时充满激情，体现了旧中国的妇女对封建礼教的反抗精神，因此比较真实感人。《丽人行》中的梁若英是一个性格软弱、虚荣、贪图享受，但仍有爱国之心的妇女，她的丈夫章玉良（赵丹饰）到内地参加抗战后，她为生活所迫又再嫁给王仲原（蓝马饰），但又不满丈夫的亲日态度而时感苦恼。她处于重重内心矛盾之中，最后下决心摆脱困境，走向新的生活。尽管这个角色的性格与沙莉有很大距离，但是沙莉通过研究和排练，掌握了人物的基调，既从女主人公爱虚荣怕吃苦入手，抓住人物性格软弱的一面，又从她对日寇和王仲原充当汉奸的行为日益不满，以至最后毅然走向新生活的行动，把握住人物身上潜藏着的爱国之心。沙莉抓住这个人物的矛盾心理，把女主人公虚荣软弱的一面和不满于现状的一面交织起来，予以恰如其分的表现，使人物后来的转变真实可信，得到人们的同情。由于把这个人物演得有血有肉，深得导演陈鲤庭的好评。

（四）剧影双栖

1949 年 5 月 25 日，她冒雨参加游行庆祝上海解放，并参加了大型话剧《怒吼吧！中国》的演出和文艺界举办的游园会中义卖活动。1950 年她拍完《江南春晓》和《无限的爱》之后，便加入公私合营的长江电影公司，和爱人凌之浩共同主演了《夫妇进行曲》。1952 年公私合营之后，长江公司并入国营上海电影制片厂，她随之成为上影厂的演员。

1953 年她到北京参加全国第一届电影创作会议，学习了苏联的社会主义现实主义创作方法，参加如何提高表演水平的问题的讨论。她和其他演员都认为应该系统地学习斯坦尼斯拉夫斯基表演体系。当她拍完《斩断魔爪》和《宋景诗》后，1955 年秋，被选送到北京电影学院表演专修班进修。两年的学习，使她在塑造人物性格方面得到有益的锻炼和提高。在毕业演出的《第十二夜》中，她扮演奥丽薇亚伯爵小姐，受到好评。1957 年秋回到上海以后，厂领导决定抽出 18 名演员组成暂时脱产的剧团，专演话剧，让从北京学习归来的几个人谈谈学习心得，共同研究掌握斯氏体系，提高表演水平。由凌之浩、肖龙导演《第十二夜》，沙莉除了演伯爵小姐外，还和秦怡轮流扮演孪生兄妹——莎白斯馨和薇欧拉。沙莉演的三个角色是三种性格：小姐高傲自负，薇欧拉温柔机灵，莎白斯馨则刚毅沉着。演的各有其貌，获得好评。以后她又连连演出了《钢人铁马》和《水往高处流》等剧。1959 年，沙莉第三次参加演出《第十二夜》，时逢党的八届七中全会在上海召开，许多中央领导同志都看了该戏，沙莉与凌之浩、卫禹平、秦怡受到了毛主席和周总理的接见。

1959 年回厂后，她拍了《战斗的山村》、《万紫千红总是春》和《春催桃李》等电影，其中以《万紫千红总是春》片中的蔡桂贞演得较为突出。她塑造了一个贤惠而又有坚强性格的家庭妇女形象。蔡桂贞对待满脑子封建思想的丈夫，一面要想服侍好他，一面又想得到他的支持：让她出去参加生产，但这种支持始终未得到。沙莉把这种又爱又怕又恨的人物关系都细致地体现出来了，这个人物给观众留下了深刻的印象。在影片《春催桃李》中，她饰演了一位忠于教育事业的小学教师顾三娟。在体验生活时，沙莉自己为在教育事业中作出贡献的教师们的美丽心灵和崇高思想所感动，比较成功地饰演了角色。

上影演员剧团恢复后，她参加了话剧《李双双》、《女民兵》和《雷雨》的演出。在赵丹导演的《雷雨》中，沙莉非常喜爱鲁侍萍这个角色，她虽然才三十几岁，第一次扮演50多岁的老年角色，但她对这类妇女的生活有所积累，所以把鲁侍萍这个形象塑造得相当成功。她仔细研究这个虽然受过污辱和损害，却仍然具有一颗美好善良的心和生活意志的人物，掌握了角色的基调和所需要的内部和外部动作，很好地体现了这个妇女形象。第一次彩排时，当演到最后鲁侍萍呆滞地扶着沙发站起来转身朝着门外初升的太阳缓缓走去，大幕随之慢慢落下后，台下的观众鸦雀无声，这时，只听赵丹噔噔地由台下跑到台上，一把握住了沙莉的手，他按捺不住自己的激动，含着泪花说："祝贺你演出成功，我看到了善良而又坚韧的中国妇女形象！"1964年赵明导演《年青的一代》时，请沙莉演肖奶奶。肖奶奶是一个受压迫并有着多年革命经历的退休老工人，她抚养孙子肖继业，既有母亲般的细腻感情，又有父亲般的豪迈心胸。沙莉有前面的生活体验，但缺乏后面的生活体验，在拍摄前，她从生活中着重体验补充她所缺少的东西。影片拍摄完毕，人们看到，她终于把这一鲜明的形象展现在观众的面前。由于她的突出表现，沙莉于1958年夏曾随以陈荒煤为团长的电影代表团参加在捷克斯洛伐克举行的卡罗维·发利国际电影节，1960年又和郑君里、赵丹等去捷克斯洛伐克参加了一次国际电影节。

1965年，沙莉到农村参加了半年社会主义教育运动。回厂后，“文化大革命”开始了。她被隔离反省，又到干校劳动。1973 年，她被调回厂里参加了一部按“四人帮”的律令和意图拍摄的电影。1974 年以后，由于身体原因，她一直在治病和休养，1979 年 2 月退休。

沙莉在近 40 年的演员生涯中，塑造了一个又一个与现实生活贴近的艺术形象，积累了许多创作经验。她认为演员最重要的首先是深入生活，从生活中吸取创作营养；其次便是掌握人物的内心生活，内心生活掌握得好，才能比较准确地找到相适应的外部动作，准确地与对手交流。没有内心世界作依据的任何形体动作或脸部表情（包括眼神等），都将给现众以虚假的感觉。因此她一直力求从内部和外部的统一中体现人物形象。

韩非与喜剧表演

韩非（1919—1985）原名幼止，宁波人。高中毕业后，参加中法剧团演出话剧。1939 年转入上海剧艺社，参加法国名剧《祖国》和话剧《家》的演出，获得观众好评。其后，又参加《大明英烈传》、《雷雨》、《日出》、《镀金》、《文天祥》、《茶花女》等近百部话剧的演出。1941 年在国华影业公司主演第一部影片《夜深沉》。抗战胜利后，参加文华等电影公司，先后在《太太万岁》、《人尽可夫》、《终身大事》、《悬崖勒马》、《珠光宝气》、《艳阳天》和《哀乐中年》等影片中扮演重要角色。1941 年初，应邀与王丹凤赴香港主演《瑶池鸳鸯》，韩非扮梁山伯。其后又与周璇主演《花街》，与夏梦主演《禁婚记》、《中秋月》和《一板之隔》，与李丽华主演《花姑娘》、《误佳期》、《说谎世界》和《方帽子》等。3 年中，在“长城”、“龙马”等影业公司共拍摄多部影片。《一板之隔》曾获文化部 1949—1955 年优秀影片奖，韩非获个人奖。

韩非

1952年回上影厂，参加拍摄的主要影片有《斩断魔爪》、《两个小足球队》、《幸福》、《林则徐》、《乔老爷上轿》、《魔术师的奇遇》、《女理发师》、《阿诗玛》、《锦上添花》和《血碑》等。“文化大革命”后，又参加《儿子、孙子和种子》、《傲蕾·一兰》、《她俩和他俩》、《苦恼人的笑》、《见面礼》、《金钱梦》和《子夜》等影片拍摄。他戏路较宽，尤擅长喜剧表演。1984年，65岁时参加拍摄最后一部影片《东方大魔王》，塑造了爱国魔术大师张若松的形象。曾为中国电影家协会第三、第四届理事。

韩非是我国著名的老电影演员，他特别擅长演喜剧，常常以自己饰演的角色给人以愉悦，同时又使人受到教益。

（一）从话剧到电影

韩非在北京上完小学之后，随在铁路工作的父亲搬到上海，在上海读到高中毕业。1937年“八一三”日寇侵入上海后，上海的英法租界成了“孤岛”。韩非在学校经常与同学们一起找一些能够讽喻时政的话剧剧本进行排练，在演出中显现出了表演才能。而后他又和一些文艺爱好者与公园经理协商，将那里弹子房改为剧场，并在那里挂起了“中法剧社”的牌子。1939年，韩非在那里演出了话剧《金钱梦》。这是一个讽刺喜剧，他在剧中饰演一个嫌贫爱富的家长。从此，奠定了他饰演喜剧角色的基础。继而，他又在《阿Q正传》中饰演一个差人。这段生活可以说是他从事艺术活动的开始。

不久，韩非参加了于伶领导的上海剧艺社，继续演话剧。韩非在这里从思想感情到艺术才能方面都受到了良好的熏陶。这一时期，韩非的主要艺术活动是演话剧。在此期间他参加演出的话剧近100部。如《大明英烈传》、（饰刘伯温）、《家》（饰觉慧）、《镀金》（饰马大夫）、《雷雨》（饰周冲），等等。在舞台剧《家》中饰演觉慧而闻名于上海剧坛，由于他的表演富有感召力，受到观众及影界人士的好评。

1940年，韩非因在《家》中扮演觉慧而被张石川赏识，便邀请他到国华公司担任电影《夜深沉》中的马车夫一角。这是他的第一部影片，与周璇共同主演，内容讲述的是一个纱厂女工受到经理的欺侮后，在她爱人马车夫及其朋友的帮助下报了仇，而后夫妻一起逃走的故事，韩非成功演绎了一个底层劳动者的形象。此后他又主演了《玉碎珠圆》、《乱世风光》、《教师万岁》，等等。抗战胜利后，他参加拍摄了大量的电影，如《悬崖勒马》（饰少爷）、《人尽可夫》（饰小职员）、《珠光宝气》（饰商人）、《终身大事》（饰穷学生）、《艳阳天》（饰狗腿子）、《太太万岁》（饰太太的弟弟）、《哀乐中年》（饰校长）等。1949年赴香港，在“长城”、“龙马”等影片公司摄制的《误佳期》中扮演专为别人婚丧嫁娶吹喇叭、自己却娶不上老婆的乐手；在《一板之隔》中扮演洋行小职员，与邻居常因一板之隔相互干扰而闹矛盾，在冲突中产生许多笑料；在《中秋月》中扮演一个贫穷的小职员，经济面临重重困境，却为了饭碗和面子，要在中秋节筹措点钱给上司和亲戚送礼。这三部影片，均为韩非的喜剧电影代表作，被誉为“世界喜剧电影的精品”。韩非也因主演《一板之隔》，于1957年文化部1949—1955年优秀影片评奖中获个人荣誉奖。

（二）喜剧明星

1952年韩非回到大陆，任上海电影制片厂演员。他在表演方面的喜剧风格已经相当成熟，成为著名的喜剧演员。他积极投入电影拍摄工作。从这时到“文化大革命”为止，他参加拍摄的影片有：《斩断魔爪》（饰特务）、《两个小足球队员》（饰体育教练）、《幸福》（饰一工人）、《林则徐》（饰琦善）、《小康人家》（饰一农民）、《聂耳》（饰教授）、《香飘万里》（饰采购员）、《乔老爷上轿》（饰乔老爷）、《六十年代第一春》（饰一工人）、《女理发师》（饰贾主任）、《锦上添花》（饰段志高）、《魔术师的奇遇》（饰售票员）、《血碑》（饰小地主）。他在这些影片中成功地扮演了特务、地主、贪官、工人、教师等各种类型的人物。他因成功主演了《幸福》、《乔老爷上轿》、《女理发师》、《锦上添花》、《魔术师奇遇》这5部喜剧影片，被人们赞誉为“喜剧大师”。他扮演的角色具有浓郁的生活气息，有时让人发出会心的微笑，有时又让人在笑声中不知不觉中掉下眼泪。他的表演不靠外在动作，而靠内心的充实，夸张而不失实，幽默而不庸俗，自然流畅。其喜剧别具一格，让人印象深刻。

“文化大革命”结束后，整整与艺术隔绝了10年的韩非又重返银幕。他参加拍摄了《傲蕾·一兰》（饰达斡尔族撒满）、《儿子、孙子和种子》（饰农民丁有理）、《他俩和她俩》（饰模范店员）、《见面礼》（饰厂长）、《十天》（饰医生）等影片，并在电视剧《三家福》中饰演了主角。他在40多年的从影之路中，创立了一种完全属于他个人的独特的表演艺术风格。纵观他所塑造的艺术形象，正面人物、反面人物都有，但以正面人物居多。由于他的表演，不管是正面人物还是反面人物，除了在个别情况下受剧本限制不宜作喜剧处理外，一般都具有喜剧色彩，而且有许多完全属于喜剧型的人物。对此，他曾有过比较深入的思考，认为剧作家、导演、演员、摄影、美工、剪辑等人员之间，根据具体生活，个人的志趣和爱好，应该建立起相对固定的、自愿结合的班子，这样对于拍摄工作的进行、影片质量的提高以及艺术风格与艺术流派的形成，都将起到促进作用。演出同一部戏，不同的人饰演的风格也会不尽相同，那就是因为他们的创作意图、对于角色的设想和表演风格都不尽相同的缘故。他认为，卓别林之所以成就卓著，除了他个人的因素之外，也与他拥有几十年如一日的志同道合的合作者分不开。我国的艺术大师梅兰芳、周信芳、程砚秋等人都拥有固定的班子，所以才成就了各自的派别。这是一种很有价值的见解。

1985 年 1 月 4 日韩非因突发心脏病去世，终年 66 岁。《人民日报》配发了消息。

傅奇的“传奇”

傅奇

傅奇（1929—　）香港电影演员、导演、编剧。原名傅国梁，祖籍宁波，生于沈阳，在上海长大。上海圣约翰大学土木工程系毕业。1949 年底到香港。不久便考入长城公司。他参演的第一部影片是与石慧合演的《蜜月》。又与朱虹合演《情窦初开》，颇受观众欢迎，影片在香港连映 40 天之久。在香港长城和凤凰影片公司主演的影片有《王老五添丁》、《情投意合》、《对窗恋》、《白领丽人》、《梁上君子》、《春雷》、《龙凤呈祥》等 50 多部。他从1954年拍摄《从不要离开我》开始就当上副导演和编剧。1964年他自编自导自演了《五虎将》，此后他执导了《云海玉弓缘》（合作）、《铁树开花》、《中国体坛》、《生死搏斗》、《少林寺》以及《云南奇趣泉》等片。曾被长城画报评选为香港十大明星之一，与石慧合演的《冤家》在1979年香港国际电影节上放映，导演的《云海玉弓缘》在1980年和1981年第四、五届香港国际电影节中列为专集介绍。曾担任长城电影制片公司董事、经理，银都机构有限公司董事、总经理。

曾担任长城电影制片公司董事、经理，银都机构有限公司董事、总经理的傅奇，是海内外所熟知的电影明星，集编、导、演于一身。他出众的艺术才华让他走出了一条颇具传奇色彩的人生之路。

（一）从工科毕业生到电影演员

傅奇曾在上海圣约翰大学土木工程系读书。当时，好学生学理工科成风，傅奇也想当一个工程师。他学习成绩优异，是个跳级生，因此，年仅20岁就大学毕业了。不过，他没有成为一名工程师。1949年底，傅奇到了香港，在一家洋行里工作。

傅奇虽然学的是工科，但他对文学和音乐有浓厚的兴趣，并且是个电影迷，看了很多中外影片。在看了香港长城公司出品的电影《一家春》后，留下深刻的印象。他不仅想了解一下影片的拍摄过程，还想见识一下参加拍摄的演员夏梦、石慧等人。直到1952年7月，他经朋友介绍才有机会到长城公司的摄影棚观看影片《孽海花》的拍摄，想看的演员他都看到了，直到夜深，他才恋恋不舍地离开摄影棚，并产生了当演员的念头。

傅奇参观摄影场时，长城公司的负责人袁仰安、沈天萌发现他外形不错，是个演戏的人才，于是，通知他来公司试镜头。傅奇接到通知后兴奋异常，但试镜头时又感觉紧张，他把事先准备好的台词说了一遍，拍完三个镜头后竟一溜烟地逃走了。出乎他的意料，他竟接到了录取通知，就这样，这位土木工程师毅然辞去工作踏入电影圈。

傅奇加入长城公司后拍摄的第一部影片，是与石慧共同主演的《蜜月》。该片描写一对新婚的年轻夫妇，因为结婚时铺张浪费，欠了许多债款，当他俩向亲友借贷时，遭到冷嘲热讽，于是决心还清债务，重过俭朴而愉快的生活。傅奇的第一个镜头是从办公室兴冲冲地回到宿舍，别人给他开门时，他说一声："劳驾，劳驾。"他认为这很简单，谁料进入镜头后，由于"惊慌"腿都发软了。在拍第二个镜头时，要他面含笑容，嘴吹口哨，用华尔兹舞步走出来。他因为不会跳舞，拍了两个小时才拍成。这时的傅奇有些气馁了。他体会到，看别人拍戏很轻松，轮到自己表演则不那么容易。作为演员，外形好固然是成功的条件之一，但是要想获得长久的艺术生命，非有相当的演技和修养不成。而演技和修养是要下苦工才能获得的。傅奇在老导演的具体指导下，细心观察人与事，分析人的心理，竭力使自己饰演的人物形与神相吻合。当傅奇那英俊而又敦厚的面孔出现在银幕上的时候，港澳以及海外千万观众都对他产生了浓厚的兴趣。

不久，傅奇又在《小舞娘》一片中，扮演一位青年乐师。为拍好片中一个打鼓的镜头，他特请一位"鼓王"教他打鼓。天气酷热，别人都去游泳，只有傅奇为了学艺关在家中，穿着游泳裤汗流浃背地苦练打鼓技艺。平时吃饭或与朋友谈话，他的手脚也离不开打鼓的动作。一个多月后，手法也逐渐熟练起来，演奏时鼓声节奏已相当专业。尽管这个打鼓的动作，在银幕上只是一瞬间的短镜头，但他娴熟的表演却给观众留下深刻印象。

傅奇早期拍摄的影片，很多都是与石慧共同主演的。除《蜜月》、《小舞娘》外，还有《蓝花花》、《情投意合》、《借亲配》、《龙凤呈祥》等。由于他俩把年轻人蕴藏在内心深处的纯洁而又诚挚的爱情，以朴实而又自然的演技表达得惟妙惟肖，广大观众一致认为他俩是银幕上最理想的一对情侣。1954年，这对“银幕情侣”真的结为终身伴侣。

除石慧外，傅奇还与夏梦联合主演过《绿天鹅夜总会》、《甜甜蜜蜜》、《白领丽人》、《碧波仙侣》；与陈思思联合主演过《美人计》、《春雷》、《双枪黄英姑》；与朱虹联合主演过《情窦初开》等影片。

经过刻苦努力，傅奇的演技不断长进，他成了一个戏路宽广、能够适应多种角色的演员。他以探异求新的精神，刻苦钻研表演技艺，曾在60余部影片中扮演主角或重要角色，特别是他塑造的喜剧人物，不落窠臼，别具一格。他不夸张，不用小动作来表现人物的心理活动，表演浑厚而不轻佻。在香港不仅是文艺片的红小生，并享有“喜剧能手”之誉。其喜剧代表作有《梁上君子》、《佳人有约》、《心上人》、《情窦初开》、《情投意合》等。其中他与朱虹合演的爱情喜剧片《情窦初开》，在香港连映40天满座，轰动一时。

（二）从演员到编导、总经理

傅奇不仅能演古今各种悲喜角色、文武小生，而且能编、能导。1954年，他在《不要离开我》一片中，首次兼任主演和副导演。1964年，他又第一次与别人联合导演了打斗激烈的古装武侠片《五虎将》，并兼饰该片的男主角——一位机智勇敢、单身入虎穴的江湖英雄。该片虽然不很成熟，但题材较新，更主要的是显示了傅奇作为导演的潜在素质与独创风格。紧接着，傅奇又与张鑫炎合作，将著名武侠小说家梁羽生的《云海玉弓缘》搬上银幕。傅奇除担任导演外，还兼饰影片主人公——疾恶如仇、玩世不恭的“丐侠”金世遗。这个角色的性格与傅奇过去扮演的角色都不相同。《云海玉弓缘》公映后，在港澳以及东南亚等地引起轰动，评论界称它为“香港武侠片的里程碑”，认为它“开创了新派武侠片的先河”。在1980年和1981年第四、五届香港国际电影节中，曾列入专集介绍。

1969年，傅奇又与金沙联合导演了《玉女芳踪》一片，并兼任该片的男主角。傅奇单独执导的影片有文艺喜剧片《铁树开花》(1973)、大型纪录片《中国体坛》(1976)、时装惊险故事片《生死搏斗》(1978)等。

20世纪80年代，傅奇担任了长城公司总经理。他是在长城公司处于劣势的情况下上任的，但是由于他的精明和魄力，很快使影片生产出现了转机。拍摄有《通天临记》、《白发魔女传》、《情劫》以及纪录片等多部电影。1982年9月，长城电影制片有限公司、凤凰影业公司、新联影业公司、中原影业公司等合并之后成立了银都机构有限公司，傅奇出任总经理。银都机构成立以后，以导人向上、向善、爱国、不渲染暴力和色情为制片宗旨。他与内地合作拍出的“少林三部曲”——《少林寺》、《少林小子》、《南北少林》，不仅轰动香港、东南亚，而且打入欧美，进入世界电影市场，把功夫片推上一个新的高度，被称为“新型功夫片”。而作为“新型功夫片”开山之作的《少林寺》的男主角李连杰就是由傅奇物色的。当年，中国武术代表团访美经由香港时，曾在香港的新光剧院向观众表演。李连杰承担主要的表演任务，套路多，表演时间长。他扎实的武功根底，灵活的身手，让在座观众赏心悦目。当时长城电影公司的傅奇也在座，对李连杰大感兴趣。表演结束后他向教练吴彬说明请李连杰拍片的意图，吴教练以年龄小而婉言谢绝。傅奇说可以等，在等了六年多时间以后，终于请来李连杰这个一连五年获全国武术比赛冠军的高手来主演这部构思已久的武侠片《少林寺》。这是一部在武侠电影史上具有划时代意义的作品，影片一反旧式武打片中那种纯表演的花架与镜头技巧的卖弄，通过李连杰和他的一班武术队员们朴素真实的功夫让观众欣赏到了中国武术的真功。影片在香港以及亚洲、澳洲和美洲一些国家及地区上映后，轰动影坛，取得了巨大成功，也造就了李连杰这位一代武术巨星。

傅奇认为，在香港这一高度商业化的社会里，电影不可避免地要适应这一特殊环境的观众口味，但是，在注意到影片的票房价值的同时，也应该注意影片的内容。武侠片虽有一定的市场，在“惩恶扬善”这一点上也不无可取之处，但往往因追求情节的曲折离奇而带来内容的荒诞无稽，缺乏积极意义。因此，电影工作者要多拍一些为当地观众所喜爱和接受的，思想健康、艺术构思新颖的影片。他所拍摄的《云南奇趣录》、《苏杭姻缘一线牵》等就属于这类影片。

近年傅奇夫妇举家移居加拿大，主要从事文化交流活动。

乔奇的话剧、电影情结

乔奇（1921—2007）中国话剧、电影演员。原名徐家驹，又名徐乔奇。原籍宁波鄞县，生长在上海。8岁时，曾在明星电影公司拍摄的《火烧红莲寺》、《刀下大美人》、《新西游记》和《大人国》等影片中当儿童临时演员。中学毕业后，

乔奇

在上海中法戏剧学校肄业。1938年，参加救亡话剧团体“华光剧社”，首次演出《黎明》和《王三》（又名《刽子手》）等独幕剧。其后，参加上海剧艺社走上职业演员的道路。1941年，加入上海金星影片公司，在拍摄《红粉金戈》、《地老天荒》、《桃花湖》、《红泪影》等电影中扮演角色。以后，又参加电影《锦绣江山》、《春残梦断》、《热血青年》、《同心结》、《黑河魂》、《国魂》等的拍摄。上海解放后，进入上海人民艺术剧院，参加几十个剧目演出，并担任导演，后任上海人民艺术剧院二团团长。应邀参加拍摄电影《自由天地》、《蝶恋花》、《生命交响曲》、《说谎丈夫》、《女大亨》、《影迷传》、《有一家人家》等。1977年后，又在《平鹰坟》、《风浪》、《苦恼人的笑》、《珊瑚岛上的死光》、《爱情啊，你姓什么》、《子夜》、《霍桑探案》中扮演角色，并在影片《地狱·天堂》、《姑娘今年二十八》、《霹雳贝贝》和多部电视剧中有精彩表演。他是国家一级演员、上海戏剧家协会会员、原上海人民艺术剧院团长、著名表演艺术家，曾担任上海市政协第三、第四、第五、第六届委员。曾获上海市教委、艺教委颁发的市优秀艺术工作者奖。

乔奇的一生始终与话剧、电影有着不解之缘。他一共塑造了130多个人物形象，以话剧与电影见证了中国的艺术发展进程。

（一）生命大半献给戏剧

乔奇三岁时父亲去世，靠母亲帮佣供他读书。他五岁入学，启蒙的学校叫美华女塾（后称为颐生小学），在母亲的鼓励下，他在八九岁时曾到明星电影公司当过《火烧红莲寺》、《刀下美人》、《新西游记》等影片的儿童临时演员。1929年，还曾在一部叫《大人国》的影片中扮演过一个船长的儿子。1930年，他考上上海工部局所办的育才公学，1936年又转入私立国光中学。在此期间他曾在上海中法戏剧学校选读。

1938年初，乔奇在钱泳棠的带领下参加了一个救亡组织的话剧组，它后来改名为华光剧社，从此开始了他专业演员的生涯。他第一次演出的是陈荒煤编的独幕剧《黎明》，当时黄佐临导演《大马戏团》，由石挥主演，这个戏在上海沦陷期很是轰动，石挥由此被《申报》称为“话剧皇帝”。有一天，石挥演完日场以后突然在台上病倒了，乔奇就顶替他扮演角色。乔奇在这个戏里本来只演很次要的角色，但他天天与石挥同台演出，竟把台词都背下来了。这时，他也不过21岁。

1938年下半年，他在学校组织过剧团，同时又参加“丁丑”、“蚁蜂”等业余剧社，演出了《锁着的箱子》、《忍受》和高尔基的《母亲》等独幕剧。1939年，他又在中法戏剧学校演出了吴晓邦编导的舞蹈剧《罂粟花》，莫里哀的独幕剧《装腔作势》。1939年夏，中法戏剧学校改为中法剧社，随着剧社的职业化，他也走上了职业演员的道路。演出了许幸之编导的《阿Q正传》（扮演红鼻老拱）及舒适导演的《原野》（扮演焦大星）。

1939年秋，乔奇参加了于伶领导的上海剧艺社，演出了《生财有道》（根据莫里哀的《悭吝人》改编）、《武则天》、《花溅泪》、《人之初》、《明末遗恨》（即《葛嫩娘》）、《祖国》、《李秀成之死》、《陈圆圆》、《职业妇女》等话剧。

1940年，他又参加了阿英领导的新艺剧社，演出了《海国英雄》、《杨娥传》、《牛郎织女》等话剧。在此期间，他还在华声剧团演出了《岳飞》、在华光戏剧学校演出了《钦差大臣》、在天风剧社演出了《十字街头》（鲁思根据同名电影改编）、在大钟剧社演出了许幸之改编的《茶花女》，同时还演出过歌剧《大地之歌》、《江村三拍》以及一些独幕剧。1941年，在话剧《梅花梦》中，乔奇扮演一个瘫痪的老人，没有一句台词，完全用眼神和身体表达情感。演出后黄佐临赞扬他："乔奇在台上不开口也能演戏。"

太平洋战争爆发后，他参加了费穆主持的上海艺术剧团，在上海卡尔登戏院作了较长时期的话剧演出。演出的剧目有《钟楼怪人》（扮演诗人小丑）、《四姐妹》（吴大根据《傲慢与偏见》改编，乔奇扮演大姐夫）、《大马戏团》（扮演老艺人达子）、《秋海棠》（扮演秋海棠）、《三千金》（顾仲彝根据莎士比亚的《李尔王》改编，乔奇扮演黎襄尊，即李尔王）、《浮生六记》（扮演沈三白）、《红尘》（扮演老农夫）、《雷雨》（扮演周朴园）、《天外天》（扮演顺治）、《蔡松坡》、《美男子》、《小凤仙》、《黄金万两》、《名优之死》、《蛮女天堂》等话剧，并在上海话剧界会串义演《日出》时扮演过张乔治。乔奇在1944年演出话剧《秋海棠》和越剧《浮生六记》时，曾担任导演。抗战胜利后，他演出的话剧有《离离草》、《少年游》、《孽海》、《二度蜜月》等。

新中国成立后，乔奇在自己与朱端钧、胡导、魏鹤龄等人共同组建的建文剧社、在上海人民艺术剧院以及1956年在上海戏剧学院参加由苏联专家列普卡芙斯卡娅主持的表演师资训练班期间，演出的话剧有：《法西斯细菌》（扮演赵安涛），

《俄罗斯问题》（扮演记者墨菲）、《夜店》（扮演独眼龙闻太师）、《当祖国需要的时候》（扮演赵医生）、《在新事物的面前》、《曙光照耀着莫斯科》、《蠢货》、《明朗的天》、《刘胡兰》、《蜻蜓》、《日出》、《无事生非》、《布谷鸟又叫了》、《天山脚下》、《烈火红心》、《关汉卿》、《上海战歌》、《胆大的妈妈和她的孩子们》、《枯木逢春》、《共产主义凯歌》、《春城无处不飞花》、《中锋在黎明前死去》、《悲壮的颂歌》、《叶尔绍夫兄弟》、《乌云难遮月》、《第二个春天》、《激流勇进》、《霓虹灯下的哨兵》、《彼岸》和《鉴湖女侠》。他在上海艺术剧团演出的几部名剧中担任主角，成为当时上海话剧观众最喜爱的话剧演员之一。他在参加某些剧目的演出时，曾多次受到国家领导人的接见。1958 年，他曾与丹民联合导演话剧《智取威虎山》。1960 年，演出《春城无处不飞花》和《最后的窗子》时，他又担任导演。

（二）电影世界中的配角之王

乔奇在长期的舞台实践中，积累了丰富的经验。除了频繁地参加舞台表演外，他还曾参加过多部影片拍摄。但在电影中，他大多饰演配角，被称为“配角之王”。

乔奇 8 岁时就在一些影片中串演儿童角色，以此赚钱维持学业，但这只是接触电影艺术的开始。他正式进入影界是在 1941 年。他由舒适和吴永刚介绍加入金星影片公司，拍摄了《桃花湖》、《地老天荒》、《红泪影》等影片。在《地老天荒》中他第一次在电影中担任主要角色，扮演了一个老农民。

1946 年下半年，他参加了费穆主持的上海实验电影工场，成为工场的基本演员，曾参加了未完成影片《锦绣江山》的拍摄。1947 年，乔奇应邀在“中电”二厂参加拍摄了恐怖、迷信影片《天罗地网》（据话剧《缓期还债》改编）；参加了独立制片的《吉人天相》和马徐维邦、孙敬联合导演的《春残梦断》等影片的拍摄。并应香港剑华电影公司之邀，去香港拍摄了影片《海茫茫》。1948 上半年，他在香港永华公司参加拍摄了吴祖光的《国魂》，此后又参加拍摄了一些并不成功的影片，如《热血青年》、《同心结》、《美艳亲王》、《黑河魂》之类。

1949 年后，乔奇拍摄的电影有《自由天地》、《蝶恋花》、《生命交响曲》、《江村游侠传》、《说谎的丈夫》、《姐妹冤家》、《女大亨》、《影迷传》、《有一家人家》、《中朝儿女》、《烈火红心》（未完成）、《试航》等。“文化大革命”后，他又拍摄了影片《平鹰坟》（扮演地主张万庆）、《风浪》（扮演康工程师）、《苦恼人的笑》（扮演老记者）、《珊瑚岛上的死光》（扮演马太博士）、《爱情啊，你姓什么》（扮演老知识分子关明）、《子夜》（扮演赵伯涛）等。他擅演老年角色，表演生动亲切。其中《苦恼人的笑》中，扮演老记者的乔奇那半分钟撕裂人心的笑，给人留下了深刻的印象。那笑声不是一般愉悦之情的反映，而有着丰富的潜台词——有十年浩劫的创伤，有千百万人的血与泪，有仁人志士的焦思、忧虑和哀愁、叹息……多少无声的控诉都从这半分钟的笑中呼唤了出来。这半分钟的笑是乔奇精湛演技的结晶，是他艺术实践的硕果，至今仍为人所称道。1980 年，他还在湖南参加了电视剧《两家春》（扮演老画家）的拍摄。在众多影视作品中，乔奇出演的配角形象总在有限的戏份中发挥最具魅力的个人演技，深受影迷喜爱。1995 年，乔奇捧回第五届“中国电影表演艺术学会奖”荣誉大奖。

乔奇先后参加过 90 部话剧的演出和近 40 部电影、电视片的拍摄，还演过歌剧和舞剧，创造人物形象达 130 多个。他饰演的话剧角色，在性格、身份、年龄、造型、气质上迥然不同，但都具有时代气息，堪称“百面大师”。

陈思思的演艺才华

陈思思

陈思思（1938—2007）香港著名影星。原名陈丽梅。祖籍浙江宁波，生于上海。1953 年到香港。在香港九德中学读书，能歌善舞，闻名全校。1954 年考入香港长城电影制片公司演员训练班。结业后在影片《鸣凤》中扮演命运悲苦的婉儿。1956 年，在电影《红灯笼》中扮演绿林女英雄，一举成名。此后，陆续主演影片《三笑》、《春雷》、《新闻人物》、《云海玉弓缘》、《双枪黄英姑》、《红蝙蝠公寓》和《美人计》等。她在《三笑》中传神地饰演了秋香一角，以其俊美的扮相，潇洒自如的表演获得了观众的喜爱，成就了她电影事业的高峰，与夏梦、石慧并称长城影业公司“三公主”。1959 年，在珠江电影制片拍摄的《飞燕迎春》中扮演杂技女演员。1978 年，在凤凰影业公司拍摄的《密杀令》中扮演江湖卖艺侠女。共拍摄 30 多部影片，曾被选为香港十大明星之一，为 60 年代香港以及东南亚等地拥有观众最多的影星之一。

陈思思曾因主演电影《三笑》而家喻户晓，在这部 1969 年获得第十五届亚太影展最佳喜剧片中，陈思思扮演的“秋香”，可谓粉面含春、婀娜多姿，最有回眸一笑百媚生的韵味。她以俊美的扮相，潇洒自如的表演获得了观众的喜爱，成为当时炙手可热的一线明星。

（一）走进演艺界

陈思思，原名陈丽梅，她小时候在上海读书，后来随家到香港，入贞德中学。她在故乡时就会唱越剧，到了贞德中学，经常参加课余的一些文娱活动，能歌善舞全校闻名。虽然当时她只有十六七岁，但是同学们认为如果她当电影演员，一定会成功。每当她听到同学们说到这事，她总是不以为然地一笑置之。她当时的想法是将来当一名医生或教师，再或者是当一名航空小姐。

1954 年的一天，陈思思的一位好友拿着一份从报纸上剪下来的长城电影公司招考演员的广告，鼓励她去报考。她虽然没有意思当演员，但觉得去玩一下，体察一下考演员的滋味也好，于是便递交了报考申请书。一周后她接到面试通知去应试，发现应试的女孩们大都穿得花枝招展，浓妆艳抹，唯有自己穿着一条普通的白裙，一副学生模样。因为她不抱希望，所以行动也无拘无束，考试时对答如流。表演也按照日常生活中的表现去做，真实而自然。她那一双会说话的大眼睛，清丽的姿态，朴实的作风和毫不矫揉造作的表演引起了主考人的重视，结果名列前茅。对此，她自己却觉得有些“莫名其妙”。

试镜头时，思思的心情很不平静，因为这将成为决定她一生的事业。她一连两个晚上睡不着觉，可是她决定坚持到底，她做了喜怒哀乐等七种表情和两段戏的表演后，导演表示“可以造就”，于是，她就进了“长城演员训练班”，在训练班，她学习了国语、歌舞和表演技艺，开始向一个名副其实的演员这一目标迈进了。毕业后，她父亲代她与长城影业公司签约，从此成为“长城”的演员。她父亲的一位朋友替她起了“陈思思”这个颇有意义的艺名，含有做人要“三思而行”的意思。

（二）江湖女英雄

陈思思在银幕上饰演的第一个角色，就是在石慧主演的《鸣凤》中饰演婉儿。她早就读过巴金的作品，很同情巴金笔下这个命运悲苦的女性，所以表演亲切感人。她的成名之作是1956年由她主演的《红灯笼》。在这部影片中，她饰演了一位勇敢、豪放而又十分秀美的绿林女英雄，她骑马、飞刀、歌唱，把一个粗野、勇敢、秀美的侠女演得活灵活现，既显示出吴越少女的风韵，又有北国男儿的慷慨豪情，把一位英武异常的女英雄演活了，给观众留下极深的印象，也奠定了她立足影坛的稳固基础。以后，她又拍了不少“侠女”类的影片，成为50年代香港影坛上的一颗光辉耀眼的新星。这类影片，有1962年拍摄的《云海玉弓缘》，她在片中饰演了一个敢爱敢恨、慧黠美丽、狂野而又不失其正的少女厉胜男的形象。风华正茂的陈思思不仅外形俊俏，演技也臻于成熟。她浓眉大眼，跃马扬鞭，剑法精湛，确有一种侠女的味道。这部影片上映后，轰动了港澳和东南亚，由此引起一股拍摄武侠影片的热潮，一直持续至今。另一部武侠片《双枪黄英姑》，属抗日题材，陈思思在影片中塑造了英姿勃勃，气势豪放的抗日女英雄形象。为了演好这一人物，她每天清晨练习骑术，耍枪弄棒，舞剑挥刀，伸拳踢脚，另外还要学习射击，最终将这位女英雄的形象展现于银幕之上。1978年，她重返影坛，在长城公司与江汉、蒋平、石磊等人合拍了古装悬疑片《密杀令》，她在片中饰演一个江湖卖艺的女子“一阵风”。该片是描写明代著名民族英雄戚继光归隐还乡后，遭宦官暗杀的故事，曾到北京、承德、山东蓬莱等地拍摄外景。在内地陈思思受到广大观众的热情欢迎，这部影片也受到海内外观众的称赞。

（三）“长城三公主”

陈思思不仅“武戏”演得好，“文戏”也演得很精彩。1962年，她在主演古装片《三笑》时，饰演机灵、美丽、多情、可爱的秋香。在佛前叩头、船头泼水、华亭登岸时对唐伯虎的三笑，轻颦浅笑，妩媚嫣然，恰到好处，她唱的许多江南民间小调，悠然悦耳，流畅轻松。为了饰演这一角色，她曾投拜京剧名师，学习关目、做手、台步、水袖等表演艺术，饰演时，活生生地显现出古典美人那种摇曳多姿，莲步姗姗的形象，并溢露出聪明、机智的灵气。在《飞燕迎春》中，她穿一双软底练功鞋，敏捷地跃上钢丝绳，连续弹跳，姿态惊险而又优美，很像一个有功底的杂技演员。在拍摄《粉红色的梦》时，她为了学会跳舞，特意拜请一位菲律宾乐师教舞，很快地掌握了基本步法。她还在《春雷》中饰演秀外慧中，追求自由，富有爱国热情的江湖卖艺歌女冯如莲，把这位敢于反抗封建势力、争取婚姻自由的女性演得有声有色，柔中有刚。此外，她在《新闻人物》中饰演过一位追求享乐、爱慕虚荣，因而受骗、失身、自杀的女青年；在《美人计》中饰演受黑社会集团控制，后来终于醒悟的年轻而美艳的女骗子；在《红蝙蝠公寓》中，饰演机智勇敢的餐厅女职员梁丽琴……

陈思思是个青春气息浓厚、具有独特气质、宜洋宜中、宜古宜今的演员。她的戏路十分宽广，尽管角色多变，她那双会说话的大眼睛，总是那么晶莹乌黑、充满魅力，蕴藏着深情厚谊。由于陈思思在各类影片中塑造了许多不同类型的女性形象，气质独特，演技娴熟，被《长城画报》选为香港十大明星之一，被称为“长城三公主”（“大公主”夏梦、“二公主”石慧），成为在香港以及东南亚等地拥有观众最多的影星之一。

1961年陈思思与演员高远结婚，1970年劳燕分飞。陈思思告别影坛，独自抚养女儿。她往来于港沪之间，不仅通过电影把内地和香港地区的文化联系在了一起，同时也通过她个人参与的活动增强了沪港之间的文化交流。1978年，陈思思一度复出，为“长城”主演影片《密杀令》。1982年，她离开电影圈。

陈思思共主演30多部电影，2007年因癌症引发并发症抢救无效，于上海华东医院去世，享年69岁。

第二章

娱乐界人物

一　宁波帮与娱乐业概述

进入20世纪之后，高楼林立、万商云集的上海成为娱乐之都。在无时不觅商机、无处不找生意的市场社会里，宁波人的聪明才智得到了极大的发挥。他们在经营中引领娱乐业风气之先，无论是游乐场、戏院，还是舞台、电影院都办得出奇制胜，让人流连忘返。而在戏曲、音乐方面也是名角辈出、自成一派——京剧中的“麒派”，越剧中的“戚派”、“金派”，甬剧中的“四大名旦”、“四小名旦”，滑稽戏中的“黄金双档”，都与宁波有着血脉联系。在音乐领域，宁波人也有突出表现。

（一）

先看以游乐场、戏院、影院为核心的娱乐业。上海被开辟为通商口岸以后，商业逐渐兴旺。租界出现后，有数十万市民栖居租界，稍有安定，便希望有一些娱乐场所以作消遣。黄楚九便抓住这个机遇开拓自己的事业——在“十里洋场”还没有什么娱乐场所的时候，他首先在“新新舞台”的屋顶上办起了“楼外楼”娱乐场，而后又创办了出奇制胜的“新世界”，在被排挤出局后，又建造了闻名中外的“大世界”。这是他一生中最辉煌的业绩——在这个“新奇别致，百戏杂陈”的地方，全国南北戏剧于此汇聚，各种休闲设施齐备，那种强烈的海派文化色彩以及娱乐之中透射出的时代气息，吸引着成千上万的海内外宾客，以至有了“不到大世界，枉来大上海”的说法。直到今天，上海大世界仍是上海的一个标志。另一个娱乐场所经营者黄金荣，作为青帮之首虽然主要在黑白两道中施展威风，但他的娱乐产业也在上海赫赫有名。他的“荣记共舞台”、“荣记大舞台”、“黄金大戏院”曾是沪上有名的京剧演出场所，他所倡导的改革措施及经营策略也在历史的淘洗中现出了本色。

当电影成为人们生活娱乐的不可缺少之物时，宁波影人张石川看到了这里存在的商机。这个以电影为其生命支撑的人，于 1925 年联合他人购下申江大戏院，改为中央大戏院，专映明星公司影片和其他国产片，从此中国人有了自己经营的专映国产影片的专用剧场。1926 年张石川又和他人一起筹资，承租西班牙商人雷玛斯在上海的 5 家影戏院，由中央影戏公司统一管理。他们既放映电影，也兼营戏剧演出，使上海市民多了一些娱乐休闲的好去处。与中央大戏院功能相似的金城大戏院，系宁波人柳中浩兄弟于 1933 年创办，首映《渔光曲》时曾连演 84 天，盛况空前。这个娱乐休闲之地已被载入史册，成为历史的一个记忆。

（二）

在戏曲界，宁波人也在上海这个文化艺术的集聚地显露了光华。京剧本是来自北方的艺术形式，自同治年间在上海扎下根，便开始了渐显海派风格的积累与改革。甬人周信芳顺应时代的潮流对京剧进行改革，顺应特定时代、特定地域的观众的欣赏趣味，编演时装戏、连台本戏，并在不断汲取艺术精华的过程中形成了独具风格的“麒派”艺术；而在越剧流派的形成过程中，宁波人更是以异彩纷呈的风格显现了各自的独创性。戚雅仙的“戚派”、金采风的“金派”、毕春芳的“毕派”、陆锦花的“陆派”、徐天红的“抖抖腔”……她们的艺术探索丰富了越剧的表现方式，征服了无数戏迷。甬剧作为较早进入上海的剧种，虽然一直处在不断的变革之中，但也曾留下了“四大名旦”（筱姣娣、孙翠娥、金翠玉、金翠香）、“四小名旦”（赛芙蓉、王才香、项翠英、傅彩霞）的英名。20世纪40年代上海特色剧种滑稽戏的形成，有赖于姚慕双与周柏春这对“超级黄金双档”的不断努力。作为“滑稽泰斗”级别的人物，至今无人能够超越他们的水平。

在音乐界，宁波人也同样可以引为自豪。著名男中低音歌唱艺术家斯义桂是与林语堂、张大千齐名的“海外华人世界三巨星”之一，他能用中、英、德、意、俄、法6种语言演唱百首世界名曲；大提琴家马友友曾多次获得美国“格莱美奖”,[①] 被授予“美国国家艺术勋章”。纽约市因他在音乐上的贡献特别设立了“马友友日”与“马友友路”，为华人争得了无上荣光；小提琴家俞丽拿因首演小提琴协奏曲《梁山伯与祝英台》而一举成名，她的名字连同这首美妙的乐曲被载入史册。

还要提及的是宁波人对话剧的贡献。话剧作为一种艺术形式与戏曲、音乐一样都属于高级娱乐，虽然在本志中没有专门辟出话剧一栏，但许多电影人的艺术起点大多是话剧。那些在电影界作出不凡成绩的导演、演员都曾是话剧界的中坚力量，

---

① 格莱美奖：美国录音界与音乐界最重要的奖项之一，被誉为“音乐界的奥斯卡”。该奖每年颁发一次，以奖励过去一年中成就出色的人。马友友获得该奖15次以上。

袁牧之曾被称作是戏剧舞台上的“千面人”，乔奇也曾被称作是话剧界的“百面大师”，此外还有应云卫、沙莉、韩非等等，都曾在话剧舞台上大放光彩。

二　娱乐场与剧院经营者

黄楚九与他的娱乐事业

黄楚九

黄楚九（1872—1931）名承干，字楚九，号磋玖，晚号知足庐主人，余姚通德乡黄竹浦（今明伟乡）人。15 岁随母闯荡大上海，35 岁时已是上海有名的富豪之一。他最初跟母亲学中医眼科，到上海后自设颐寿堂眼科诊所，兼营中成药。后改学西医，1890 年迁诊所于法租界，改名中法药房。1905 年生产安神健脑滋补品“艾罗补脑汁”，畅销致富。1907 年与夏粹芳合资创办五洲药房，任董事长。1910 年开办人寿保险，又自制“天然戒烟丸”。嗣后设龙虎公司，后改中华制药公司，制销“龙虎”人丹，将日商“翘胡须”仁丹[①]挤出国内市场。1915 年改中法药房为中法大药房股份有限公司，任董

① 20 世纪初，日本仁丹在中国大量销售，为抵制日货，1909 年黄楚九研制出新方剂，取名“人丹”。日本东亚公司控告“人丹”“冒牌”、“侵权”，要求中国勒令停产。黄楚九聘请上海著名律师，与日商打官司，直至上诉到北京最高法院，1927 年做出终审裁决，判定“人丹”与“仁丹”两药各不相干，可以同时在市场上销售。故“人丹”与“仁丹”不能混为一谈。

事长。同年又开办上海大昌烟草公司，所产“小囡牌”香烟致使英美烟草公司“红锡包”香烟销路受阻。不久又创办福昌烟草公司。黄楚九是沪上新药业创始人之一，1927 年曾被选为上海新药业同业公会首任主席。并建上海急救时疫医院、黄楚九医院，向贫民施诊舍药。1919 年开办日夜银行，次年冬与叶山涛等开办“上海夜市物券交易所”，任理事长。1923 年盘进中西药房，任总经理。同时经营娱乐业，1912 年开办楼外楼游乐场，1915 年开办新世界游乐场，1917 年创建大世界游乐场。“大世界”是黄楚九事业的高峰，诸戏杂陈，日纳两万人，盛极一时。1927 年投资房地产失败，急恨交加，从此重病缠身。1931 年 1 月 19 日，黄楚九因心脏病去世。这年 5 月，“大世界”落入黄金荣之手。

黄楚九是民国时期上海商界奇人，一生创业横跨诸多领域，时人称他为“百家经理”。他敢为人先，故创下多个第一：中国第一家民族资本制药企业——龙虎公司（中华制药公司）；中国第一家屋顶花园——楼外楼；中国第一家综合娱乐场——新世界；远东第一大游乐场——大世界；中国第一家发行量最大的娱乐企业报——《大世界报》；中国第一个医药“托拉斯”——拥有 21 个医药工商企业的黄氏医药“集团”……他是中国西药业的先驱，也是中国娱乐业的先驱，其超前的商业理念与经营手段至今仍有借鉴意义。

（一）开办游乐场：从“楼外楼”到“新世界”

民国初年，上海拥来了无数的淘金者，服务与娱乐行业也因此兴旺起来。黄楚九在成为上海西药业的头面人物之后，又转而向娱乐界投资，通过获取更多的利润，来确证自我的价值。

黄楚九最早开设的是戏馆“新新舞台”。之所以名叫“新新舞台”，是因为南市有一家“新舞台”，已小有名气。黄楚九一心要胜过“新舞台”，“新新”者，意思是比“新”还要新。

“新新舞台”于1912年4月4日开幕。它处在浙江路、九江路、湖北路三条马路相交汇的三角地带，是上海闹市中心区。黄楚九自任前台经理，聘请艺名为“四盏灯”的京剧名旦周泳棠担任后台经理。每晚前半场演出京剧，后半场演话剧。这个戏院有从日本购得的天幕幻灯一套，演出可根据剧情需要，在天幕上出现雷电云雨、日月星辰等景观。由于剧场设备高出一筹，又加上每晚既有“国剧”，又有“新剧”，所以营业情况一直不错。

为了胜过“新舞台”，黄楚九特意邀请已有“伶界大王”之称的谭鑫培来“新新舞台”唱戏，以标榜自己的“正宗京戏”。但由于黄楚九不懂行业的潜规则，没有像其他人一样去“拜码头”给“案目”们塞红包，结果不单剧场冷冷清清，上座率不佳，报上也连一篇捧场的文字都没有。这不仅使谭鑫培丢了面子，“新新舞台”也声誉大跌。而在谭鑫培应黄楚九的要求改唱《猪八戒盗魂铃》时，又被当场喝了一声倒彩，黄楚九养的打手把喝倒彩者拖进剧场后台，重重打了一顿，结果第二天报纸上就刊登了“新新舞台”侮辱观众的文章，最后由黄楚九、谭鑫培联名登报公开道歉才算了事。

面对经营戏馆所遭遇的挫折，黄楚九便想另辟蹊径，在娱乐业再创名声。在朋友的建议下，他与经润三合资在“新新舞台”的屋顶上建造了一个玻璃花园，取名“楼外楼”。这是上海的第一家公共性游乐场，黄楚九就从这里开始了他的游乐场经营事业。

“楼外楼”的设施是仿照日本人的办法，在屋顶的四周放了好些盆栽的树木花草，又在屋顶的四角开了四个游艺场，里面有北方曲艺、南方说书、杂耍魔术和各地滩簧（有本地滩即沪剧的前身，有苏滩即后来的苏剧，还有锡滩即后来的锡剧）。此外，还有茶座、假山、喷水池以及最能引起游客兴趣的电梯和哈哈镜。当时的上海，只有外滩的银行和洋行大楼装了电梯，一般市民无法乘坐，却又对此怀有无限的好奇心。黄楚九摸准了上海人的心理，特地装上一部进口电梯，直上屋顶花园。游客入内，如从楼梯拾级而上，只收门票一角，如乘电梯，收两角。游客绝大多数都情愿花两毛钱乘电梯来满足好奇心。哈哈镜就是凹凸的穿衣镜。人们对镜一照，立刻变成畸形，有的小头大肚子，有的大头小肚子，有的狭长，有的扁阔，人们在镜子里看到自己奇怪的样子，无不哈哈大笑，于是黄楚九就给镜子取名为“哈哈镜”，并把这些镜子放在一座亭子内，亭子就叫“哈哈亭”。“楼外楼”开张后，人们争着来开眼界。1915 年 8 月 15 日的新闻报上，曾刊登“楼外楼”这样一则广告：“……登楼远眺，全沪之风景，一览无遗……至于林步青之滩簧，谢品泉之说书，金玉堂之线戏，莫不趣味隽深，引人入胜……近又新从探险家采得异人一个，头如香瓜，上小而下大，眼若胡椒，灼灼而有光，百怪千奇，见所未见……”可见各类艺人、畸形人等都是供人观赏的项目。

由于“楼外楼”营业鼎盛，超过了预料，因此黄楚九就说服经润三再度合作，建造一个比“楼外楼”还要大、还要好玩的游乐场。他们出让了“新新舞台”和“楼外楼”，又筹资 30 万元，在今南京西路西藏路转角处建造了“新世界”游乐场。1915 年，游乐场正式落成，取名新世界，由黄楚九出任经理。

这座三层楼房的大型游乐场，一楼有滑冰场、弹子房、跑马场和电影院。二楼有苏州滩簧、宁波滩簧、上海滩簧、扬州说书、苏州评弹，还有时髦的文明戏和南方歌剧、北方大鼓、口技杂耍、三弦、拉场戏、滑稽、双簧，等等。三楼仍是屋顶花园，可以凭栏远眺，下面就是外国人开办的跑马厅和赛马场。夏天，楼顶还放映露天电影。

由于顾客盈门，颇有拥挤之感，黄楚九在路北另辟一部，因中隔马路，特地建造一条沟通南北的隧道，以便游客往来。隧道里用瓷砖镶砌。在当时，这又是一件轰动上海的新玩意儿。由于场地扩大，又新增电影、京剧、地方戏及弹子房、溜冰场。这样一来，"新世界"便成为名副其实的游乐场了。

"新世界"游乐场设施齐全，雅俗共赏，不同阶层的人都可以在这里找到适合自己口味的娱乐项目。场内附设中西餐室，还时常搞些书画之类的展览，迎合各类游客的需要，因此营业鼎盛，利润十分可观。

上海大世界

新世界买卖兴隆之后，带动了上海新兴娱乐事业的大发展。有"天外天"、"绿云天"、"小世纪"、"神仙世界"、"大千世界"等各种游乐场先后开业。连"先施"、"永安"等大百货公司也在楼顶附设游乐场所。

"新世界"开办不到一

年，经润三因病去世，黄楚九因与经润三的遗孀汪国贞分股不均，便脱离“新世界”，另谋发展。

（二）事业巅峰：创办“大世界”

黄楚九要再办一家游乐场，比“新世界”更大，更好玩，更能吸引上海人。法国驻沪领事甘司东获悉黄楚九要创办新的游乐场，认为是“繁荣”租界的好事，便为他提供便利。很快，爱多亚路（今延安东路）、西藏路东南面转角上便出现了一个新的游乐场——“大世界”。

“大世界”取“世界之大，无奇不有”之意，它的总面积有1.47万多平方米。其开业广告这样介绍“大世界”：“……有花园及屋顶花园、商场、剧场、各种书场、特别大厦、共和厅、美术界、动物园、弹子房、中西餐馆、中东名寮、鸳鸯池、金鲤池与大观楼、四望台、招鹤、题桥、登云各亭并旋螺阁诸胜；艺术则有小京班与超等女伶会串京剧，优美社女子文明新剧，日本松旭斋天左男女大魔术团，……特级之最新电光影戏，天津班男女各种杂耍，宁波时调文明书、女说书、苏州著名评话反弹词、滩簧、广东潮州特别焰火；至种种游戏，则有走线飞船、机器跑马、升高椅、升高轮、秋千架、各种电光、西洋镜、哈哈镜等；并蒙诸大文豪设立文虎社，每晚悬挂灯虎，并有诗钟征联文人游戏，各品射中及揭晓后，以游券或薄彩车酬，藉助雅兴。”①

1917年7月14日，上海大世界游乐场开幕，盛况空前。“大世界”让人在俯仰顾盼之间，都有声色之乐。真如广告所说，京戏、地方戏、南北曲艺、杂耍、魔术甚至电影，应有尽有，分散在各个场子依次演出，从午后到夜晚，当中不间歇，

① 见1917年7月3—13日上海各家报纸的广告版。

你什么时候去，什么时候台上总有人，你也总有戏可看。楼下的“共和厅”内有“群芳会唱”，只要你有清唱才能，无论是高等妓女还是小家碧玉都可在此显露身手。而“大世界”的电影，专门放映从美国进口的惊险格斗片。只要天气不是太冷，不刮风下雨，影片都尽可能拿到露天剧场来放，照顾流动的游客。

“大世界”还设置了许多新奇的游玩项目：坐风车、拉杠铃、打弹子、套金刚、钓王八、吹橡皮牛、吃角子老虎等。为了满足上海人的好奇心，还在园内放养了10多头小毛驴，让看惯了黄包车、有轨电车的居民可以骑着毛驴玩耍。黄楚九还留出露天的娱乐空间，办起空中飞船，让游客在空中经历惊险；经常举办瓜会，搜集各种奇瓜异果供游客玩赏，以满足世人猎奇的心理欲望。

在“大世界”里，黄楚九还设置了40多处的“诗谜摊”，分布在各个景点。玩耍累了，休息一会儿顺便猜猜诗谜，不论猜中与否，都可以获得一张门票，如果猜中还可以另有奖品。这种文人游戏确实吸引了不少读书人来此驻足。

为了能使“大世界”雅俗共赏，黄楚九请了一批清朝的遗老遗少，为“大世界”的各个景点拟出了各种雅号，如共和厅、大观楼、小蓬山、小庐山、雀屏、风廊、花畦、寿石山房、四望台、旋螺阁、登云亭等景观；又制作了“大世界”十景，如飞阁流丹、层楼远眺、亭台秋爽、广厦延春、风畦坐月、霜天唳鹤、瀛海探奇、鹤亭听曲、雀屏耀彩。有了这些风雅名称，自然会使游客雅趣倍增。景点有了名称，黄楚九又请文人雅士在报上反复撰文介绍，吊人胃口，后来干脆办了一份《大世界》小报，请孙玉声主编，详尽介绍“大世界”，随门票出售。有了这份小报，就犹如有了一份“大世界”的导游图。在创刊号上，曾介绍过“大世界”的建筑布局以及各部分的功能：“大世界之建筑有平地花园，有屋顶花园，花木参差，房廊曲折，可容游客一万余人而无拥挤之虑；大世界有‘大观楼’，高凡二层，可览全园胜景；又有‘四望台’，登台四望，跑马场等俱在目前；又有‘招鹤’、‘题桥’、‘穿梭’、‘登云’诸亭及‘旋螺阁’，行人如在画中，极游目骋怀之趣；大世界有剧台及书台共七座，无不位置得宜，陈设精雅；大世界有‘鸳鸯池’，文禽戏水，双宿双飞，又有‘金鲤池’，内蓄金色大鲤鱼，不减玉泉观鱼之趣。游乐设施有光学镜、升高轮、铁索飞船、弹子房等。”《大世界》报主要刊登“大世界”各个场子的演出节目表，评介演出剧目、剧团、演员。同时还辟了副刊专版，发表沪上文人写的随笔、小品、诗词和长篇小说连载。

上海大世界

“大世界”里还设有“济公神坛”，红烛高烧，香烟缭绕，吸引游客前来求神问卜。到“济公神坛”来拜佛是要花钱的，因为从早到晚，人流不断，每天的收入也很可观。

“大世界”每天接待的游客高达两万人，成为上海最大、最有名的游乐园，以至有了“不到大世界，等于白来一趟大上海”的说法。

1924年，黄楚九又对开业七年的“大世界”进行大规模的改建。在西北部重开大门，又在风水先生的建议下，在大门上方盖了一座宝塔，使它成了上海的一座中西合璧式的标志性建筑。“大世界”使黄楚九在上海滩的名望达到他一生的最高峰，也是他的全盛时代。

（三）经营之道：出奇制胜与大众化路线

黄楚九在经营药品时就悟出了出奇制胜的经营之道，他把这一理念用在娱乐事业的经营上，并把它具体地实施在游乐场的各个细节中。

无论是“楼外楼”、“新世界”，还是“大世界”，黄楚九所坚持的宗旨就是“别人没有的我要有”。他引进新奇玩意儿来吸引客人，像“楼外楼”的电梯、哈哈镜，“新世界”的瓷砖隧道，“大世界”的钢绳飞船、赌博游戏“吃角子老虎”、秋千架、溜冰场、跳舞场、坐风车、拉杠铃、打弹子、套金刚以及能放出人物花鸟、梅兰竹菊、激战场面的新式烟火，都曾引来无数人在此流连忘返。

而在别人已有的项目上，黄楚九又强调“多”与“好”。比如“大世界”可说是五花八门，样样都有。除了各种游乐项目、电影，还有魔术、杂耍、猜字谜摊、各种戏曲表演，尤其值得一提的是表演剧种之多，至今还是空前绝后的。京剧、评剧、淮剧、沪剧、扬剧、滑稽戏、黄梅戏、梆子戏、评弹、说唱、昆曲、大鼓、文明戏，各种传统戏曲艺术都在这个大舞台上得到了充分展示。在“大世界”演戏的人一般都是当时的头一块牌子，如唱北方京韵大鼓的是两位“泰斗”——刘宝全和白云鹏，唱山东大鼓的小白姑娘，京韵大鼓的小艳芳，唱苏滩的是有“皇后”之誉的王美尘，弹词是“描王”夏荷生、赵稼秋，还有滑稽戏的祖师爷王无能，文明戏的“骄子”顾无为、汪优游，无锡滩簧名伶袁仁仪等。这些演员都在“大世界”施展了才能，并受到观众的喜爱。“大世界”里京剧也很吸引游客，当年京剧名伶孟小冬、张文艳、萧湘云、马金凤等也在此献艺，轰动一时。很多演员都是在“大世界”唱红，由此名扬四海的。

除了游乐项目上的出奇制胜之外，黄楚九还通过宣传与连动产业扩大“大世界”的影响。比如在“大世界”开张之前半个月，《大世界》报就创刊了。除了介绍“大世界”，还有各种通俗文艺，让各色人等都满怀期待。他请文人命名的十景（飞阁流丹、层楼远眺、亭台秋爽、广厦延春、花畦赏月、霜天唳鹤、瀛海探奇、鹤亭听曲、雀屏耀采等）又能让人无限遐想，显现了较高的文化品位。“大世界”开张之后，他又在附近开了日夜银行，存钱到一定数额，就可以换一张“大世界”的门票。这显然是一举两得的策略，既能吸引游客，又能吸引存款。他曾在“大世界”里搞了一个“万龄大会”，请了100多名年逾古稀的老人，这些老人高寿相加就是“万龄”。会上名妓敬酒，名伶献唱，像做慈善活动一样，可第二天报纸大篇幅登出来，说这些老人神采奕奕，健步如飞，其长寿秘诀就是服用了黄楚九的九福公司出品的“百龄机”。这也是一石二鸟的策略，既捧了“百龄机”，又红了“大世界”。黄楚九的大昌烟草公司[1]曾为他们的“小囡牌”香烟作过一个很有创意的广告：第一天在报纸上整版篇幅刊登一只红蛋，第二天红蛋生出了两只小手，第三天又生出了小脚丫子，最后出现了一个可爱的小孩子。而集齐了这一套4张烟标的消费者就可以在黄楚九那里换得“大世界”门票一张。

黄楚九无论经营什么事业，始终着眼于大众化。他的想法是“上海有这么多的人，只要在每个人身上赚一块钱，就不得了啦。我们的票价应该定在让更多人都玩得起的标准上”。新世界游乐场的门票只收小洋两角。这个价目，即使当时引车卖浆者之流的穷苦百姓，难得花费一次，也承受得起。“大世界”开业后，尽管又增加了许多项目，价格依然只收小洋两角。此外还有许多其他优惠，比如凭门票在“大世界”里买烟可以打七折，吃西餐可以优惠，又可以买月票。“大世界”的这些经营策略，给“掘金能手”黄楚九带来了巨额利润，并把他的事业推向巅峰，同时也大大推动了上海乃至中国现代娱乐业的发展。

虽然“大世界”也存在着乌七八糟的东西，但它的主流却是健康的。“大世界”既植根于深厚的中华传统文化土壤之中，有传统的文艺、曲艺和娱乐，又敢于吸收外来先进文化养料，对民族文艺及娱乐业的发展的确起到过巨大的积极作用。

黄金荣与他经营的娱乐产业

黄金荣（1867—1953）浙江余姚人，生于江苏苏州，字

① 大昌烟草公司是黄楚九1915年创办的，其原料由英美烟草公司提供，自己加工包装。不久英美烟草公司反悔，断绝原料供应，黄楚九便又成立福昌烟草公司作为实体生产香烟。

黄金荣

锦镛，小名和尚，绰号麻皮金荣。早年在上海城隍庙萃华堂裱画店当学徒。清光绪十八年（1892），黄金荣24岁时任法租界巡捕房包探，后升探目、督察员，直至警务处唯一的华人督察长。他利用租界与华界鼎立的特殊社会背景，脚踏黑白两道，凭借势力声威，广收门徒，利用贩烟土、设赌场、开戏园和敲诈勒索等手段聚敛财物，成为上海滩上拥有巨万家产的青帮大亨。他曾保护孙中山、胡汉民、汪精卫等革命党人，也曾参与过“四一二”反革命政变，屠杀共产党人和革命群众。1928年被蒋介石任命为国民政府少将参议、行政院参议。抗日战争时期寓居上海，曾开放黄金大戏院救助难民，也曾拒绝出任伪职。抗日战争胜利后重新从事帮会活动，但是权势衰退，地位被杜月笙代替。1949年新中国成立后，82岁的黄金荣留在了上海。1951年共产党开展镇压反革命的运动，5月20日，黄金荣在《文汇报》和《新闻报》上刊登《自白书》，表示“愿向人民坦白悔过”，要“洗清个人历史上的污点，重新做人”。他在“大世界”门口扫马路的照片也公开登报发表，引起轰动。1953年病死于上海。

上海被开辟为通商口岸以后，商业逐渐兴旺。租界出现后，数十万市民栖居租界，稍有安定，便去娱乐场所消遣。上海的游乐事业便开始兴旺发展。黄金荣作为旧上海叱咤风云的人物，为了广开财源，他不仅接受门徒的金钱孝敬，也利用这些门徒贩卖烟土，开设赌场并涉足娱乐行业。他不仅在苏州开过戏馆，而且“共舞台”、“荣记大舞台”、“黄金大戏院”以及黄楚九创办的“大世界”都曾在黄金荣的名下红极一时，成为闻名上海的娱乐之地。

（一）“共舞台”与“荣记共舞台”

黄金荣在上海经营的第一家戏馆是由“迎仙凤舞台”改名的“共舞台”。这个戏院建于1910年，曾数易其主，其名字也不断更迭。“群舞台”、“群仙共和台”、“迎仙凤舞台”都曾是这座戏院的名字。1915年11月，原来的老板将戏院盘给了黄金荣，更名“共舞台”。之所以将这个戏院名为“共舞台”，是因为黄金荣要倡导男女合演。以前有的戏是不准男女同台演出的，认为这样有伤风化，只能女子同台或男子同台。而黄金荣则明确这个戏院的特点是男女“共”演，显现了一定的改革精神。

在经营之初，黄金荣将苏州共和戏馆的戏班子全部接到上海，作为“共舞台”的主要演出力量。为了提高演出水平和上演新的剧目，他又专门派人上北京、南京等大城市，去邀请名角来入班、献艺；还挖掘现有戏班子的潜力，培养了一批新人名角。谭鑫培、盖叫天、杨月楼、萧长华、张文艳、露兰春、孟小冬等都曾在“共舞台”上演出过。

为了扩大影响，黄金荣会对演员进行包装。比如他在聘请露兰春来“共舞台”演出时，先请她做头牌的台柱演员，而后又到各家报纸大做宣传广告。黄金荣则带着一帮兄弟每日必到，一是喝彩捧场，二是维护纪律，如遇喝倒彩者便大打出手。在黄金荣的包装下，露兰春迅速红了起来，“共舞台”更是门庭若市，生意兴隆。上海戏迷十分看好这个戏馆，一有名角登台，或是上演新的剧目，报纸上总会用醒目标题，刊登各种介绍文章。开演前戏馆门口车水马龙，场场爆满。

1922 年后，这个舞台又曾多次改名，称“天声舞台”、“沪江共舞台”、“法界共舞台”等，并在 1929 年被拆除。不过不久之后，黄金荣又成为另一个“共舞台”的主人。

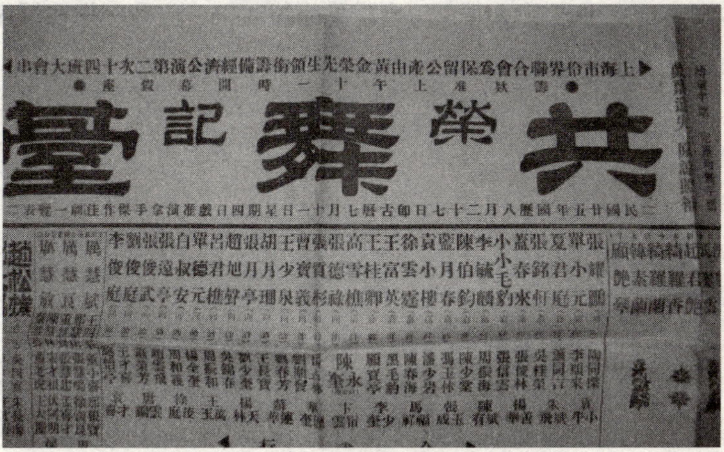

荣记共舞台戏单

这“另一个”“共舞台”的原址是被烧掉的乾坤大剧场，原为“大世界”游乐场的一部分。民国十五年（1926 年，一说 1927 年）黄楚九将其改建成独立的剧场，1930 年 10 月 6 日建成开幕，聘“小活猴”郑法祥为后台经理，在开台时主演连台本戏《西游记》头本《齐天大圣》，故将之起名为“齐天舞台”。1931 年 1 月黄楚九因病去世，事业宣告破产。“大世界”随即落入黄金荣之手。黄金荣将“齐天舞台”收回自办，改名“荣记共舞台”。他将“共舞台”交给经理人管理，邀请名角，设置各种机关布景，演出连台本戏。为了解决剧场零找角票的困难，黄金荣曾印刷一批“中储券”，用来找零。这种“中储券”正面印有“共舞台”的大门图案，还印有“壹圆”、“荣记共舞台”等文字，外表与普通钞票十分相似，背面图案更酷似当时的流通纸币，面额有一角、二角、五角、一元四种。表面看来这是为了方便观众，但实际上也是一种很好的营销手段。这种纸币不能在市场上流通，因此凡是因看戏找零得到这种纸币的人，只能再买他的戏票。这是变相地招徕生意，无形中既增加了回头客，又增加了许多收益。

"荣记共舞台"在黄金荣的经营下，以低廉票价、通俗剧目为特点，成为沪上与"天蟾舞台"、"更新舞台"、"大舞台"齐名的四大京剧舞台之一。美国喜剧大师卓别林在梅兰芳、胡蝶陪同下，曾在此观看由王富英、童月娟主演的《火烧红莲寺》。

（二）"荣记大舞台"与"黄金大戏院"

"荣记大舞台"也是黄金荣名下的产业。这个舞台始创于1909年，最初叫做"文明大舞台"。1927年黄金荣入股取得经营权，1932年改建并更名"荣记大舞台"。黄金荣接办"大舞台"后，重金聘请金少山、林树森、杨瑞亭、小杨月楼等名角登台，又要演员继续编演连台本戏，如由李桂春主演的《狸猫换太子》连演30本、林树森主演的《二十八宿上天台》、张翼鹏主演的《西游记》长达42本，其他如《封神榜》10本、《神怪剑侠传》19本、《大侠英烈传》11本、《荒江女侠》7本。其间也曾邀名角加盟作短期演出，如"大舞台"翻建后，于1934年（一说1935年）9月重新开业，邀梅兰芳、马连良、金少山、程继仙、叶盛兰、萧长华开台首演，轰动一时。该台班底像"共舞台"一样实行男女演员同台演出，他一改过去玩弄旦角的作风，变得对艺人特别"关心"和"爱护"。凡名角上台，或外地来沪献艺的艺人，事先都要来向大亨黄金荣拜客，才能太平无事。

黄金大戏院也属于黄金荣。这个戏院于1929年开始营造，

黄金大戏院的戏剧演出

1930 年 1 月 30 日建成开幕。在经营这座剧院的过程中，黄金荣审时度势，不断调整经营战略。最初黄金大戏院是放电影的，以欧美黑白片为主，1934 年底改由印度魔术大王赤井麦表演大套魔术。1935 年 2 月 4 日（旧历年初一）起改演京剧，并在各报刊登广告启事，内有“……本院革除京剧场恶习，绝对不准茶役等需索水果盆等额外费用。及改头换面之袋装食物，禁止兜售”的语句。从那时起，“黄金”首创对号入座，取消“案目”（旧时称剧场中为观众找座位的人），这是当时上海京剧演出场所的一大改革。

1936 年，黄金荣把黄金大戏院租给金廷荪经营重新开幕，从北京邀来孟小冬、章遏云、陆素娟剪彩，揭幕之日，马连良跳男加官，芙蓉草跳女加官，李万春跳财神，马富禄跳灵官，可谓盛况空前。接着，由孟小冬登台演出了几天，然后一批一批地由“京角”来沪演出。黄金荣曾邀请著名京剧世家高庆奎、高盛麟父子，并有章遏云、金少山等一批名角配档，也曾邀请过马连良、张君秋、叶盛兰、马富禄等人。阵容齐整浩大，影响空前。

黄金荣让他的门徒做经理管理各个戏馆，在戏馆内设立戏班子，专门排练演出，又到各地去聘请名角来挂头牌。这些戏馆开演后，效益都很好，每有演出，各家报纸都大加宣传，观众会像潮水似的从各处蜂拥而来。他很善于抓住观众“越难看到越想看”的心理，吊起他们的好奇心，又在剧场内营造气氛，对演员进行有意识包装。比如梅兰芳来演戏时，他先在各大报纸上刊登大幅的戏报，头天《霸王别姬》，二天《天女散花》，三天《宇宙锋》，每场票价大洋 10 元。但是谁要是到黄金大戏院门口去买票，看到的只是“票已售完”的一块大牌子，根本买不到票子。戏票被黄金荣都包了，一部分分送上海滩有名的大佬和各大报的主笔与记者，一部分分发给他的大小徒弟和徒子徒孙们。梅兰芳上场，一撩门帘，徒子徒孙们先喝一个满堂彩，一亮相，又是一个满堂彩，接着每唱一句、每走一步、一举一动、一颦一笑，都有雷鸣般的掌声跟随。如此三场下来，有大佬们的口头宣传和记者们的文字宣传，梅兰芳的名声就已经空前高涨并广为传播了。从第四场开始，售票处方才逐渐有“零星余票”出售。有幸能够买到余票的戏迷们，面对如此疯狂热烈的场面，也是生平见所未见的。有了大佬和报刊的宣传开路，再经过这批义务宣传员的适时配合，梅兰芳的名声就扶摇直上，如日中天了。这当是很成功的营销案例。

1930 年，黄金荣又创建荣金大戏院，1933 年开业。上映电影，演出戏剧。1937 年“八一三”事变后，一度改作难民收容所。

（三）“荣记大世界”

“大世界”本是商人黄楚九倾尽心力经营的很赚钱的产业，因受日夜银行倒闭的牵连而在黄楚九死后由黄金荣接管。1931年5月29日、6月1日，上海《新闻报》先后登载黄金荣的“荣记胜利公司承租大世界”和“接办大世界”的启事，从此“大世界”招牌换上了“荣记大世界”（或称“镛记”）的牌子，成了黄金荣的私产。

上海大世界后来成为荣记大世界

1931年6月1日，“荣记大世界”开张，号称“中国最伟大的游艺场”、中国第一大众俱乐部。所请剧团实力雄厚，戏码也非常强盛。著名的京剧演员梅兰芳、金少山、麒麟童、夏月润等人都曾被黄金荣邀来上海演出，而在平时，一日之中也有多种剧目上演。如在《申报》1934年9月5日刊登的广告上，“大世界”里有在大剧场上演的日戏陆零六的《祥梅寺》，童月娟的《六月雪》，赵连壁的《黄金台》，白艳琴和郭鸿雁的《双沙河》，沈光裕、孙筱楼、马永利的《界牌关》，孙继良的《捉放曹》，荣娇鸾的《孟姜女》，范永庆等的

《大刀关胜》，夜场《彭公案》；在大众话剧社上演的日戏《金钱》、夜戏《梅花落》；南方歌剧有日戏《三笑》、夜戏《孟丽群》；维扬大班有王秀清等人的日戏《红鬃烈马》、夜戏《穿金宝扇恨》；绍兴文戏《王华买父》、《唐棣花》等。[①] 此外还有歌舞班“撩人情绪的铜像舞”、“发人绮思的土风舞”、“引人发笑的滑稽舞”、“动人快感的香艳舞”等，五花八门，应有尽有。

黄金荣在“大世界”里设的摊点有77个，鼎盛时期，“大世界”每日进出的游客达两三万人，节日更达到五万人。“八一三”事变后，“大世界”一度成为难民收容所，黄金荣供给难民吃喝、衣物和药品，对死者还提供殓具，赢得“大善人”的雅号，不过，在有利可图时，他的经营头脑还是依“利”而行。曾有一位身高2.5米的难民逃到上海，由于他身体巨大，食量也大，每天可吃一斗米外加十斤肉。而在收容所里每天只有半斤米饭的供应，他整天饿得哇哇直叫。后来黄金荣收留了他，给他定做特大号衣服鞋子，供给饱饭，然后让他到“大世界”门口检票。这是一件名利双收的事，既让上海市民知道了黄金荣的善举，又为“大世界”吸引了许多客人——那巨人往“大世界”门口一站，就是一个活广告，生性好奇的上海人纷纷赶到“大世界”去看巨人的风采，“大世界”的生意又红火了许多。这位巨人为“大世界”守了两年的门，后来被蒋纬国发现，授以上尉军衔，成为装甲兵的掌旗官。

“巨人把门”其实就是以“奇”为核心的营销策略，而在各种娱乐节目中，他也竭力寻找新奇节目，以吸引客人。1939年，潘家班杂技团排演了最新节目“空中飞人”，黄金荣看了

---

① “大世界”有多处舞台，可同时上演各类戏剧歌舞。

连声叫好。在“大世界”上演后，整整一个月游客爆满。不过，“大世界”里的项目，也不尽是健康的东西，如摆在场子四周鳞次栉比的“西洋镜”，里面尽是黄色画片，而“吃角子老虎”、“弹子盘”、“拉灯柱”等又是变相的赌台。娼妓、骗子、扒手也集中于此，藏污纳垢，乌烟瘴气。所以“荣记大世界”是雅俗共存、良莠不齐的花花世界，而黄金荣脚踏黑白两道的特点也在他经营娱乐产业的过程始终贯穿。

三　戏曲名角

周信芳与“麒派”艺术

周信芳

周信芳（1895—1975）字士楚，艺名麒麟童。浙江慈溪人，生于江苏清江浦。六岁随父周慰堂（演青衣，艺名金琴仙）旅居杭州，师从陈长兴练功学戏。七岁登台演《铁莲花》中的定生，艺名“七龄童”。1906年后，随王鸿寿赴汉口演出。1907年在上海，改用“麒麟童”，此后一直沿用此名。1908年到北京入喜连成科班，与梅兰芳、林树森、高百岁同台。1912年返沪，在“新舞台”等剧场与谭鑫培、李吉瑞、金秀山、冯子和等人同台，颇受熏陶，演技渐趋成熟。1915—1926年间，先后在上海“丹桂第一台”、“更新舞台”、“大新舞台”、“天蟾舞台”演出，排演了连台本戏《汉刘邦》、《天雨花》、

《封神榜》等。在此期间两度赴北京、天津演出，将《萧何月下追韩信》、《鸿门宴》、《鹿台恨》、《反五关》等戏介绍给北方观众，人称“麒派”。1927年参加南国社，在《雷雨》中饰周朴园。抗日战争爆发以后，积极参加救亡活动，并演出《徽钦二帝》、《文天祥》、《史可法》等戏，激起观众强烈的爱国热情。随后又继续演出了《香妃》、《董小宛》、《亡蜀恨》等具有民族意识的戏。1949年以后，他参与编演新戏，移植演出了昆曲《十五贯》，创演了《义责王魁》和《海瑞上疏》。周信芳的演唱具有不以腔害字、能以声传情、酣畅朴直、苍劲浑厚的特点，尤以念白见长。他对打击乐和服饰也进行了大胆的革新，使其与“麒派”总体特征协调一致。“麒派”的表演特点，对其他行当、其他剧种的表演艺术，都有着深远的影响。

周信芳在几十年的舞台生活中，运用精湛的表演技巧，塑造了宋士杰、徐策、萧何、宋江、邹应龙、张广才、张元秀等众多的生气勃勃、有血有肉、性格鲜明的人物形象，为京剧艺术的发展作出了贡献。“麒派”不仅是京剧老生的重要流派，而且对其他戏曲剧种的表演艺术，也有较大影响。

（一）自成一派的京剧艺术家

周信芳是流浪艺人的后代，5岁开始学戏，7岁登台。曾拜京剧艺人陈长兴为师，但始终未曾正式拜过名师。他的父亲曾语重心长地说：“要唱到老，学到老。倘若后台有人指点你的错误，你要垂手站立，恭恭敬敬地听他指教，就是跑龙套的来说你，也要如此。你不可轻视他是跑龙套的。他虽站在两边，但是当中的好角色，比你见得多。他既来说与你听，一定有好处来教授。俗话说，一字便为师，怎好傲慢无礼。虽则往往有不合之处，那就要你自己去选择。听到了好的意见，下次就改一下，不好的自然也就不采用了。但是你当时不准和批评的人争辩，埋没人家的好意。”周信芳将此铭记在心，最终使他博采众长，锐意革新，并在融会贯通之中形成了自己独特的艺术风格，人们称之为“麒派”。

《徐策跪城》中周信芳饰演徐策

周信芳幼年曾在喜连成搭过班，谭派艺术给了他丰富的营养和浓郁的熏染，所以他自称是谭鑫培的私淑弟子。周信芳的唱功基本上取法于孙菊仙、汪桂芬、汪笑侬、王鸿寿、潘月樵等前辈，他的嗓音虽显沙哑，但演唱富有感情，以苍凉遒劲为特色，朴而不直，顿挫有力，往往有极富曲折跌宕之处，尤其注意抒发人物感情，高拨子、汉调等唱腔有独特的韵味。他的念白有较重的浙江方音，苍劲强烈、讲究喷口，韵味醇厚。口风犀利老辣而且音乐性强，善用语气词，有时接近于口语，生活气息浓厚。无论表达风趣、庄重、愤恨、哀伤的情绪，语气都极为自然生动。他善于根据感情需要处理念白的抑扬顿挫，跌宕起伏，有时断断续续，有时一气呵成，具有强烈的感情色彩。像《四进士》、《清风亭》中有名的大段念白，具有感人肺腑的力量。周信芳善于把唱、做、念、打融为一体，在舞台上创造出宋士杰、徐策、萧何、宋江、邹应龙、张元秀等鲜明、生动、有血有肉的艺术形象。表演中运用水袖、身段、步法，结合眼神和面部表情，都能吻合剧情及人物的特定处境与思想，显示了他提炼生活、再现生活的深厚功力。一些特殊技法的运用更有浓墨重彩的效果，如靠旗、髯口、水发、帽翅种种功夫，纯熟自如。他善于通过外部动作，表达人物内心感情和思想变化，“膛蟒”、“摔袖”、“抖髯”等表演技巧在他的运用下均能深入人物的骨髓，而少有为程式而程式的卖弄。① 他在打击乐的运用以及在服装、化妆等方面，都有革新和创造，以其鲜明的特色汇成“麒派”独特的艺术风格，具有强烈的艺术感染力。画家刘海粟曾说道：“青年人爱他的强烈，中青人爱他的生动，老年人爱他的深沉。”老少咸宜，韵味独特。

在表现内容上，周信芳的“麒派”京剧具有鲜明的时代感。早在五四运动前后，他受新文化运动影响，演出时装戏《宋教仁》，表现了同情民主革命的政治倾向；又演出《学拳打金刚》，把矛头指向卖国贼。1927 年参加南国社，在《雷雨》中饰周朴园。抗日战争前后，演出《洪承畴》，抨击伪满汉奸；演出《徽钦二帝》，激励爱国热情。同时他还演出《史可法》等戏，激起观众强烈的爱国热情。随后又继续演出了《香妃》、《董小宛》、《亡蜀恨》等具有民族意识的戏，引起强烈共鸣；1949 年以后，他参与编演新戏，移植演出了昆曲《十五贯》，创演了《义责王魁》和《海瑞上疏》等新剧目。

周信芳在表现内容与表现方式上自成一派，“师承数家，旁及百家，自成一家”，既全方位地表达了京剧传统，又吸收地方戏、电影、话剧、芭蕾舞、华尔兹、探戈等多种表演方式

---

① 靠旗、髯口、水发、帽翅、膛蟒、摔袖、抖髯等均为京剧当中的术语，与京剧表演技巧相关。

的精华，对传统京剧加以创新，成为“麒派”京剧艺术的开创者。据统计，他一生演出的戏有596出之多，其数量之多、类别之广，为中国戏曲史上罕见，在中国京剧流派的档案里也是绝无仅有的。1955年，《周信芳演出剧本选集》（上下册）由艺术出版社出版，汇集了《四进士》、《打严嵩》、《投军别窑》、《清风亭》、《乌龙院》、《萧何月下追韩信》、《徐策跑城》等11个剧本。5年后，中国戏剧出版社出版了《周信芳演出剧本新编》，收入了《打鱼杀家》、《义责王魁》等4个剧本。这些剧作成了“麒派”京剧的经典剧目。1961年中国戏剧出版社出版了《周信芳的舞台艺术》，对《四进士》、《清风亭》、《乌龙院》、《萧何月下追韩信》、《徐策跑马》、《打渔杀家》等“麒派”代表作的表演艺术进行系统论述，其中不仅追溯了“麒派”七大代表剧作的来源与变迁，而且详细叙述了这些剧作舞台表演的手法、技术；作品人物的情感、性格；剧本情节的层次、结构；舞台场面的设置、调度；剧本词句的念白、唱腔，等等。这部著作汇集了周信芳60年的舞台表演经验，是一部“麒派”京剧表演艺术里程碑式的著作。

（二）京剧改革的身体力行者

周信芳之所以能自成一派，显然与他不受陈规旧套的束缚，勇于探索的追求精神有关。周信芳曾用“探新、求新、创新、革新、更新”来概括自己60年的演剧生活，“麒派”的形成正是他在“学中求变”原则的指导下身体力行的结果。

1912年，上海出现过时装新戏，演员穿着时装上台，戏中出现了大段口语化的念白。中国的戏曲一向以唱为主，周信芳在倒嗓的困扰之下，便关注起以对白取胜的时装新戏来，这可以看作是他对京剧进行改革的一个开始。1913年，上海发生了一件震惊全国的“宋教仁被刺案”，周信芳迅速排演时装京剧《宋教仁》在“新新舞台”演出，引起观众强烈反响，其激烈高昂的独白台词感人肺腑，《申报》剧评栏目给予了很高的评价。

1915年，周信芳进了“丹桂第一台”，曾对时装京戏的服饰进行大胆革新。在演汪笑侬改编的历史新戏《张松献地图》时，由于周信芳饰演的刘备是个配角，如果按当时传统的扮相，刘备要穿上红蟒的帝王服装，色彩鲜艳，气派又大，相比之下就会压过主角张松的扮相。周信芳根据既不失刘备的身份，又不可抢了张松的戏份的原则，给刘备设计出了一种特别的“靠”:[①] 把腰部绣有大虎头的“靠肚”去掉，系紧腰带，外面斜穿着红官衣，露出一只臂膀，又将插在背后“靠旗”的尖角剪去，原先的四面三角形小旗变为长方形花边方“靠旗”，还把底下“靠腿”的卷角由外翻改为里翻。这一身“靠”的服饰既符合角色的身份，紧巧而显得精神，又与主角的改良装束交相辉映。据说，今天京剧舞台上常用的“改良靠”便是起源于周信芳为刘备设计的这套“靠”式，那时的周信芳只有20岁。

1916年，周信芳担任后台经理后，在他的积极参与、合理调配下，“第一台”班底形成了一个京剧表演的改革小集体。演员们齐心合力，改革传统程序，创新表演方式，探索没有水袖的时装戏表演方法。周信芳还创了大嗓小生的唱法，对传统唱腔进行了大胆改革。

除此之外，周信芳还从编导体制上进行改革，“丹桂第一

---

① 靠：京剧服装，又称甲。是武将所穿战甲的艺术加工，为甲胄的象征性服装。其结构比较复杂，由靠旗、护肩、腰窝、靠肚、吊鱼、后斗、靠腿、靠领、靠旗、靠杆、靠枕、靠穗、靠掌、靠绸、靠绳等部件组成。

台”成了他走上京剧编导艺术道路的出发点。首先，周信芳尝试着以固定的剧本来替代台词有待演员发挥的幕表制。幕表戏是南北演艺界的一种惯制，也称路头戏、提纲戏。演出时没有剧本或并不需要完全按剧本演出，演出的依据只是一个简单的提纲。一些较正规的戏班，演出前把本场演出的剧目提纲（即所谓“幕表”）贴在后台，标明这部戏的场次、先后出场角色、大概情节、所用砌末（指戏曲舞台上的道具布景，等等）。演员在舞台上只需把握这个简单的“幕表”，具体的对白和唱词，则需要由演员自己视剧情发展自由发挥。在与冯子和合演清装新戏《贞女血》时，因为搭档未按预期配戏，逼哭了周信芳，这引起了他对幕表戏的思考。演幕戏固然考验了演员的功力，但显然并不足以使艺术质量得到充分保证，对于经典剧目的保存也有不利影响。

在“丹桂第一台”担任后台经理之后，周信芳把精力放到了编剧上，热衷于编写连台本戏。为此，他在排戏之余孜孜不倦地阅读，为自己改编传统京戏、编写历史新戏积累材料。他编写的第一出连台本戏是《女侠红蝴蝶》，开了沪上连台本戏编演史上的风气之先。这部戏连续编演四年多，带动上海掀起了一股编演连台本戏的时尚。据统计，周信芳在担任后台经理的七年之间参加演出的剧目有 236 出，其中亲自编演的剧目有 126 出，而 80 余本是连台本戏。

其次，周信芳实行合作编剧制以适应新的需要。1927 年，周信芳受聘为“天蟾舞台”做台柱演员。他积极筹划参与，使“天蟾舞台”成为合作式编剧制的重要阵地。《申报》曾对此评述道：“舞台编剧，例由主任负责，独天蟾舞台尚合作制，诸如麒麟童、小杨月楼、王芸芳、刘奎官、高百岁等，所主演场子，分由各该本人自编。主任之责，仅为此外男女艺员安位置，撰词章，藉与其他场子相贯串，若无缝之天衣。天蟾两年来历排连台剧，佥收事半功倍之效。故出品迅速，幕幕饶精彩，人人富精神也。然麒麟童之编剧才亦足贵已哉!”这种编辑制度周信芳在“丹桂第一台”时就使用过，但是“天蟾舞台”的合作编剧制却将上海京剧剧场的编剧制度推进到一个新的时期。由于连台本戏风靡沪上京剧舞台，每天的演出时间长达五六个小时，每部戏接连十多本，每年要推出一二部大型的新戏，这使得编剧主任应付不及。合作编剧制大大提高了编戏的效率，保证了剧场及时推出新的连台本戏。

再次，周信芳首开京剧导演先河，成为首个将“导演制”用于中国戏曲的艺术家。1925 年 9 月，周信芳在“第一台”演出《汉刘邦统一灭秦楚》时，在《申报》的戏剧广告上赫然标出了“周信芳主编导演”的字样，这是上海京剧界第一次明确导演制的明文记载。在中国戏剧史上，专业的导演制是由洪深创立的，周信芳自编连台本戏《汉刘邦统一灭秦楚》，并出任导演，显现了他敏感的时代意识与求新的探索精神，也与他多年来的京剧改革实践分不开。1916 年他曾同欧阳予倩合作演出《晚霞》，他们商讨剧情与场面的排演，成为编导工作的一次探索，之后他又在汪笑侬的启发下，在主持排戏的活动中，形成了以剧情为本的导演思想。30 年代，周信芳在他所领导、组织的移风社形成了这样的习惯：每逢排戏，他都要审读剧本，根据演员的条件进行修改加工，然后要求演员依照剧本唱念，反对那种“台上见”的传统习惯。所有大小角色的唱词、念白、身段、开打，他都背得滚瓜烂熟，他不厌其烦地为每个演员说戏，既要求演员理解剧情，也十分强调配角的作用。周信芳以自己的实际行动推进了中国京剧导演制的发展，同时，也将他的“麒派”表演风格通过一次次的导演与排练，体现到每一部戏、每一场戏里，为京剧艺术的发展作出了独特的贡献。

（三）德艺双馨的管理者

周信芳是在近代市场经济浪潮的搏击中成长起来的。从“新舞台”、“第一台”、“天蟾舞台”、“卡尔登”到“黄金大戏院”，周信芳由一个流浪艺人成为沪上剧场的台柱演员，从后台经理到剧场老板，由个人的表演风格到集团型京剧流派的领袖人物，不仅使“麒派”京剧成为近代上海戏曲演出市场上的主流，也使我国的国粹得以发扬光大。

19世纪末，上海戏园已与北京有所不同。戏园老板不再是戏班的班主，而是沪上一些有钱有势的富商、买办和绅士。为了不让剧场除只在岁末热闹而其他时间空置，20年代便出现了班底制的剧场管理方法。剧场老板以每月包银的方式聘请演员，组成剧场的固定演出班子。这种制度使本地伶人有了一个固定的演出场所，而一些有实力的剧场老板便想方设法笼络名角儿，争夺演出市场。而在具体的管理上，“丹桂第一台”的首任剧场老板许少卿确立了前台经理与后台经理有职能分工的近代剧场管理体制。前台经理负责剧场演出营销与舞台设施修建等工作，后台经理掌管剧场班底演员阵营与剧目的编排公演等事项。后台经理由前台经理以包银方式签约聘任。

周信芳21岁受当时的前台经理尤鸿卿的聘任而成为年轻的后台经理，很快他就摸索出了一种独特的后台管理模式：他一面根据剧目与演员特长商议着派戏，尊重长者前辈，不薄年少新伶，一面又主动调解分配戏份与角色中的矛盾，出演配角，甘当绿叶。在“第一台”当后台经理的七年间，周信芳不仅与名角配戏，也与初出茅庐的童伶搭档，不仅配演自己熟悉的行当，也尝试自己陌生的角色，在不同行当的配角中，发挥了他多才多能的表演天才。他以顾全大局、以身作则的管理作风，得到了新老演员的交口称赞。

周信芳以“德”服人，又以“艺”立人。他集编、导、演于一身，全力支撑自己所在的班底。1932 年，周信芳组织了“移风社”，这是他的第一个戏班，也是“麒派”形成后首次组建的京剧演出社团。这个剧团在成立之初规模不大，组织松散，与跑码头的传统戏班相差无几。1937 年重返上海后，经过重组和扩建，成员已有 140 人。偌大个专业剧团，组建起来不容易，维持下去更是难上加难。为了保证剧团的演出开支和百余人的日常生活，周信芳首先在卡尔登剧院推出了《明末遗恨》和《徽钦二帝》两部戏，既照顾到上海观众的趣味，又借古讽今，切中抗日救亡的民族心理。这两部戏的演出营销策略取得了极大的成功，在演出期间几乎场场爆满，引起了观众强烈的共鸣。而后，又编排连台本戏《文素臣》，四年间连演六本，不仅财政大有好转，而且还使移风社蜚声沪上。

除了排戏的编导工作外，周信芳还对移风社的成员提出了特别要求，即树立严格认真的演出作风，上场直呼直令，不准敷衍马虎，而在排演一些名著改编的戏时，要求演员阅读原著，了解剧中角色的原型，并在排演之后进行研讨。在周信芳的言传身教下，移风社带出一批德才兼备、训练有素的演员，当时的京剧界对移风社评价颇高，业内人士说：“卡尔登来的人是有王法的。”

移风社存在了 9 年时间。以租赁卡尔登大戏院为标志，上海的剧场管理模式也发生了改变。它没有沿袭那种由剧场老板聘任组班的惯制，而是赋予了移风社管理者周信芳在经济、人事、业务等方面的自主经营管理权。这种模式削弱与遏制了以往来自剧场老板的商业性干涉，不但使移风社的组织规模、管理体制、运作方式上发生了新的变革，而且也强化了卡尔登剧场演出的艺术特色。“麒派”艺术通过周信芳的编导风格在移风社里得到推广与发展，而这种以流派创始人为核心的创作表演集体形成的专业剧团也开创了海派京剧史上集团型艺术流派的范例，为近代上海的演出经营提供了新的模式。

1946 年春至 1947 年底，周信芳承租黄金大戏院，一人兼任了剧场的前后台经理，黄金大戏院的“麒派”剧团也成了海派京剧的一支劲旅。此外，作为一个社会活动家，他又参与了反“艺员登记”的斗争，并在上海戏曲界进步人士发起的反内战、争自由的签名活动中毅然签名，他租下的黄金大戏院也成了中共地下党组织活动的据点。新中国成立后，周信芳曾任上海市文化局戏曲改进处处长、中国戏曲研究院副院长、华东戏曲研究院院长、上海京剧院院长、中国戏剧家协会副主席、上海市文学艺术界协会副主席、中国戏剧家协会上海分会主席等职，主持过戏曲改革工作。除了行政工作外，他还参加过抗美援朝义演、赴朝慰问、访苏演出以及全国的巡回演出活动，“麒派”京剧的风采因此而传遍天下。他为海派京剧创造了一个辉煌的时代，也为后人留下了学中求变、追求创新的人生启示。

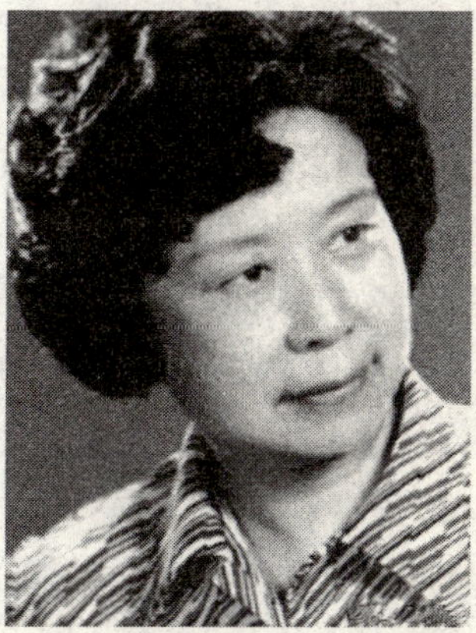

戚雅仙

戚雅仙与“戚派”艺术

戚雅仙（1928—2003），越剧表演艺术家。祖籍浙江省余姚，生于上海。1941 年戚雅仙进入上海陶叶剧团科班学戏，工花旦。1944 年加入芳华剧团，1947 年参加玉兰剧团，1948 年参加云华剧团，1950 年 2 月组建合作越剧团，同年秋任该团团长。1980 年任上海静安越剧团团长。1955 年和 1960 年被评为上海市文化系统先进工作者。1960 年和 1980 年参加第三、第四届全国文代会。1982 年加入中国共产党。曾任上海市文联委员。

戚雅仙 20 世纪 40 年代后期开始享誉越坛。她在继承“袁派”的基础上，另辟蹊径，创造了朴素流畅、亲切抒情、缠绵悱恻、韵味醇厚的戚派唱腔，在越剧流派中独树一帜。在长期的舞台实践中，她塑造了《白蛇传》中的白素贞、《玉堂春》中的苏三、《琵琶记》中的赵五娘、《血手印》中的王千金、《玉蜻蜓》中的王志贞等数十个动人的舞台形象，为发展和繁荣越剧艺术作出了卓越贡献。新中国成立初期，拍摄了越剧彩色电影《石榴红》（1950 年和徐天红合演)、《卖婆记》(1949 年和竺水招合演)。灌录的唱片《婚姻曲》，曾风靡一时。在合作剧团期间，主演过《龙凤花烛》、《玉堂春》、《血手印》、《卓文君》、《王老虎抢亲》、《琵琶记》、《白蛇传》、《文姬归汉》及现代戏《红色医生》、《祝福》等剧目。1954 年与尹桂芳合演《屈原》（饰婵娟）获华东区戏曲会演表演一等奖；1995 年荣获中国唱片总公司第三届金唱片奖。

爱好戏曲的人都知道越剧有个唱腔流派叫“戚派”，其创立人就是宁波人戚雅仙。戚雅仙以擅演善良、命苦的女性著称，生前被称为“越剧第一悲旦王”。

（一）人生经历

戚雅仙父母很早就来到上海谋生。父亲以摆旧货摊、为电车公司看门等为业，常常闲居在家，母亲不得不从外面接些手工活来弥补家用。因为家境窘困，戚雅仙 10 岁就帮母亲干手工活。母亲爱好看戏，稍有余钱，便会买一张最便宜的边座票，带上女儿一起去看戏。戚雅仙 12 岁那年，母亲为了解决家庭的经济困难，通过绍兴文戏班的一个熟人，把她送去戏班里“穿罩甲”。“穿罩甲”，即跑龙套，无需唱功和做功，没有学过戏也能应付。她第一次随戏班登台“穿罩甲”的演出场所是大新公司游乐场，这是她走上从艺道路的开始。

1941 年，母亲又托人将戚雅仙送到绍兴文戏科班“陶叶剧团”跟陶素莲、叶琴芳两位师傅学戏。陶、叶给所有学戏的小姑娘名字中都放一个“雅”字，戚雅仙这个艺名即由此而来。科班学戏一般要三年才满师，可为了赚钱养生，她们不到一年就被推上舞台。戚雅仙第一次正式登台演出是在南市西门戏院，后来几年，科班一直在杭嘉湖一带跑码头。1943 年春天，陶叶剧团终于结束浪迹江湖的生活，被上海大来剧场聘为演出班底，当时“女子越剧”这个名称已经取代“绍兴文戏”，大来剧场邀请的挂牌头角、头肩花旦就是越剧改革的创始人袁雪芬。虽然戚雅仙演的都是丫鬟、使女之类的角色，但与袁雪芬同台演出，使她在演技上有不小进步，并逐渐在观众中开始有了一定的影响，被称为“袁派小花旦”。期间，她还与袁雪芬、徐天红一起灌了一张唱片《明月重圆夜》，在越剧界开始引人注目。

满师后，戚雅仙被尹桂芳剧团聘请做二肩花旦，与头肩小生尹桂芳、头肩花旦竺水招配戏。在此期间，她从尹桂芳、竺水招等优秀演员身上学到不少艺术经验和人生经验，在唱腔上逐渐有了自己的特点。通过几十出戏的演出磨炼，她从一个只会简单模仿袁雪芬的“袁派小花旦”，成长为能扮演各类角色，并有一定舞台经验的越剧后起之秀。1947 年秋天，21 岁的戚雅仙被徐玉兰主办的玉兰剧团聘请任头肩花旦。一出

《香笺泪》，使她一唱走红，从此以“悲旦”而出名，成为戚派艺术开始形成的标志。

1948 年春天，戚雅仙自组先声剧团，但因演员阵容、剧目内容、艺术质量以及当时社会大环境等原因，不到半年就悄无声息了。“先声”的失败给她留下“急于求成则一事无成”的教训，为她以后在艺术道路上更好地发展打开了通道。1948 年下半年，竺水招自挂头牌组建云华剧团，邀戚雅仙唱头肩花旦。不久，“云华”因竺水招去香港结婚而解散。

1950 年 2 月，以“云华”的班子为基础，组建合作越剧团，大家推戚雅仙为团长，请原唱老生的徐天红唱头牌小生。合作越剧团刚成立，便拍摄了彩色电影《石榴红》，赶在国庆节前献映。这部电影不仅为合作越剧团亮出了旗号，也使戚雅仙在越剧观众中扩大了影响。

1951 年春天，毕春芳调入“合作”唱头牌小生。戚雅仙与她合演的第一出戏《彩虹万里》，获上海市春节戏曲竞赛一等奖。从此，两人开始了长期的合作史，不仅经历了合作越剧团 17 年的成长史，还相濡以沫地饱尝了“十年动乱”的磨难，在剧团重建后又再度联袂演出，成为越剧舞台上合作时间最长的搭档之一。这年秋天，合作越剧团迁入各方面条件都较优越的金都戏院（今瑞金剧场），以后几年就一直以此为基本场子，戚雅仙的不少看家戏或保留剧目，都在此首演。

1951 年冬，戚雅仙应中国唱片厂之约，灌制了她自新中国成立后的第一张唱片《婚姻曲》。因其唱腔质朴流畅、简而不繁、好记好学，很快传遍大江南北，成为当时越剧的“流行曲”，为广大观众喜爱和肯定，也使戚派艺术的影响从江浙扩大到全国。1952 年后，“合作”先后排演了《梁祝》、《白蛇传》、《玉堂春》、《琵琶记》、《相思树》等剧目，戚雅仙在其中成功地塑造了祝英台、白娘子、赵五娘等一系列舞台艺术形象。每出戏的上演期都长达三四个月之久，金都戏院门庭若市，场场客满。有了观众基础，每一出戏多了在演出中反复修改的机会，戚派艺术日趋成熟。1954 年，上海举行华东戏曲会演，26 岁的戚雅仙以《屈原》中婵娟一角的出色表演，获表演一等奖。此后，她在演出剧目方面有了新的尝试，不仅题材比较多样，戏路也逐渐拓宽，先后主演了《祝福》中的祥林嫂、《救风尘》中的赵盼儿、《尤三姐》中的尤三姐、《还我台湾》中的渔姑娘等，走上了新的艺术历程。

《玉堂春》中戚雅仙饰苏三

1958—1960 年，因为形势需要，“合作”先后排演了六出现代戏，戚雅仙在戏中塑造了赵一曼、向秀丽等英雄形象，不仅在表演上有所突破，唱腔上同样有所创新，受到众多行家和观众的赞赏。除六出现代戏外，她还主演了《百花公主》、《文姬归汉》等五出古装戏。特别是《王老虎抢亲》，尤受观众喜爱，成为继《血手印》后合作越剧团又一个常演常满的保留剧目。后来香港电影《王老虎抢亲》，用的就是戚雅仙等人的配音。在新形势下，戚雅仙通过刻苦勤奋，不但跳出悲旦悲腔的戏路，在表演及唱腔上都有所突破和创新，被戏曲音乐专家誉为“戚派唱腔传新声”。

“文化大革命”开始后，戚雅仙被打成“牛鬼蛇神”，被迫离开舞台。12年后才又重新登台。当年不解自散的原合作越剧团又重新组建静安越剧团。戚雅仙依然任团长，已年过半百的她获得了新的艺术生命，重新活跃在越剧舞台上。1983—1987年，她三次率团赴香港演出，名声远播港澳同胞及海外侨胞中。1984年，中国戏剧家协会上海分会拍录《戚雅仙和戚派唱腔》电视艺术片，并于1985年国际劳动节在中央电视台“文化生活”专栏播映。这部长达50分钟的电视片，选取了戚雅仙在艺术道路的几个影像片段，如《香笺泪》、《婚姻曲》，尤其是一向被观众誉为“戚派三步曲”的《梁祝·英台哭灵》、《血手印·王千金祭夫》、《白蛇传·白娘子哭塔》，更是体现了戚派的唱腔特色。

1988年，上海电视台、上海人民广播电台等联合主办“戚雅仙流派表演艺术演唱会”，展演了戚雅仙从艺50周年来演出剧目中所有的重要唱段。这些唱段大体以剧目演出年代先后为序，从传统戏、新编历史剧到现代戏，无所不包，既显示了戚派唱腔逐渐变化发展的轨迹，也较为全面地回顾和展现了戚雅仙的艺术人生历程。中国戏剧家协会上海分会还同时举行“戚雅仙表演艺术研讨会”，许多著名的戏剧家和评论家对戚雅仙的艺术成长和发展过程作了详尽的评析和热情的褒奖，一致认为戚雅仙在50年的艺术实践中，以袁派唱腔为基础，吸收并融合京、昆、绍、越等各剧种名家之长，并根据自己的嗓音特点和善于演悲剧的戏路，逐步形成韵味醇厚、吐字清晰、感情真挚、朴素深情的戚派风格。

1989年，戚雅仙退休后仍然担任静安越剧团名誉团长、静安区政协委员、中国戏剧家协会理事等职，享受国务院特殊津贴。1992年，上海文艺出版社出版了《戚雅仙表演艺术一书，对其艺术生涯作了全面总结。1995 年，她演唱的《血手印》获中国唱片总公司第三届“金唱片奖”。

（二）戚派风格

越剧作为中国五大戏曲剧种之一，主要流行于江、浙、闽、上海一带。它在清末起源于浙江嵊县，旧称绍兴文戏。20 世纪 40 年代，出现了一批勇于改革，积极创新的著名演员。

越剧《血手印》戚雅仙饰王千金

她们在继承传统的基础上，根据自身的条件，博采众长，不断丰富越剧唱腔和表演程序，创造了自己独特的风格，逐渐形成了各具艺术特色的越剧流派。如袁雪芬创立的“袁派”、尹桂芳创立的“尹派”、范瑞娟创立的“范派”、傅全香创立的“傅派”、徐玉兰创立的“徐派”、戚雅仙创立的“戚派”等等。流派的风格包括剧目、唱、念、做等多种艺术因素，集中体现在所塑造的典型艺术形象中。其中，唱腔所具有的独创性最强，特点最突出。

“戚派”是从袁派中衍化出来的。戚雅仙的嗓音条件不是很好，音域不宽，旋律多在中、低音区迂回。她根据自己的嗓音条件，在袁派唱腔基础上不断加以发展变化，逐渐形成了韵味醇厚、缠绵委婉、朴素深沉的“戚派”唱腔。

“戚派”唱腔曲调朴实，花腔不多，用音范围不广，但组织严密，节奏鲜明，音型简练并经变化反复出现，简而不繁，不事花哨，通俗易学、易记，常用的乐汇①看上去很简洁，但通过各种处理，使唱腔丰富多彩。这种特征鲜明的音调贯穿在所有唱腔中，给人留下深刻印象。“戚派”唱腔擅长表现悲剧情绪，平稳的旋律中常出现下行小六度的跳进音调，或六度下滑音润腔，这些处理能够加强语调，渲染悲愤、哀怨、激动的情绪，寓华彩于朴素，藏变化于平淡。

戚雅仙善于塑造善良、温柔、多情的女性形象。如《血手印》中的王千金、《玉堂春》中的苏三、《琵琶记》中的赵五娘、《白蛇传》中的白素贞、《王老虎抢亲》中的王秀英等，演唱朴实无华，感情深沉真挚，韵味醇厚。其“悲戚”的唱腔和艺术风格，征服了上海和江南地区无数个戏迷。《白蛇传》、《玉堂春》与她后来主演的《血手印》、《玉蜻蜓》并称“白血双玉”，成为戚派的代表性剧目。

在越剧界，戚雅仙唱腔虽然不是影响最大的，但她的艺术影响力却是最广泛的。

姚慕双、周柏春与他们的滑稽戏

姚慕双与周柏春是同胞兄弟，都是著名滑稽表演艺术家。姚慕双（1918—2004），原名姚锡祺；其弟周柏春（1922—

---

① 乐汇：音乐中表达乐思的最小单位，相当于文章中和字或词。

姚慕双（右）与周柏春（左）

2008）原名姚振民，祖籍浙江宁波，生于上海。姚慕双曾是中国曲艺家协会理事，上海曲艺家协会常务理事、艺术顾问。周柏春则是上海滑稽剧团艺术顾问，中国戏剧家协会理事，曾做过上海市第三届文联委员，上海曲艺家协会第二、三届副主席。1980—1998 年他曾任上海第一届人大代表，第三、四、五、六、七、八届政协委员。1939 年两兄弟一起到电台演播独角戏（时称“自由谈唱”）。此后 60 年的艺术生涯中一直不曾分离，是滑稽界搭档时间最长的享有盛誉的兄弟双档。其独角戏代表作有《宁波音乐家》、《英文翻译》、《各地堂倌》、《啥人嫁拨伊》等。20 世纪 40 年代初期，曾参加过最早的滑稽戏团体“笑笑剧团”、“华亭剧团”，参演过最早的滑稽戏《瞎子借雨伞》、《小山东到上海》等。1950 年，姚、周共同组建了蜜蜂滑稽剧团，主演的《小儿科》、《老账房》、《不夜的村庄》等现代剧目，受到当时的好评和鼓励。1960 年“蜜蜂”纳入上海人民艺术剧院，艺术上达到成熟的境界。1992 年兄弟双双获国务院颁发的文化事业突出贡献证书和政府特殊津贴，被滑稽界誉为滑稽泰斗。2006 年，周柏春先生获得中国曲艺牡丹奖的终生成就奖。

上海滑稽戏有“洋派”一脉，姚慕双、周柏春就是这种风格的代表，曾经为几代人带来笑的回忆。说到上海的滑稽艺术，特别是独角戏，姚、周的表演独一无二，他们既是亲兄弟，又是几十年的老搭档，配合默契，相得益彰。姚、周以冷面幽默见常，两个人台上一立，观众的笑声就出来了。

（一）兄弟双档

姚氏兄弟出身贫寒，父亲是钱庄的小职员，收入微薄。一家人一度还曾化整为零，各投生路。20 世纪 30 年代，姚慕双、周柏春和胞兄一起进入了当时著名的教会学校——上海育才中学读书。姚慕双在 19 岁时，曾拜何双呆为师学唱滑稽，他之所以将姚锡祺的本名改成姚慕双，也就是羡慕何双呆先生的意思。1939 年，他与还在育才中学念高中的周柏春第一次去电台讲了一段滑稽独角戏，从此开始了他们长达 60 多年的滑稽戏演艺生涯。周柏春不曾拜过师傅，只能靠模仿其他艺人的表演和自己的慢慢摸索。他的艺名也是哥哥取的，本已商定叫“周柏荫”，但上节目时，姚慕双一下冲口说出“周柏春”，于是只好将错就错，从此“周柏春”这个名字便家喻户晓。

滑稽戏是上海及周边地区特有的一种艺术表演形式。1921 年文明戏演员王无能在一次堂会中，表演了单口的滑稽节目，受到欢迎，不久便挂牌演出，初名“独角戏”，由于广播的兴起，独角戏乘着电波进入千家万户，于是“独角戏”便逐渐发展为滑稽戏。滑稽戏接受了中外喜剧、闹剧和江南各地方戏曲的影响，以引人发笑为艺术特色，讲究情节滑稽、表演夸张。剧中人物杂用各地方言，唱腔吸收南方戏曲与曲艺以及民间小调、流行歌曲等腔调，自成一格。原有剧目大多取材于民间笑话、社会新闻，或改编文明戏剧目，受到广大观众的喜爱。

周柏春与姚慕双是滑稽界搭档时间最长并享有盛誉的兄弟搭档。他们长期在电台播演独角戏，每当他们在电台唱滑稽戏的时候，每家商店的收音机都在播放姚周双档。在独角戏向滑稽戏过渡的进程中他们是第一批开拓者，1942 年，兄弟二人加入第一个滑稽剧团“笑笑剧团”开始演滑稽戏，参演过早期的滑稽戏《瞎子借雨伞》、《小山东到上海》等。很快，“姚周档”在滑稽界声名大振，被誉为“超级黄金双档”。1950 年，兄弟俩共同组建了蜜蜂滑稽剧团，主演《小儿科》、《老账房》、《不夜的村庄》等现代剧目。1960 年“蜜蜂”纳入上海人民艺术剧院，排演过许多大型滑稽戏。他们塑造出不少性格鲜明的喜剧人物形象，演过服务员、工人以及小业主，给观众留下深刻印象。

姚慕双与周柏春分别于 2004 年、2008 年去世，各自走完了他们 86 年的人生。他们留下了许多经典作品，如《老账房》、《不夜的村庄》、《满园春色》、《出色的答案》、《路灯下的宝贝》、《解放千字文》、《啥人嫁拨伊》、《学英语》、《宁波音乐家》、《英文翻译》、《各地堂倌》，等等。姚周滑稽戏段子表现的时代，横跨半个多世纪。尤其是表现 40 年代上半叶的作品，可谓是经典中的经典。

（二）表演风格

在长期的艺术实践中，姚慕双、周柏春的滑稽戏形成了自己的独特风格。他们以洋派、书卷气为特色，显现了具有上海城市特征的幽默文化。所谓洋派的突出特征就是说“洋泾浜”英语。“洋泾浜”英语是当时华洋杂处的上海社会特征造成的产物，属于旧上海的特色。一些中低层服务行当的小市民，没学过英语，又经常要与老外接触，只好中英文夹杂在一起说。姚慕双、周柏春针对上海的这个特点，就编出了许多与英文相关的经典段子。他们都毕业于上海育才中学，有不错的英文基础，发音很有味道。最有代表性的滑稽戏段子就是曾由美国ABC广播公司录像后在美国播放的《学英语》，笑料主要集中在学英文的语音不准和中国式英文。其中，有周柏春很著名的倒背26个字母，有学上海人、浦东人、山东人讲同一段英文的不同发音——山东人力道大，“好……内个度油度？”（How do you do?）浦东人讲起“古德莫宁，王蛤蜊”（Good morning Mr. Wang）又另有特色，对比起来十分有意思。所谓中国式英文也就是“洋泾浜”，一时语塞，就夹几个中文词。比如“来是come，去是go，是勒勿是yes，no，一块洋钿one dollar，廿四个钟头twenty four”就是非常经典的“洋泾浜”英语顺口溜。《学英语》中有这么一段：

周：今天天气有点热，也不算最热，气压低，有点闷有点窝拉勿出。

姚：Today is very 吼司。

周：Your English is very 蹩脚。

姚：侬迪个人very 挫刻。

姚、周的独角戏段子中常带英文，这在同行中是不多见的。他俩开创的英文滑稽系列虽然后人也曾学过，但似乎没有学得像、学得好的，几乎已成绝唱。

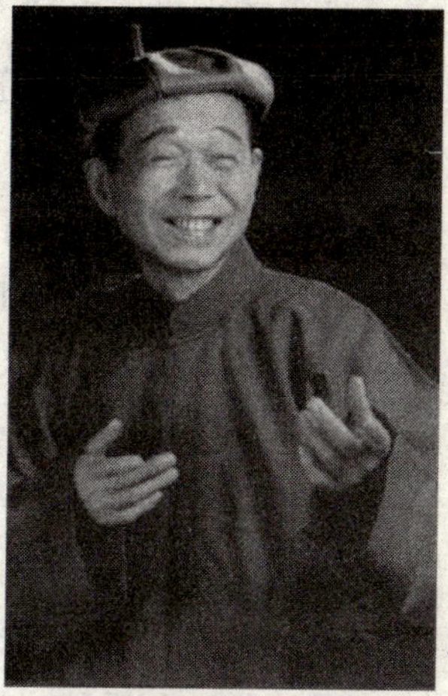

周柏春在表演

上海是个移民城市，来自不同地区的人们说着各种方言。姚慕双、周柏春在节目中会以各地方言为噱头，编写滑稽段子。他们的代表作《宁波音乐家》用谐音的方式，把宁波话和音符联系起来表现独特的幽默效果。其中的一段台词是这样的：

“来发!”（音符2，4以下雷同），在叫打工的伙计名字。

“唆西?”（音符5，7），伙计回答：“干啥?”

“多来!”（音符1，2），在叫伙计“拿东西过来。”

“唆多来?”（音符5，1，2）回答：“啥拿来?”

“米唆西多来!”（音符3，5，7，1，2）叫伙计把“棉纱线拿来。”

“唆米唆西多来?”（音符5，3，5，7，1，2）回答：“啥棉纱线拿来?”

“来米唆西多来!”（音符2，3，5，7，1，2）叫伙计把“蓝棉纱线拿来。”

“发多!”（音符4，1）回答：“不拿!”

“发多西多米!”（音符4，1，7，1，3）又叫伙计“不拿去淘米。”

“多唆米?”（音符1，5，3）问道：“淘什么米?”

“多西米!”（音符1，7，3）叫伙计“淘籼米!”

“西米发多!”（音符7，3，4，1）回答：“籼米不淘!”

“西米发多多多米!”（音符7，3，4，1，1，1，3）叫伙计“籼米不淘淘大米!”

“多米发多!”（音符1，3，4，1）回答：“大米也不淘!”

“来发来多来多!”（音符4，2，2，1，2，1）最后老裁缝无奈地说：“来发懒惰懒惰!”

姚慕双与周柏春的滑稽表演虽然具有共同的特色，但又有各自的表演风格。姚慕双开合较大，周柏春的表演动作细致讲究，语言柔软富有弹性，两人在台上相得益彰。周柏春最擅长的是在不同场合表现不同式样的笑。他曾说：“我在独角戏的表演中，惯用各种各样的笑，如‘冷笑’、‘狂笑’、‘害羞的笑’、‘阴险的笑’、‘皮笑肉不笑’，等等。而这‘哭不出的笑’正是我最拿手的一笑，眼睛在哭，嘴巴在笑。”这是一种能够让观众无限回味的“冷面滑稽”，当面看时笑，回到家里想想仍然笑。他们把笑声、笑料撒向人间，成了没有多媒体、没有绚烂布景的文艺时代的深刻记忆。

姚慕双与周柏春不仅在艺术上形成独特的风格，还共同培育了大批滑稽戏人才，仅“双字辈”就有近30人。他们被誉为“超级黄金双档”、“滑稽泰斗”，美国洛杉矶华人联谊会为他们赠送了“海派滑稽一代宗师”的金匾，中国曲艺家协会授予他们“新中国曲艺50年特别贡献曲艺家”称号。

附：甬剧名角

甬剧是用宁波方言演唱的地方戏曲剧种，属于唱说滩簧声腔。它最早在宁波及附近地区演唱，当时称“串客”，1890年“串客班”到上海演出后又称“宁波滩簧”，1924年“宁波滩簧”在上海遭禁演后称“四明文戏”，1938年上演时装大戏后又称“甬剧”和“改良甬剧”，直到1950年，这一剧种才正式定名为“甬剧”。甬剧的流布区域最早主要在鄞县（现鄞州）、奉化一带。后来，逐步遍及宁波地区以及舟山一带乡镇。新中国成立前在上海、宁波等地曾活跃着多支著名的甬剧表演团体，在不同的时期出现了一些知名演员。如宁波滩簧时期的“四大名旦”和“四小名旦”，“改良甬剧”时期的张秀英、王宝云和黄君卿，“甬剧”时期的徐凤仙、贺显民、金玉兰等。

（一）宁波滩簧时期的“四大名旦”

早在1927年，人们就称筱姣娣、孙翠娥、金翠玉、金翠香为“四大名旦”。她们的演出水平，反映了当时宁波滩簧取得的最高艺术成就。

筱姣娣，生于1900年。她的师承、艺历失考，仅知她善扮闺门旦，早在宁波时，已闻名艺坛。1923年，她应周武春之请，演《庵堂相会》、《双落发》、《拔兰花》于明泉楼，更以俊秀造型，雍容体态，适中声调，优美音色，文雅举止的表演特色，压倒陆意楼的筱爱春，在上海滩红了起来。1927年，她到“新世界”。1928年，演出于“永乐”、“万年春”。在“永乐”时，她与孙翠娥并肩，同挂头牌。这是筱姣娣演剧史上的全盛时代。1932年，她在新开河乐园唱几个月，不久结婚，中途停唱。改良甬剧兴起，她转入舟山、镇海唱滩簧。她的艺术生涯，渐趋衰落。1959年，她重新归队，受聘于宁波市甬剧团，帮助整理传统戏，参加艺训班，并为学生示范演过《庵堂相会》中金秀英的表演，仍保持当年的艺术风韵。1962年离团。

孙翠娥，1908年生。1923年，她受业于康集昌，在八仙桥菜场搭两个大帐篷，首演《马浪荡》，接唱《还披风》、《卖橄榄》，饰小红妆、美娇容等彩旦角色。她初出茅庐，即以委婉的声腔，美艳的扮相，风流的动作，为观众所欢迎。1927

年，她到“永乐”园演《打窗楼》、《庵堂相会》、《双落发》、《女告私情》等戏，已是一位唱做兼优，戏路宽广，身段活泼，表情自然的著名红伶，与当时的筱姣娣平起平坐了。1929年，她到“大世界”。1933年，转入太平桥和汕头路的春香阁等地。这段时间是孙翠娥的黄金时期。此后，她改唱堂会，逐渐退出舞台。抗战爆发，改良甬剧风行一时，她以没唱过新戏为由，不肯参加。新中国成立后，她虽重返艺坛，一度参加凤笙甬剧团，演于龙门戏院，亦仅历时数月，昙花一现而已。她的表演艺术实践，基本结束在30年代后期。

金翠玉，生于1905年。1923年，她经董泉水指导，学习滩簧，演《呆大烧香》于“新世界”。她扮法空尼姑，有一副好的扮相与身段，更能充分发挥嗓高音亮，吐字清楚，一句一板，声腔贴弦的艺术特点，使听者为之倾倒。和孙翠娥一样，她的处女作即是她的成名作。1925年，她被倪杏生请至如意楼，演《呆大烧香》和《打窗楼》等拿手戏。1928年，转入“新新公司”，到40年代演新戏为止，一直挂头牌。她是二三十年代一位甬剧艺坛明星，誉满上海。1946年，黄君卿曾请她在恒雅剧场演过《称心如意》等改良甬剧，仅历时数月，即谢别而去。新中国成立后辍演。1951年，病死于上海，享年47岁。

金翠香，1910年生。1923年，在师父董泉水的指点下，随姐姐金翠玉登台，初露头角。1926年，她在如意楼演《呆大烧香》的法空，《卖青灰》的白牡丹，《东楼会》的陆姣娥，《双投河》的童养媳，显示其技艺超群。她扮相不如金翠玉，但嗓子清脆，表情大方，声腔滑，节奏快，念白流利，却另有一功。这使她很快成为第一流闺门旦，并组织了享誉上海滩的“金家班”。1928年，她跟姐姐到“新新公司”。1937年，她在皇宫剧场。1938 年，转入凤凰剧场，始终保持和筱姣娣、孙翠娥、金翠玉齐名的艺术声誉。她的特点是戏路宽广，不仅演传统“滩簧小戏”，而且还参加了改良甬剧演出的实践，在《天打张继宝》中扮演王氏，《空谷兰》中扮演幽兰夫人，《啼笑姻缘》中扮演沈凤喜。1949 年以后，金翠香在上海堇风甬剧团一直扮老旦。1962 年剧团晋京演出，在《半把剪刀》中扮演曹母，《天要落雨娘要嫁》中扮演陈四娘。

作为 30 年代上海甬剧“四大名旦”之一，金翠香参加甬剧“宁波滩簧”、“改良甬剧”、“新甬剧”三个不同阶段的演出，为甬剧事业的发展，作出了重大贡献。1950 年，曾任堇风甬剧团艺术委员会主任。1956 年 11 月参加中国戏剧家协会，1957 年 3 月，为中国民主同盟会员。

（二）宁波滩簧时期的“四小名旦”

“四小名旦”是四大名旦之后继起的主要滩簧艺人，有赛芙蓉、项翠英、王才香、傅彩霞。

赛芙蓉，1912 年生，原名李梅宝。1926 年，她在筱文斌门下学滩簧，唱《马浪荡》、《卖橄榄》于八仙桥小菜场。1927 年，她到“永乐”；1929 年后，在虹口“长春楼”、“明华楼”及“大世界”等剧场演出。她咬音准，音腔贴弦，高低自若，且表情稳重，体态娴雅，尤长“手帕功”，再加造型俊丽，素有“月份牌小旦”之称，故很快红了起来。1936 年，她已在上海福安公司游艺场挂头牌，工于《庵堂相会》、《打窗楼》、《阿增算命》、《双落发》等戏，声誉不在孙翠娥、金翠玉、金翠香几位大名旦之下。可惜，她参加 1938 年的凤凰剧场会串后，没演过新戏。舞台生涯过短，使这位甬剧红伶未能充分发挥自己的表演艺术才能。

项翠英，1912年生。本姓李，原籍绍兴。[①] 她幼习“帽儿戏”，做女子京剧于神仙世界；后学宁波滩簧，投师筱意心。1929年，她随姊李月英登台先施公司，演《荡河船》、《打窗楼》等剧。1931年，她始挂先施公司头牌，以扮《庵堂相会》的金秀英著称，一时名望颇大。她吐字不清，却嗓音洪亮，长于做功，有男小旦之风，独具一格。其后，她参加凤凰剧场大会串，从事改良甬剧，随金翠香在中南饭店、“银门”等剧场演出，但成绩并不大。她的艺术黄金时代是在宁波滩簧阶段。

王才香，生于1913年。1930年，她随王才元学滩簧，首唱虹口“三明池”。1931年起，继演于如意楼和明华楼。她音色清脆、委婉、动听，专工小调；身段自然，动作风流，尤精表演，更兼品貌美艳，有一副胜过孙翠娥的扮相。因此，她初登台饰《秋香送茶》的秋香、《卖青灰》的白牡丹等角色，即博得很高声誉。不幸的是过早在1932年去世，她在甬剧表演史上，可谓是一位昙花一现的红伶。

傅彩霞，1917年生，系月月仙学生。1936年，她在小世界饰《绣荷包》的彩旦，唱腔圆润，白口流畅，已初露头角。1938年，她参加凤凰剧场大会串，与孙翠娥合演《女告私情》，反串《车木人》的男角讨饭阿大，在《卖橄榄》等剧里穿插小调，兼唱评弹和沪、锡、越剧，更显示其戏路宽广和擅长九腔18调特点。1939年后，她改做新戏，随金翠香到中南饭店、“银门”、“皇宫”、“新乐宫”演出，扮《天打张继宝》、《空谷兰》、《刁刘氏》的反派或老旦，身段活泼，表情自然。1941年，她挂头牌于恒雅剧场。1944年，夺魁于“新世界”。1949年后，她成为堇风甬剧团骨干之一，但她的主要

① 项翠英原籍不属宁波，但为完整呈现甬剧“四小名旦”故而简记于此。

艺术成就，却在三四十年代。她逝于1981年，舞台实践时间较长。四小名旦中，她称得上是承前启后人物，既是30年代宁波滩簧的名旦，又是40年代改良甬剧的出色演员。

（三）“改良甬剧”时期的著名演员

改良甬剧时期的著名演员有张秀英、黄君卿和王宝云。

张秀英，生于1920年，师承沈瑞生。1934年，她首次登台“万年春”、“福安”公司，即以工小曲，戏路广着称，能演《打灯》、《过五关》、《卖馄饨》等冷门戏。1935年，她一方面在“大世界”唱《双落发》、《拔兰花》等滩簧主角，一方面在福安公司演《双兰英》、《顾鼎臣》、《龙凤锁》等梨园大戏正旦，更向其他剧种吸取舞台经验，为以后从事改良甬剧打下基础。1942年她与徐凤仙合作，正式参加改良甬剧。1945年，她作为张家班的主要演员，一直轮流挂头牌于“恒雅”、“新乐”两剧场。甬剧改良10年，她饰《情海狂澜》的陈金娥，《三县并审》的祝魏氏，《风流少奶奶》的少奶奶，《断送青春》的小妹妹，也饰《祥林嫂》的祥林嫂，《黑暗与天明》的瑞菊，善扮各种人物，尤擅演善良、朴实的年轻妇女。1949年后，投身上海新甬剧的建设，任群力甬剧团团长，堇风甬剧团副团长兼艺术室主任。

黄君卿，男，生于1911年，20年代开始学习滩簧。30年代末，参加“改良甬剧”演出。1942年以后，担任甬剧新戏编导，曾演过许多清装戏和时装戏。其中以改编《金生弟》的影响最大。1950年黄君卿任凤仙甬剧团团长，后任宁波甬剧团艺术室主任。

王宝云，男，生于1908年，20年代开始学戏。30年代末从事改良甬剧演出。1950年王宝云任上海立群甬剧团团长，后又到堇风甬剧团。他对甬剧的主要贡献是组织堇风甬剧团有关人员改编了大量的甬剧传统剧目，推动了甬剧传统戏的推陈出新。

（四）“甬剧”时期的著名演员

“甬剧”时期的其名演员主要有徐凤仙、金玉兰、贺显民等。

徐凤仙清唱《拔兰花》

徐凤仙（1922—1991），浙江宁波人。1929年拜柴彬章为师学习“四明南词”的演唱。1931年以后，她又拜张德元为师改学宁波滩簧，并到宁波大梁街胡阿才的“全家福串客班”跟男小旦筱文斌、筱阿友学习。1934年她开始演唱滩簧小戏。1937年后，徐凤仙便到宁波“大世界”、“兰江戏院”演唱《双落发》、《双卖花》、《卖草囤》、《打窗楼》、《拔兰花》、《游码头》、《隔窗会》、《三马浪荡》等滩簧戏。由于徐凤仙演唱腔圆字清，表演身段优美，因而在宁波颇有影响。

1942年春，徐凤仙应王宝云的邀请到上海“皇宫剧场”参加“改良甬剧”的演出。当时她演出的第一部戏是范青凤创作的《孤女魂》，此外还演出了《金生弟》、《华姐》等。当时与徐凤仙同台演出的还有王宝云、孙荣芳、黄君卿、王宝生、张秀英等。特别是在《华姐》中，徐凤仙把沪剧、锡剧和四明南词的曲调运用到主角华姐的演唱中，打破了滩簧戏中传统的唱法，为开创甬剧“新基本调”奠定了基础。1943年，她与贺显民在“恒滩剧场”演出，以后便去电台演唱。直到1946年她又重返舞台，在“恒雅”、“新乐”剧场演出《筱丹桂》和《四小姐》。

1950年5月，徐凤仙、贺显民与编剧陈白枫、演员孙荣芳等人来宁波演出，并在宁波成立“凤仙甬剧团”。他们在宁波“郡庙剧场”演出了现代戏《毒》。之后，徐凤仙率剧团到杭州参加浙江省物资交流大会，演出《小二黑结婚》，她在剧中扮演小芹。《毒》和《小二黑结婚》的演出成功，标志着徐凤仙的表演从善演“西装旗袍戏”中的风流少奶奶开始转变到以扮演现代戏中的女性为主。1952年徐凤仙与贺显民一起，开始探索甬剧音乐的改革。他们在《金生弟》的演出中，引进西洋乐器伴奏。1950年还招收了汪莉萍、汪莉珍等学员学习甬剧。1952年11月，徐凤仙回到上海后，与周廷黻的生生甬剧团合并，改为凤笙甬剧团，在“皇后剧场”演出了《十八春》和《田螺姑娘》。她在《十八春》中扮演鲁妈，在《田螺姑娘》中扮演瞎眼婆婆。徐凤仙的精湛表演，得到了社会观众的热烈欢迎。

1956年，私营凤笙甬剧团改为国营堇风甬剧团，徐凤仙被选为艺委会主任，上海市文化局给予一定经济补助。1958年，上海的“星光”、“新艺”、“众议”、“生生”等甬剧团并入堇风甬剧团，正式建立上海堇风甬剧团，徐凤仙任剧团艺委会主任。剧团第一次拥有自己的专职编导人员和阵容强大的演员队伍。徐凤仙在《借妻》、《半把剪刀》、《天要落雨娘要嫁》、《东风吹春》等剧中均任女主角，其中《半把剪刀》、《天要落雨娘要嫁》等著名悲剧先后上演，连演连满。徐凤仙在《半把剪刀》中饰演女主角金娥，显露了她的艺术才华，结尾一段长达四五十句的高亢悲愤的唱腔，催人泪下。1961年，上海堇风甬剧团被评为上海市先进单位。接着，《半把剪刀》等剧赴京调演，深受好评。徐凤仙为了演好《东风吹春》

中一个农妇的艺术形象，深入生活，到农村农民家同吃同住，深得群众赞赏。从1954—1964年的10年间，徐凤仙先后在10多部现代剧和传统剧中担任主要角色。1954年她在《借妻》中扮演沈赛花，1955年在《蝴蝶姑娘》中扮演蝴蝶姑娘，在《新姐妹花》中扮演大宝，1956年在《三县并审》中扮演祝魏氏，1957年在《半把剪刀》中扮演陈金娥，1962年又在《天要落雨娘要嫁》中扮演林氏。

“文化大革命”十年，徐凤仙与众多的戏曲演员一样，被剥夺了上舞台的机会。1976年以后，徐凤仙奔走于上海、宁波之间为培养甬剧演员积极地活动，1979年10月，还应邀出席了全国第四次文代会。1987年，徐凤仙应邀赴港演出，受到甬剧观众的热情欢迎。

金玉兰

金玉兰（1927—1989），原名周玉兰，宁波人。1939年，拜滩簧艺人陈翠娥为师，学习滩簧小调，并首次在宁波国医街演唱《孟姜女》、《哭夫郎》、《相思五更》、《怨我郎》等。1941年，金玉兰跟随黄阿高、筱金兰等“男旦”学习“徽班”的表演。金玉兰从他们那里学到了戏曲“唱、念、打”和“手、眼、身、法、步”的基本功，并结合自己的嗓音特点，运用阴阳嗓子演唱《庵堂相会》、《打窗楼》、《双落发》、《卖草囤》、《拔兰花》、《秋香送茶》等传统戏。1943 年，金玉兰又拜柴彬章为师学习“四明南词”。她熟练掌握了《借披风》、《还披风》、《背过桥》等广为流传的 72 出滩簧小戏。1946 年，她在宁波“大世界”演出中，把“四明南词”较好地运用到滩簧戏中，形成了自己独特的演唱风格：咬字清楚，喷口有力，唱腔委婉流畅，富有醇厚的甬剧韵味。由于她掌握了较多的南词曲调，使她的唱腔更优美动听，能出色地表演剧中不同人物的复杂心情。她的名字便随着歌声被宁波广大城乡观众所熟悉。

1945 年，滩簧的四大名旦之一金翠玉来甬探亲，看到玉兰的戏后大加赞赏，收她为义女。玉兰从此将自己姓氏改为“金”姓，表示对金翠玉老师的尊敬。并跟随金翠玉去沪学艺，在上海八仙桥、恒雅剧场等地演出，使她的技艺又有了长足的进步。她先后演出的新戏有《皆大欢喜》、《合家乐》、《金生弟》、《义重如山》，还演出了滩簧小戏《呆大烧香》、《阿增算命》、《姐妹探亲》、《庵堂相会》、《打窗楼》、《大捉五通》等。

1950 年 5 月，金玉兰参加凤仙甬剧团，在宁波郡庙剧场演出《碧玉焦香》、《毒》、《汉奸恶霸袁世伟》、《正确的道路》等戏，并在《姐妹花》中扮演大宝，《小二黑结婚》中扮演小芹。1952 年随徐凤仙进上海堇风甬剧团。次年返甬，加入宁波市甬剧团。1954 年，金玉兰在《两兄弟》中成功扮演了王春香，以唱腔清亮婉转、表演细腻传神，获华东地区戏曲会演一等奖。

1955 年排演《金黛莱》，作曲者根据剧情和人物感情的需要，要求甬剧定谱定腔，这使一些唱惯了自由调的老艺人难以接受。金玉兰积极参与甬剧改革，认为越剧之所以有流派唱腔传下来，定腔定谱就起了很大作用。甬剧要发展，就非走定腔定谱的路子不可。她在《亮眼哥》中所设计的唱腔，现在成了甬剧的宝贵财富，对丰富推动甬剧的发展起了极大的作用。

从1956—1964年，金玉兰先后扮演过多个角色，如在《杨乃武与小白菜》中扮演小白菜，《三县并审》中扮演祝魏氏，在《姑娘心里不平静》中扮演丁银花，《王鲲》中扮演月娥，《阮文追》中扮演阿雅，《田螺姑娘》中扮演田螺，《亮眼哥》中扮演田玉柳，《老冤家》中扮演后旺嫂，《夺印》中扮演队长老婆，《红岩》中扮演江姐等。金玉兰塑造的这些人物形象，大都较好地体现了人物的内在思想和个性特征。其中《亮眼哥》中的田玉柳形象，使她走向甬剧艺术顶峰。她在剧中塑造了虚荣心强、感情脆弱、心绪复杂多变的农村妇女形象，在唱腔方面，吸收了南词曲调，充分发挥了真假嗓子结合唱法的优势，加上她滑音和润腔的巧妙运用，使人物的内心世界起伏跌宕、刚柔相济、极其动人。该戏在上海演出时，王文娟同志在报上发表文章，对金玉兰的唱腔给予很高的评价。“文化大革命”十年，金玉兰被迫离开剧团，下放劳动。1978年后，金玉兰回到了宁波甬剧团，在剧团复排的《雷雨》中扮演繁漪。

1978年冬，金玉兰担任甬剧艺训班老师。金玉兰亲自执教，自编教材，为小演员们化妆，制作服装、道具。金玉兰用心血浇灌的幼苗终于蓓蕾初放，1983年浙江省“小百花”会演中，艺训班的几名学员纷纷获奖。1980年以后，金玉兰在主要从事甬剧青年演员的培养工作的同时，还收集整理了不少甬剧传统戏资料，1986年，她整理改编了甬剧优秀传统小戏《打窗楼》和《双落发》，并作了录像演出。1989年4月13日突遭车祸去世。

贺显民（1922—1968）原名国忠，甬剧表演艺术家，镇海大碶周隘陈村人。1922 年生于上海。幼随姑父曹显民学唱，1936 年后独自以“筱显民”艺名在上海“华泰”、“航业”、“中西”等电台演唱“宣卷”。

贺显民

1939 年他拜朱宝兴为师学习“四明南词”，开始说唱生涯。后又改唱宁波滩簧，抗战中期，客串宁波滩簧，自编自演《华姐》一剧，开清装戏过渡到旗袍戏先河，他也因扮演“西装革履”的风流小生而出名。从此，由电台走向舞台，闯出改良甬剧新路，与甬剧著名花旦徐凤仙同台演出后，揣摩百家之长，技艺大进。他和徐凤仙一起，努力探索甬剧音乐的改革，加强了甬剧唱腔的旋律性。1949 年前夕，为了提高演出质量，贺显民还一改以往松散型的“戏班子”形式，订立了较全面的演出管理制度，为新中国成立后甬剧团的建立打下了基础。

1949 年冬，贺显民与徐凤仙结为佳偶。夫妇俩在宁波组建凤仙甬剧团。配合政治运动，编演众多剧目。1953 年赴沪加入凤笙甬剧团。1956 年贺显民任堇风甬剧团团长。致力甬剧改革，融汇四明南词中词、赋、调，改造原来不够品位的甬剧词、赋、调，创造“新悲调”，发展“五更调”等民间小调，丰富甬剧唱腔旋律。又将大小提琴、小号等引入乐队，以烘托舞台气氛，增强表现力。他为整理改编甬剧传统剧目作出了卓越的贡献。

贺显民在舞台上塑造各类角色 50 余个，被文艺界誉为

“性格演员”。表演风雅庄重，唱腔醇厚苍劲，吐字清晰，在《半把剪刀》一剧中，一改过去脸谱化程式，把角色的复杂内心世界刻画得恰到好处。行家评论其表演是“眼中有戏，心中有戏，身上有戏，连背后也有戏”。以演《半把剪刀》、《天要落雨娘要嫁》等剧著称。

新中国成立初期，贺显民劝一度欲改唱越剧的徐凤仙“坚持甬剧阵地”、“无愧家乡父老”。1955 年剧团因坚持演出现代剧而营业惨淡，他就动员妻子变卖饰物接济生活困难的同仁，常将获得的奖金、录音稿酬分给家庭负担重的老艺人。1956 年向文化部艺术局领导呼吁“甬剧亟须扶持”，终获文化部拨款，并批准各甬剧团为国营剧团。

1958 年，贺显民率团赴浙江各地演出，下海岛、入山岙，有时抱病演出。剧团边演出、边宣传、边劳动、边生活、边创作。贺显民主张要多创作反映现实生活的作品，他创作了许多现代戏，如《人民公敌》、《毒》、《高尚的人》，并移植改编了《枯木逢春》、《龙腾虎跃》等戏。在《半把剪刀》中，贺显民大胆设计唱腔，恢复传统的“基本调”，并采用有特色的老板胡，使“起、平、落”曲调具有多种变化。在《东风吹春》中，他又突破“话剧加唱”的框框，结合传统手法加以改革更新，在演出中受到观众欢迎。1962 年率团赴京演出《半把剪刀》、《双玉蝉》，受到中央首长及文化部好评。首都戏剧专家称甬剧是“一颗蒙尘的明珠”。

“文化大革命”期间，贺显民遭诬害凌辱，含冤而死，1978 年平反昭雪。生前曾为上海市静安区人民代表，全国文联及全国剧协会员、剧协上海分会常务理事，曾出席第三届全国文代会。

四　歌唱家与演奏家

斯义桂及其歌唱生涯

斯义桂

斯义桂（1915—1994）著名男中低音歌唱艺术家、海外华人世界三巨星之一，与林语堂、张大千齐名。浙江奉化人，1917年生于上海。1934年考入上海国立音乐专科学校学习声乐，师从应尚能和外籍教师苏石林。毕业后，在香港从事音乐教育工作，1942年任教于重庆国立音乐学院分院。1947年赴美国留学，师承E. 沃克和A. 基普尼斯。1949年在纽约卡内基音乐厅举行独唱音乐会，一举成名。50年代客串于美国各地歌剧院，担任主角，走红了美国东、西歌坛。1961年，肯尼迪入主白宫，在总统就职仪式上，斯义桂荣任首席演唱。他的足迹遍及美洲、欧洲、亚洲、大洋洲，能用中、英、德、意、俄、法6种语言演唱百首世界名曲。1970年任美国克利夫兰音乐学院及伊斯特曼音乐学院声乐终身教授。1979年被聘为上海音乐学院名誉教授。曾与世界著名指挥家卡拉扬合作演出贝多芬《第九交响曲》，任男中音领唱。擅长演唱艺术歌曲，包括中国艺术歌曲。1966年获爱迪生奖，1967年获巴黎国际唱片学会奖。

斯义桂是从中国走向世界的歌唱家，也是音乐家、活动家和音乐教育家，因其在歌唱事业上的卓越成就，被称作海外华人世界三巨星之一。

（一）才华初露

斯义桂1915年诞生于上海，祖籍浙江宁波奉化县斯张村。其父斯礼遂凭着在奉化学到的一手过硬的石匠本领闯荡上海滩，以其强毅的体魄，精致的匠心，赢得了上海多个建筑的石作工程，在上海滩立住了脚跟。他送斯义桂去教会学校读小学，从而使他在赞美诗中最初接触到了西洋音乐。1930年斯义桂初中肄业，在参加上海国立音乐专科学校“暑期音乐补习班”时，他的歌唱才能被发现。当年9月，国立音专5周年校庆音乐会上首演黄自与韦翰章合作的清唱剧《长恨歌》，还未考入国立音专的斯义桂即担任了剧中男主角唐明皇的独唱。在老师们的鼓励下，他于1933年9月正式考入了这所中国当时唯一的高等音乐学府，成为该校师范科的学生，主修声乐。第一年他师从应尚能教授，之后转随俄籍著名男低音歌唱家苏石林教授学习。斯义桂有很好的歌唱天分和聪明的头脑，加上名师的指导和自己的刻苦学习，很快脱颖而出，成为当时的明星学生，参加社会演唱活动，总是受到热烈欢迎。

抗日战争期间，斯义桂为抗日救国的募捐义演，演唱了大量的爱国歌曲，随着知名度的增大，他得到了蒋介石的青睐。1938年西安事变前夕，斯义桂应邀赴洛阳参加了庆贺蒋介石50寿辰的演唱堂会，一首岳飞的《满江红》竟使张学良泪流满面。斯义桂曾远走香港等地，以激昂的歌声激励人们的抗日斗志，以义演的所得献给前线的抗日将士。1944年4月14日，斯义桂应孙夫人宋庆龄的邀请，与著名舞蹈家戴爱莲联袂在山城最体面的国泰大戏院同台义演。斯义桂一曲《在铁索中》，戴爱莲一舞《拾穗女》，征服了来自全国各阶层的爱国观众和盟军官兵，人们纷纷倾囊，这场义演共收到抗日募捐款40多万元。

抗战结束后，斯义桂面临着人生的抉择：是留在国内过安稳的生活，还是继续深造、发展自己，攀登国际音乐艺术的高峰？1945年斯义桂到昆明演出，驻扎在当地的美国第14空军官兵对斯义桂的嗓音和歌唱艺术给予了很高的评价。就是在那个时候他下定决心要去美国发展。在宋庆龄的帮助下，斯义桂于1947年前往美国，从此与发妻邢幽幽和一儿两女阔别了30多年。先他一年到达美国的钢琴家李慈芳从此成为他的终身伴侣定居在纽约。1954年6月，他们加入美国籍，成为美国公民。

（二）异国锤炼

1947年春，斯义桂来到美国，凭着天赋的嗓子和在国内的声誉，他完全把自己看成是世界水平的歌唱家，对于在美国的成功充满了信心。这年10月，斯义桂以“初生牛犊不怕虎”的气概，在纽约市政大厅举行了首场独唱音乐会。他当时演唱了勃拉姆斯的《四首严肃的歌》。他知道这《四首严肃的歌》在西方声乐曲中非常有地位，其歌词源于《圣经》，富有哲理性，含义很深刻，没有一定的修养，根本唱不了。他认为自己定能获得成功。但结果反响平平，美国的一个经纪人甚至到后台去跟他说：我们勃拉姆斯的这个作品，用不着你黄种人来给我们解释！

音乐会后第二天，他收集了《纽约时报》等各大权威报纸对这场音乐会的评论，发现这些评论除了开头一般礼节性的肯定外，从基本技巧到艺术表现没有一个方面不被指责。这场不成功的音乐会让斯义桂第一次遭受了沉重的打击。正是这次失败使他开始真正认清自己，认识到自己艺术上的肤浅。于是他认真总结经验教训，分析问题所在。他意识到歌唱艺术绝不能靠“本钱”硬拼，要想成功，必须踏踏实实再学习，重新起步。他找到了80岁高龄的前纽约大都会歌剧院著名女中音歌唱家艾迪斯·瓦尔克作为自己的老师，跟她扎扎实实地打基础。瓦尔克退休后，斯义桂又师从纽约大都会歌剧院男低音歌唱家亚历山大·基普尼斯学习声乐。这位乌克兰裔的歌唱大师修养全面，不仅善于歌剧表演，又精于艺术歌曲的演唱，他把自己擅长的许多俄罗斯曲目和德奥曲目传授给了斯义桂。斯义桂一生对基普尼斯始终执弟子之礼，并且跟他的恩师发展了一种音乐上的特殊亲密关系。瓦尔克与基普尼斯将他们西洋传统发音方法的精髓与他特有的东方细腻、柔和、婉约有机地融合在一起，锤炼其声乐潜能和特长，从而形成了斯义桂秀美而浑厚的声乐表现风格。

经过充分准备，1949年11月斯义桂在纽约卡内基大厅①举行独唱音乐会，获得巨大成功。纽约各大报纸纷纷发表热烈的评论，称他为“东方来的奇迹”。这次个人演唱会的成功，标志着斯义桂的声乐跨入了世界级层次的门槛，在国际声乐舞台上为中国人争得了一席之地。此后，他又先后在纽约举办了5场独唱音乐会，成为纽约“大都会歌剧院”台柱之一。

1961年斯义桂荣任美国总统肯尼迪就职仪式后音乐会的首席演唱，演出结束后，肯尼迪亲自登台与斯义桂握手并致谢，同时提出，希望他作为“美国文化使者”前往世界各地，

---

① 卡内基大厅，也称作卡内基音乐厅，1890年由慈善家安德鲁·卡内基出资建造，以历史悠久、外形美观，声音效果出色而著称。100多年来，能够在这里演出被视为跃登古典与流行音乐乐坛成功的标志。

宣扬美国文化。

（三）音乐活动家与音乐教育家

1959年，斯义桂曾应邀到台湾演出，演唱的《老人河》、《教我如何不想他》、《满江红》等歌曲非常受欢迎，斯义桂的名字，因此家喻户晓。此后的60—70年代，斯义桂更频繁地在美国、英国、法国、意大利、德国、荷兰、澳大利亚、新西兰和中国台湾、香港等地演出，同这些国家或地区的第一流乐团同台演出并录制了多张唱片。他以中、英、德、意、俄、法六国语言演绎的古典与现代各种风格的数百首世界名曲，为世界各地的听众所陶醉。新闻媒体总是以"出色的歌喉足以与伟大的俄罗斯男低音歌唱家夏里亚宾媲美"、"夏氏之后第一人"、"东方来的奇迹"、"金嗓子"、"唯一中国声乐家在西方乐坛备受推崇之艺人"为报道标题，来描述他们对斯义桂演唱的感受与评价。1966年，斯义桂与著名的FRANAC公司签约，在美国灌制出版了第一张十英寸唱片；1966年、1967年两次获得巴黎国家唱片学会奖。70年代是斯义桂歌唱艺术走向辉煌的时期，他活跃于欧洲的伯利恒音乐节、荷兰音乐节、巴赫音乐节、贝多芬音乐节、阿斯彭音乐节等国际权威音乐舞台，还获得了荷兰政府为独唱、独奏唱片中最佳音乐诠释者所颁发的"爱迪生奖"。斯义桂以其在音乐上的卓越成就，与文学家林语堂、画家张大千一起，被誉为海外华人文艺界的三巨星。

1970年起，斯义桂先后在美国克利夫兰音乐学院任声乐教授，在罗切斯特大学伊斯特曼音乐学院任声乐系主任、教授、终身教授。因他在国际声乐界的崇高地位，不但荣任美国第三十五任总统肯尼迪就职仪式后音乐会的首席演唱，还两次应邀到联合国，担纲演唱贝多芬《第九交响曲》之《欢乐颂》，1985 年当美国总统里根在白宫欢迎中国国家主席李先念访美时，斯义桂作为社会名流应邀作陪。

1978 年 6 月，斯义桂应香港总督麦理浩爵士邀请，到香港参加第四届亚洲艺术节。他与香港中乐团、香港管弦乐团合作，当他唱完《红豆词》、《满江红》、《红彩姐妹》、《马车夫之恋》和苏联作曲家柴里普宁专门为他创作的清唱剧《欢悦与真挚——98 号》后，听众报以热烈的掌声。满头白发的斯义桂在谢幕时饱含热泪说："请允许我再唱一次 40 年我一直爱唱的《教我如何不想他》吧！"对故乡和亲人的思念溢于言表。演唱会结束后，他应"中国人民对外友好协会"的邀请访问北京，受到国家副主席宋庆龄的接见，后又来到故乡上海，与亲人会面，这是他 30 年来第一次返乡行。

1979 年 1 月，中美正式建交，3 月 1 日，两国互派特命全权大使，斯义桂先生作为美国文化代表团 B 组组长，带队到北京进行中美文化交流。这年 7 月到 12 月中旬，应中国文化部之邀，斯义桂回到母校上海音乐学院。他从美国给母校带来装有乐谱、唱片、录音带，乃至录音机、立体声唱机等珍贵的资料、器材的 18 箱行李，进行为期 5 个月的讲学活动。从酷暑到严冬，斯义桂全力以赴，指导学生声乐学习，举办学术讲座。上海音乐学院挑选了分属 5 个声部的 8 名男女学生，请他重点指导。他因材施教，逐个辅导，最后，这些学生举办教学音乐会，成绩斐然。得悉斯义桂在上海讲学，全国 20 多个省、市、自治区先后选派声乐教师、歌唱演员来上海音乐学院求教。斯义桂为他们开设大课 3 次，听众 500 多人次。他把积累 40 多年的演唱经验，毫无保留地回报给祖国母校和各地同行。他的讲学掀起了一股正确认识和学习美声唱法的热潮。他澄清了当时中国声乐教学上“声音概念”方面的混乱现象，带给国人科学的教学观念，新鲜的教学手段和丰富的教材曲目。讲学结束，贺绿汀院长把上海音乐学院“名誉教授”的证书授予斯义桂。在我国今天的权威音乐教材中，公认斯义桂是70年代美声唱法传入我国的代表人物。

1989年，斯义桂从伊斯特曼音乐学院退休，他同夫人李慈芳在伊斯特曼音乐学院设立了专门资助中国音乐学子的奖学金。不少中国留学生受益于他的教诲。

1994年5月11日，斯义桂走完了富有传奇色彩的79个春秋。故乡奉化的儿女为他建造了一座衣冠冢，碑文上刻着：歌声扬全球留得美名传千古；英灵归西天教我如何不想他。

马友友与他的音乐成就

马友友（1955— ），大提琴演奏家。祖籍宁波鄞县，生在法国，长在美国。4岁开始学习大提琴；6岁在巴黎大学举行首场独奏会；9岁进入世界最负盛名的美国朱丽亚音乐学院；15岁受到指挥大师伯恩斯坦的推荐；21岁哈佛大学毕业；23岁获艾佛利费舍尔奖。1997年，马友参加了香港回归的庆典演出。1999年，纽约市将2月10日宣布为“马友友日”，将曼哈顿东46街命

马友友

名为“马友友路”。马友友被卡尔萨斯、罗斯托波维奇等大师级前辈视为继承人。马友友是目前国际大提琴演奏界演出酬劳最高、唱片销售数字第一的演奏家。他每年有多场与国际知名乐团、指挥家合作的音乐会行程，他录制过近百张不同风格的专辑，曾获得十几次美国格莱美奖，2002 年，马友友获得美国国家艺术勋章。

马友友是一位有着哈佛大学人类学学位的当今世界乐坛首席大提琴家，他的琴艺征服了全世界。

（一）天才的大提琴演奏家

马友友（Yo-Yo Ma），1955 年生于法国巴黎，他的父亲马孝骏博士是小提琴家、作曲家、儿童音乐教育家，原中央大学音乐系教授。40 年代移居法国，先后担任过纽约儿童乐团的音乐总管，巴黎法兰克音乐专科学校校长和台北市幼童弦乐团的教师。母亲卢雅文是声乐家。马孝骏常说，“富过三代，才出音乐家。”第一代人积累财富，第二代人才能接受良好的教育，第三代人天赋好的话就可以达到目标。马友友作为马家的“第三代”人，从小就表现出了音乐天赋，于是马友友四岁开始由父亲启蒙学习大提琴。马孝骏抓住孩子专心时间短的特点，设计出特别的教育方案，不仅使马友友具备了扎实的基本功，而且进步神速。6 岁时，马友友在巴黎大学首次演出，引起轰动，赢来了“音乐神童”的美誉。

1962 年马氏家族迁居纽约市后，得到被尊为乐圣的大提琴家卡萨尔斯的赏识，经他的推荐，在指挥大师伯恩斯坦的指挥下，通过国家电视网在美国露天剧场演奏了圣桑的协奏曲。紧接着是在联合国、卡内基音乐厅的演奏。像马友友这样小就能在卡内基音乐厅演出，可谓绝无仅有。由于他的无可置疑的才华，马友友进入朱莉亚音乐学院，成为伦纳德·罗斯的学生。他在该校读到15岁，又转入哈佛大学人类学系学习人类学专业，旨在取得学位并扩展自己的视野。在校期间，他曾赴伦敦演出，首次亮相于皇家交响乐团，引起轰动。

1976年，马友友在哈佛大学毕业，获得人类学学士学位，但最终他成为专业大提琴演奏家。他顺利完成了从神童的直觉演奏到成熟音乐家的过渡，被公认是当代大提琴演奏家中技艺最高的代表。他不仅在古典音乐范畴独领风骚，更涉足爵士音乐、民族音乐、舞蹈音乐等领域，多方尝试各种音乐表现的可能性。除了为数众多的古典音乐录音外，马友友还曾创下许多大提琴的新纪录：如使用大提琴挑战高难度的克莱斯勒、帕格尼尼小提琴的曲目，与日本歌舞伎巨星阪东玉三郎合作演出，以巴赫无伴奏大提琴组曲为现代舞配乐，以及与美国“饶舌”歌手鲍勃-麦克菲林合作灌录专辑，尝试将人声与大提琴做完美的结合等。

马友友频繁与其他乐界精英展开广泛的合作。1997年马友友在香港回归大典上，与作曲家谭盾合作《交响曲1997：天地人》，举世瞩目。1998年马友友与六个不同领域的艺术家合作《马友友的巴赫灵感》音乐电影，将巴赫的音乐赋予全新的意义。2000年，由马友友完成的《卧虎藏龙》电影配乐，更拿下奥斯卡最佳配乐大奖，成为全球华人的骄傲。

在当代音乐演奏家中，马友友的非凡成就已属空前。自1981年发行首张专辑至今20年来，他共出版了近百张不同风格的音乐专辑，奠定了马友友无可取代的大师地位，被公认是古典、跨界[①]乐坛难得一见的超级巨星。美国《国家》杂志这样评价道："马友友是一位令人匪夷所思的天才。古往今来，能有几个演奏家，可以像他那样达到和乐器浑然一体的境界？倘若灵魂有属，他应该是传承自莫扎特和巴赫，是他们将自己纯净光辉的高贵气质，悉数遗传给了马友友。"[②] 早在1981年美国《星期六评论》的评论文章就谈道："马友友十九岁时评论家把他与大提琴大师罗斯特洛波维奇[③]相提并论，并且令人想起了卡萨尔斯，[④] 评论家对他的成就极少有分歧意见。马友友受到好评，不仅是他的卓越的技巧，还有他那早熟的对音乐的演释能力。给予音乐界最深刻印象的是他那隐藏在音乐后面的内心世界，那显而易见的智慧洋溢在他的演奏里。"1986年，马友友在香港演出，评论家这样描绘道："马友友打从第一个音符奏响就进入作曲家所刻画的境界，全身每个细胞都投入音乐中，不只是全体听众都被感染，指挥及乐队的情绪都被他的表现深深吸引着，像被催了眠一般，进入他所塑造的音乐世界中。现今乐坛已难得遇到具有如此功力的演奏家"。[⑤] 老一代的大师们常

---

① 跨界：这里指跨界音乐。就形式而言，主要表现为古典与流行的互相串联——或用流行音乐的表现方法演绎古典音乐，或用古典音乐的表现方法演绎流行音乐，或自创一些融合古典与流行乐调的曲子。莎拉·布莱曼以曼妙的美声加流行的编曲呈现一种古典跨界模式，而马友友则以文化旅行式的音乐，呈现不同的民族音乐风情。

② 王重光等：《马友友琴系故土》，宁波出版社2007年版，第90页。

③ 罗斯特洛波维奇：著名的俄罗斯音乐指挥家，大提琴演奏家。曾与西方指挥家卡拉扬等合作。曾在申请延长护照期限时因发表反苏言论而被取消苏联国籍。1990年才得以恢复。他被视为伟大的大提琴家。

④ 卡萨尔斯：西班牙大提琴家、指挥家。被认为是一位具有划时代意义的伟大艺术家，其演奏录音是公认的楷模，为学习者必听的范本。

⑤ http：//www. xici. net/b223565/d12564855. htm.

常在台上表现出一种高贵、脱俗、大师风度，觉得音乐就是他的。而马友友则把音乐都给了包括指挥、乐队、听众在内的全体人们，这是一种友爱、平等、和谐，所有在场的人们都被马友友带到音乐中去。这就是马友友的艺术力量所在。著名小提琴大师斯特恩[①]赞扬马友友是“我们时代的第一流天才”。

（二）出色的音乐活动家

马友友最大的目标就是将音乐化为一种沟通的语言，跨越世界不同种族，拉近人与人之间的距离。他的全部音乐活动都致力于这个目标的实现。他说：“每个国家、每个社会都有音乐，音乐是表达我们心里最可贵的思想感情的，人生最重要的是不同地方国家的人与人之间有更多的了解更多的沟通。”在这种思想的指导下，马友友从一个顶级的大提琴演奏家迈向了一个新的高度，致力于各民族音乐文化之间的交流、融合和推广教育工作，他是一个一流的音乐家，也是一个出色的音乐活动家。

1998 年，他正式创建了“丝绸之路”音乐计划。这个计划是一个非盈利性艺术、文化和教育组织，其灵感来源于古丝绸之路上各种文化和思想的交融，其目标在于通过把全世界的艺术家和观众聚集在一起来拉近各地域间的距离，促进艺术的创新和学习。“丝绸之路计划”的核心是丝路合奏团，它汇集了众多对发掘东西方音乐传统与创新感兴趣的音乐家、作曲家以及编曲，汇集了包括美国大提琴手艾格麦尔、中国名琵琶家吴蛮等 24 位音乐人，要将古丝路商队（从东亚至欧洲，包括印度、西藏、波斯、希腊等地）的文化、艺术、人文等重新

① 斯特恩：俄籍美国小提琴师。他发现了马友友的才华，并推荐给杰出的大提琴师罗斯。

马友友

介绍给世人。他们找寻代表此地传统的声音，发掘资料，一起创作，一起研讨，一同编曲。24 位陌生人，因音乐而沟通，因创作而共鸣，又因沟通与共鸣加深彼此的信任。经过三年的相互学习、旅行和音乐探索，终于在 2001 年 8 月于纽约完成了第一张专辑。他们的演出遍及欧洲、亚洲和北美。在音乐传播的过程中，丝路合奏团还联合其他的一些机构共同展现来自丝绸之路的音乐、视觉和叙述传统，探索文化的关联，建立学习和教学同为一体的对话过程。

马友友致力于音乐教育的推动。他不但鼓励青少年接触音乐，更希望他们进一步参与创作。巡回演出期间，马友友都会排出时间指导大师班学生，甚至参与学生（包括非音乐科系学生）一些非正式的活动。同时，他也发展“家庭音乐会”，带领小听众群进入音乐世界。马友友竭尽所能地为儿童塑造一个音乐的空间，以丰富而生动的方式让音乐与创造力成为儿童生活中的一部分。

1990 年，马友友又与著名华人建筑学家贝聿铭一起在纽约成立了“百人会”，旨在为“旅美华人能在美国立足生根作贡献”、“增进中美邦交”、“改善两岸关系”。他们发现，美国主流媒体对中国和华裔人士存在着无知和偏见，同时，由于中美相互间缺乏了解而造成的偏见甚至影响到两国人民的良好交往和美国华裔的整体形象。“百人会”作为非政治的华人精英团体，充分展开自己的影响来改变这种状态。自1994年起，“百人会”多次组团访问中国，向中国领导人递交关于美国人对中国看法的报告，并同中国领导人探讨如何改变美国舆论对中国的看法等问题，与此同时，“百人会”成员多次会见美国国防部长、商务部长和总统国家安全顾问等，使他们更多地了解中国，并向他们提出美国应当同中国在政治上并肩共存的观点。每年的年会都会邀请美国政、商界的重要人士参加，对促进美国与中国以及两岸之间的政治、经济交流起到了特殊的促进作用。

（三）属于世界的中华之子

马友友认为，“音乐是跨越国界、种族的，它总是在旅行。它可以摆脱不同形态的包袱，让世界各地的人都能引起共鸣”。他的“丝路计划”意在通过重返传统实现全人类的心灵沟通，到达音乐的本质，但“丝路”之寓意又是“通往中国之路”，这个生在法国，长在美国，接受了正规西方教育的中华之子最终走到了一个回归故乡的路上——他属于世界，但他的根在中国。

1997年7月1日，马友友与中华编钟乐团、亚洲青年交响乐团在香港回归庆典音乐会上合作首演大型交响乐《交响曲1997：天地人》，并作全球转播。这部作品结合香港回归的主题，分“天”、“地”、“人”三个乐章。“天”以大提琴、编钟以及儿童合唱采用中国传统音乐元素，衬托出农历新年气氛；“地”可以说是一首编钟、大提琴以及管弦乐团的协奏曲，以“火、水、金”来表达大自然的平衡；“人”表现人在战争中的挣扎与苦难以及对和平的渴望。这一部分乐曲加入了表达父母之爱的《摇篮曲》，并以《和平之歌》作为结束，显现了天地万物于永恒的和谐中合而为一的理想。在二胡、马头琴和中国弹拨乐器以及古老的华夏编钟之声的衬托下，大提琴的旋律宛如历史的见证人，诉说着这块土地上的百年沧桑。在献给香港回归的乐声中，马友友也在精神上实现了一种回归。

2005 年，马友友终于踏上了故乡宁波的土地找寻自己的根。他在这里接受了三件精心准备的特殊礼物——第一件，是盛装在水晶瓶里的“故土”，泥土取自马家祖屋地下，是其父辈与祖辈生息踏足的真实“故土”；第二件，是一本只为马友友这一个读者精心制作的画册《故里风光》。老家的祖屋，青山上的祖宗坟茔，两位姑姑 60 年前的老照片，以及中国传统家族史的重要符号宗族谱系图尽收其中；第三件，是为马友友 50 岁生日制作的传统“寿幛”，绣着“马友友乡长五旬华诞荣庆”、“云中白鹤游超旷，石上青松处洁清”、“欢迎马友友乡长返乡献艺筹委会同仁敬贺”的字样。面对这样珍贵独特的礼物，马友友眼含热泪，以拥抱来表达远方游子对乡亲的感激与深情。他说：“我在宁波找到了家族的根，而我在音乐里也在找根，巴赫就是我音乐的根。”①

的确，马友友一直在寻找那古老的根，就连与他一起走遍天涯的两把大提琴——一把制作于 1733 年，一把制作于 1712 年——似乎也在指向那古老的根。② 马友友的音乐属于世界，属于人类，但作为中华之子，宁波之子，中国文化却是他在多元文化影响下自由创作音乐的原动力和基础。那个寓意着

---

① 参见王重光等：《马友友琴系故土》第一章，宁波出版社 2007 年版。

② 马友友有两把大提琴，一把是 1733 年的威尼斯的“蒙塔那那”（Montagnana）大提琴，一把是 1712 年由意大利制琴大师制作的“大卫多夫”（Davidoff）大提琴。

“通往中国”的“丝路计划”正是在存续文化传统的过程中培养超越时空的想象力，传播多元的文化精神。中国音乐家胡建兵评论说：“马友友真正在把中西方的文化做一种融合，他曾说，你们可能不觉得，你们在美国演出，去学校、去音乐厅一场一场演，等几十年下来以后，你会发现，你把中国的音乐已经带到了美国。这是一个潜移默化的作用，等几十年、一百年以后再回过头来看你们做的是一件非常非常伟大的工作，是非常了不起的。中国那么博大的文化，它需要你们这些实实在在的音乐家来把它体现出来，献给美国的听众、观众，将来你们就会看到这个结果。”① 马友友正在做着这样的努力。

---

① 王树楷：《马友友：行走在丝绸之路上》，《今日中国》2004 年第 8 期。

第三章

出版、藏书与文博界人物

一　宁波帮与出版、藏书、文博业概述

受浙东学派熏染的宁波人，对历史、对书、对学问始终存有向往之心。他们或将书、报经营作为平生之志，或以收藏的方式收集抢救散失的文献及文物，积数年之功，终成大业，他们的姓名也被载入史册。

（一）

商务印书馆是中国现代出版业最引人注目的企业，它的创办者之一就是宁波人鲍咸昌。在他的谋划之下，商务印书馆购进新型机器，招纳各类人才，建立全国发行网，20 年的苦心经营终使这个当初只有 3 部手摇机器的小小印刷厂一跃成为中国以及亚洲最大的文化出版企业。作为早期出现的中国民营企业，商务印书馆不仅打破了外国人垄断中国近代印刷业的局面，也成为中国近代印刷业全面崛起的标志和动力。印书馆开展以出版为中心的多种经营，编写各类教科书，编纂《辞源》等大型工具书，译介西方学术名著，出版当代著名作家的文学作品，整理重要古籍，编辑“文库”、“丛书”，出版各类杂志，创办东方图书馆、尚公小学校，制造教育器械，甚至拍摄电影等，创造了中国现代出版业的诸多第一，在海内外铸造了

民族出版业最著名的品牌。

在近代书业活动中，杂志最初往往由书店兼卖。办过许多书店的宁波人张静庐却首创我国第一家以代订、代办、代理杂志发行业务为专业的新型书店。他仅以 20 元起家，却在战乱的年代出了许多书与杂志，并开出了许多分店。他把自己的出版经历写成自传，又把收集保存的大量第一手中国近代出版史料编辑成书，从而为中国文化史、出版史留下了一批极为宝贵的重要文献。张静庐的出现，不只是使中国多了一个出版家，更多了一个难得的出版史家。

在出版家中，邵洵美是一个另类。他将诗人的气质带到出版活动之中，唯美而不唯利。无论是金屋书店还是时代出版公司，他都将美与个性熔铸于出版物中，屡办屡败，屡败屡办，家业赔尽终不悔，"毁家兴书"心也甘。他虽很难算是一个合格的商人，但他出版的书籍、杂志都极有品味，今天已成为见证历史的重要史料，对中国现代文化研究具有独特的价值。

活跃于新时代的丁景唐，在新的体制下成就了他的书业辉煌，《申报》的影印、辞海的修订、《中国新文学大系》的编辑出版，这三大工程已足使他青史留名。

在报业界，金臻庠创办的《时事公报》作为宁波历史上发行时间最长、发行量最大，社会影响广泛的报纸，全面反映了民国时期宁波社会风貌，成为宁波社会发展的一段见证。而董显光创办的《庸报》也在特定的时代成为发行量仅次于《大公报》和《益世报》的天津第三大报纸。这些都是宁波人在书刊报业出版上作出的重要贡献。

（二）

中国的公共图书馆虽在 20 世纪初就已出现，但 1937 年的战火，却使无数座图书馆遭到破坏。而保存了许多珍本、善本文献的藏书家便在中华文化的保存中作出了重要贡献。说起藏书家与藏书楼，历史不能忘却的是宁波人张寿镛，他的“约园”藏书有16万册之巨。他藏书而又读书、著书，曾历11年之久编辑《四明丛书》，辑录乡贤遗著及乡邦文献，给宁波留下了一份宝贵的地方性文献。另外，像秦润卿“抹云楼”、李庆城“萱荫楼”、张之铭“古欢室”、曹炳章“集古阁”、孙家淮“蜗寄庐”、朱鼎煦“别宥斋”、林集虚“藜照卢”，等等，各种大小藏书楼遍布宁波各处，显现了宁波人在浙东学术滋养下的精神追求。

我国从新中国成立后才开始重视文物的抢救和管理，在这方面作出重要贡献的是曾为上海博物馆馆长的宁波人马承源。1952年上海博物馆建馆之初只有文物18000件，在马承源的努力之下，1996年不仅建成了新的上海博物馆，而且藏品也增加到60万件，其中珍品达12万件，占了江南文物的半壁江山。作为文物抢救第一人，他从各地废铜烂铁中抢救出来的各式各样文物数以万计，其中不乏国宝级文物——春秋时期的龙耳尊、鲁原钟，东汉时期的婴座熨斗等。他从香港收购回来战国竹简，内容涉及先秦哲学、文化、历史、政治等领域，填补了许多空白，改写了许多史实。马承源把“觅得一件国宝级文物，并让它归于国家”当作平生最大的快乐，为中国的文物事业作出了巨大贡献。

还有一些为我国的文物事业作出重要贡献的人。宁波人马衡曾设法延滞国民党政府空运故宫珍宝去台湾，一批珍贵文物得以留于大陆。为确保故宫建筑与文物的安全，他与社会名流呼吁国民党当局避免战火，保护北平文化古城。1952年马衡将自己收藏的大量甲骨、碑帖等文物捐献故宫博物院。他去世后，其家属又遵嘱将家藏金石拓本9000多件悉数捐给故宫博物院。另一位甬人郑家相也曾捐赠给南京博物院南朝梁代五铢钱范[①] 119 件；捐赠给宁波天一阁铜鼎、铜炉、铜造像及瓦当、量器等文物；他逝世后，又嘱其家人将生前所藏文物 6409 件、古籍图书 256 册全部捐赠给上海博物馆。还有一位陈器成藏有青铜器、瓷器、甲骨、石刻造像，1962 年，他将 88 件珍贵文物捐赠给上海博物馆。“文化大革命”后又将重要文物 130 件捐赠给市文物管理委员会。其中商代甲骨 100 片，部分从未发表过，是研究商代历史的珍贵史料。五代白釉梅花罐、宋定窑刻花大盘、明宣德白釉莲瓣暗花碗等都属稀见之物。

收藏有不同的境界，有的为变财，有的是休闲，有的为研究，最高为保护。这些藏书家和文博界收藏家把先民创造的文化瑰宝视为人民所共有，他们把自己用巨资购藏和用心血保护的国宝级文物无偿地捐献给国家，表现了崇高无私的精神。这为人称道的壮举，让更多的人通过特定的窗口欣赏到了灿烂的中国文化。

二　书刊出版家

鲍咸昌与他的商务印书馆

鲍咸昌（1864—1929）字仲言，鄞县（今鄞州区）人。11 岁就学于基督教长老会开办的上海清心堂，毕业后入上海美华书馆当英文排字工人。1897 年与胞兄鲍咸恩、妹夫夏瑞

---

① 钱范：古代铸造金属货币的模子。王铢为一部货币单位。钱范有陶范、石范、铜范、铁范、铅范、泥范等类别，郑家相捐赠的属于“泥范”。

鲍咸昌

芳等组建商务印书馆，主持印刷部管理工作。1901 年担任印刷所所长，1913 年赴欧美考察，遍访英、法、德、奥、美、日等国的大工厂，引进印刷设备，博采西方出版业新技术和管理方法，一改商务印书馆由原来的木板雕刻，炭墨印刷的旧印刷模式，在珂罗版、雕刻铜版、照相锌版、凹凸版、影写版、影印版等印刷技术方面处于全国领先地位。1920 年被推选为总经理兼印刷所所长。在他担任总经理的 10 年间，商务取得了长足进步。他积极支持商务监理张元济和编译所王云五等人改革期刊和编译所，使商务印书馆在新文化运动中作出了巨大贡献。热心公益事业，与人联合创办江湾孤儿院、养真幼稚园、尚公学校，对闸北救火会、长老会堂等社会福利事业亦资助甚多；同时关心家乡教育事业，在鄞县独资开办义务学校。1929 年 11 月 9 日，鲍咸昌在上海病逝。

商务印书馆创办于 1897 年，是我国近代印刷出版机构中，规模最大的民办印刷出版企业，也是一个十分重要的文化教育事业机构。对中国近代印刷出版事业的发展影响深远。100 多年来，该馆为我国文化教育出版事业的发展，沟通中西文化，促进西方近代自然科学在中国的传播和普及作出了重要贡献。它的出现，打破了以美华书馆、申报馆为主的外国人垄断中国近代印刷业的局面，促进了中国近代印刷业的发展，是中国近代印刷业全面崛起的标志和动力。鲍咸昌是商务印书馆的创办人之一，为商务印书馆的发展作出了重要贡献。

（一）合创商务印书馆

鲍咸昌的父亲鲍哲才（字华甫）早年在宁波崇信书院攻读，毕业后担任上海陆空基督教长老会清心堂首任华籍牧师。长老会办了一所清心书院（后改名清心中学），招收教士子弟及贫苦少年入学，学费免收，所教科目不能应科举，而是在普通学科外，兼授工艺。工艺分园艺和印刷两种，工读得到的技艺，毕业后可直接服务于社会。鲍咸昌 11 岁时进入清心学堂就读，在校时学过印刷技术。1885 年毕业后，他学过镌刻，花图字体无不精通。后来又进印刷出版宗教书籍的美华书馆当学徒，满师后做英文排字工。

鲍咸昌与其兄鲍咸恩、高凤池、夏瑞芳都曾在清心学堂读书，他们 4 人既是同学，毕业后又都在报馆、书馆做事，从事同一行业。议起在外国老板手下工作常受欺凌的情景，他们觉得与其寄人篱下，不如自立门户。经过筹算，认为如果办一个印书房，做点印刷生意，只要每月有六七百元（指银元，下同）营业，就已足敷开支，而当时他们估计每月可接到几笔商店、行号的小生意，如传单、发票、招贴之类，且可以替圣书会、圣约会、广学会印一些印刷品，月收入 700 元的目标可以达到，故于光绪二十二年三月初三（1896 年 4 月 15）在三洋泾桥一家小茶馆楼上，正式订立了创办印书馆的议约，根据业务性质定名为“商务印书馆”。

创办印书馆的目标确立后，当务之急是筹集开办资金。他们 4 人经过十几年的辛勤工作，已有一些积蓄，夏瑞芳、鲍咸恩、鲍咸昌各出一股，每股 500 元，高凤池出半股，4 人合计出资 1750 元，又经过多方努力，邀请亲朋好友，共吸收他人资金 2000 元，共计集得股金 3750 元（对外称 4000 元）。开办资金到手后，他们在上海江西路德昌里租用三幢两厢后连披屋[①]的民房，购置了9部简单的印刷机器，其中有三号摇架2部，脚踏架3部，自来墨手扳架3部，手揿架1部，还购买了中西文铅字工具等。并招收了近10名职工。1897年2月11日，商务印书馆在上海正式开张营业。

他们公推夏瑞芳任经理，鲍咸恩、鲍咸昌负责印刷事务，哥哥任所长，弟弟协助工作。

（二）引进先进技术

鲍咸昌在商务印书馆最初主持排字房的工作。草创初期，设备简陋，只能印刷诸如商业簿册之类的简单印刷品。他不辞劳苦，花费许多心血，积极从事铅印、石印新方法的探索和实验，为提高印刷品质量作了不少贡献。1900年，商务印书馆率先用纸型[②]印书，1904年使用著作权印花，这在我国均属首次。鲍咸昌业务精通，熟悉工艺且长于管理，以诚待人，在协助时任印刷所所长的兄长鲍咸恩工作期间，把印刷所的工作安排得井井有条。1910年，鲍咸恩先生去世后，即由鲍咸昌主持印刷所工作，他在印刷所推行了一整套有效的管理制度，奖勤罚懒，对在印刷技术上作出改进和有发明的工人，奖励备至。该馆印刷成绩斐然，出版物深得社会好评，声名鹊起。

商务印书馆的迅速发展，也仰赖于敢于和善于及时引进西方的先进印刷技术和设备。他们不断进行设备更新和技术改造，不惜重金聘请外国专家来商务传授新技术和派人到国外学习考察。同时还举办工厂管理训练班，聘请十余位专家来讲授

---

① 披屋：同正房两侧或后面相连的小屋，用来堆放杂物。

② 纸型：以特种纸张覆于活字版或其他原版上压成的阴文纸质模版，可浇铸出相同的铅版供多机印刷，并可浇铸圆弧形铅版供轮转印刷机用。纸型轻便易携，可复制多种副本长期保存。

现代工厂管理知识，受训者多达110余人。1913年，鲍咸昌先生曾去英国、法国、德国、奥地利、美国、日本考察印刷技术和业务，订购了不少新机械，学到了不少先进的印刷技术和方法。回国后致力于扩充印刷所，新添置了自动铸字机，彩印胶版印刷机和米利印刷机，同时组织力量不断革新技术。从1903年起即能自己制造石印机、铅印机和铸字机等多种印刷机械，自给有余，还售与其他印刷企业。该馆还创制了中文打字机，仿古活字铜模及采用汉字与注音符号相结合，使该馆印刷质量及印刷所规模在东亚名列首位。

在机器设备和人员配备方面，当时商务已有滚筒机、平版机、米利机、铅版机、自动装订机、自动切书机、大型照相机等机械设备，总数多达1200余台；职工总数3600余人，占当时全国印刷中心上海印刷工人总数的1/4；印刷品种有铅印、单色和彩色石印、三色铜版、珂罗版、[①]雕刻铜版、电镀（电铸）铜版、照相锌版、凹凸印、照相凹版、影写版、影印版等，并采用自动铸字机浇铸铅字和机刻字模法。各种出品，无不精美异常。商务印书馆的综合实力不仅在中国，就是在远东各国，也是无与匹敌的。该馆的印刷设备和成就，如铜模、铅字、花边、电镀铜版等，曾先后获得南洋劝业会、意大利都郎博览会、美国巴拿马万国博览会一等金牌奖和二等银牌奖。商务印书馆的成功之路，不仅为当时同行所效仿，在中国民族近代印刷业崛起中也发挥了积极、重要的作用。

商务印书馆在技术上的进步，显然有鲍咸昌在其中所起的重要作用。

---

① 珂罗版：主要用于书画复制，效果逼真可以达到毫发毕现的最佳效果。此技术由德国人阿尔贝特于1867—1871年间发明。

（三）聘请专家增强内功

商务印书馆成立之初，最初以印刷商业簿册表报为主。四位创办人既不属于文人或知识分子圈，亦无显赫的家世，他们背景平凡，自小投靠外国传教士才有机会接受教育。他们将出版印刷视为个人的终生职业，一种谋生的门径。他们知道，仅凭自己，很难将商务印书馆的实力扩大，如果要进一步巩固出版势力，就得拉拢像张元济一类的传统士绅、知识分子加入，弥补本身眼光、学养与人脉关系的不足。由于业务关系，夏瑞芳认识了翰林出身的张元济。1902 年，应夏瑞芳的邀请，张元济抱着“以扶助教育为己任”的社会责任感进入商务。经他策划，商务设立了编译所、印刷所和发行所，并聘请蔡元培为首任编译所所长。张元济延请了一大批知名学者和专家加盟，制定了系统全面的编辑出版计划。张元济首先组织编写新式教科书、工具书，组织翻译出版了一大批外国学术名著和文学名著，并编辑出版了十多种在民众中有广泛影响的杂志，如《东方杂志》、《小说月报》、《教育杂志》、《妇女杂志》、《学生杂志》等。商务印书馆从此逐渐成为一个真正意义上的出版企业。

1920 年 4 月，鲍咸昌任商务印书馆总经理兼印刷所所长。他深知责任重大，为此竭尽全力，天天早出晚归，为该馆的发展付出了许多心血。主持工作期间，聘请王云五及多位专家进馆，如在国内颇具声望的郑振铎、叶圣陶、周建人、杨贤江、何炳松、冯定、金仲华等；还有刚从国外留学归来的周昌寿、郑贞文、何公敢、任鸿隽、竺可祯等，引领全国的文化方向。10 年间，革新了《小说月报》、《学生杂志》、《妇女杂志》，创刊了《儿童世界》、《儿童画报》、《小说世界》、《出版周刊》和《自然界》等杂志，出版了《世界文学名著丛书》、《学生国学丛书》、《百科小丛书》、《四部丛刊初编》、《中国人名大辞典》、《中国医学大辞典》、《综合英汉大辞典》、《科学大纲》等一大批名著和工具书。这一时期还创办了励志夜校，设立了香港商务印书馆印刷局，并将涵芬楼改组为东方图书馆，正式对外开放。

在鲍咸昌及同仁的努力下，商务印书馆呈现了勃勃生机，打破了外国人垄断中国印刷业的局面。他将毕生精力尽瘁于我国的印刷出版事业，为商务印书馆的创设和发展作出了重大贡献。不仅如此，他还十分热心公益事业，曾与鲍咸恩先生等捐出巨额资金，创立上海江湾孤儿院、上海窦乐安路的鸿德堂及故乡鄞县的义务学校。对商务印书馆所设的养真幼稚园和尚公学校及闸北救火会等，也资助颇多。事业有成不忘回报社会，显示宁波人一心向善的情怀与胸怀。

张静庐与他的书局、杂志公司

张静庐

张静庐（1898—1969）中国出版家、民盟盟员，现代著名的出版家和出版史家。1898 年 4 月 7 日生于浙江镇海县龙山乡西门外村（今属慈溪）。1969 年 9 月在北京去世。1911 年在龙山演进国民学校毕业后，当学徒。1914 年起编印《小上海》、《小说林》、《滑稽林》等小型报刊。1915 年任天津《公民日报》副刊编辑。五四运动中参加上海救国十人团联合总会，主持机关报《救国日报》编务，参加上海工人政治大罢工，被推为上海代表之一赴京请愿，反对政府出卖胶济路权益，遭拘押。1920 年复至上海，主编

《新的小说》。后参加创造社，任《商报》编辑。1920年任上海泰东图书局编辑、出版部主任。1925年与沈松泉、卢芳合资创办光华书局，任经理。1927年与洪雪帆合资创办现代书局，此后被排挤去职。1929年创建上海联合书店，任经理。1931年与洪雪帆合办现代书局，任经理。1934年创建上海杂志公司，任总经理。任内经营出版不少进步期刊，其中有：郭沫若主编的《洪水》、蒋光慈主编的《拓荒者》、田汉主编的《南国》、郁达夫主编的《大众文艺》、艾思奇主编的《读书生活》、黄源主编的《译文》、孟十还主编的《作家》、黎烈文主编的《中流》、丁玲主编的《战地》、胡风主编的《七月》等。这些期刊在当时产生了积极影响。1949年在上海任联营书店总经理。新中国成立后，1950年，调入中央人民政府出版总署，历任计划处副处长、私营企业处处长和总署专员。1954年任古籍出版社编审，1958年任中华书局编审，中国近代史编辑组组长，1965年退休。主要著述有《中国的新闻记者与新闻纸》、《革命外史》、《在出版界二十年》，编有《中国近代出版史料》初编、二编，《中国现代出版史料》甲、乙、丙、丁编，《中国出版史料补编》等。

张静庐1919年开始进入出版界，在其后的30年时间里，或参与其事，或实际主持，或亲自创办书局、书店（如泰东图书局、光华书局、现代书局、上海联合书店、上海杂志公司等）。这些书局、书店，虽然不能与商务印书馆、中华书局等大书局相提并论，但在中国现代思想文化史上仍占有其重要的一席之地。张静庐也因此成为近现代出版史上的重要人物。

（一）与书结缘

张静庐，原名张继良，1916年起用笔名“静庐”，从此以

“张静庐”名世。张静庐出身于屠户之家，1911年龙山演进国民学校毕业后，先后在上海烧酒行、纸行当学徒。他酷爱读书，在当酒保、学徒期间，因看书、写稿忘了干活，两度成了“回汤豆腐干”（指没度满三年学徒期而中途被店主辞退者）。常去书店林立的棋盘街几家书店翻看书刊，被同事们喻为“棋盘街巡阅使”。书籍激发了小小酒保的无限遐想，他唯一的愿望，就是想到出版《小说月报》的商务印书馆里去当一名练习生，这样就可以永远与书为伍了。他白天学徒做工，晚上熬夜苦读，凭借对书的迷恋和对文学的执著，16岁自办《小上海》、《滑稽林》刊物，18岁去天津，任《公民日报》副刊编辑。后随报馆迁京。这些经历使他与书结下了不解之缘，为他从事出版发行工作后，首创的书店开架售书，伏下了契机。

张静庐爱书成癖。他说：“所谓爱，不是珍本、古版，而是很习见的普通书。所谓爱，并不是想将它珍藏在柚木的玻璃书柜里，而是买来看，看了就随便放在枕边、案头或书架上。无论它是怎样好的书，定价怎样贵的书，想看它就要买回来，朋友借给我的我不要，图书馆有的我也不去，一定要自己出钱将它买回来才愿意看它。有时看不下去，或明明晓得没时间再看它，还要花一笔钱去买回来，翻看一下目录和序文，就抛在枕边，到记起时再去翻一下。这样，全不是为想多读书而爱书，为要增进知识而爱书，岂非‘怪癖’！”① 正因他爱书，因而他虽然饱经失业、监禁和流浪之苦，但他对出版工作的钟爱和执著不曾动摇。报酬极低他不在乎，日日伏案、奔波也没关系，即使赔本破产，甚至吃官司遭误解，依然无怨无悔。编

① 张静庐：《在出版界二十年》，江苏教育出版社2005年版，第60页。

书、印书是他生活中最大的慰藉，他曾说：“我有爱书的怪癖，所以将一本书从付排到装订出版，都由自己亲手照料，真有说不出的快乐。而于营业方面的‘生意经络’，倒也感觉相当的兴趣。责任的驱使，下雨落雪都要到太平洋印刷公司去走一遭，日夜工作，乐此不倦。”① 由渴求知识到酷爱书，由酷爱书到精心编印书，或者说由不自觉地读书到自觉地印书，终至于献身于书籍出版，这是张静庐先生作为出版事业家的突出特征。

（二）投身书业

张静庐是在一个偶然的机会踏进出版界的。上海有家泰东图书局，原是政学会办的，辛亥革命时就已成立。讨袁胜利后，这家书局由赵南公接替。1920 年，他在全国各界联合会中认识了张静庐，就请他到泰东图书局当襄理，并担任《新的小说》月刊编辑（第 7 期后改由王靖主编）。我国第一部新诗集，郭沫若的《女神》、《茵梦湖》也经他的手编辑出版，打响了新文化运动的第一炮，给当时所谓的“星期六派”（即“鸳鸯蝴蝶派”）当头一击。不久，张静庐主持泰东出版部工作，同时协助赵南公办理发行业务。从这个时候开始，张静庐同许多著名作家相交往，建立了友谊。泰东经济上很拮据，职工的收入微薄，而且不固定。赵南公介绍张静庐到胡政之主持的国闻通信社任外勤记者。1923—1928 年间，张静庐又在上海《商报》任交际秘书和本埠新闻编辑，曾与陈布雷、潘公展等共事。1920—1921 年间《创造季刊》、《创造周报》和类似创造社丛书，如郁达夫的《沉沦》、张资平的《冲积的化石》，还有《玄武湖之秋》、《茑萝行》等新书，推动着新文化

① 张静庐：《在出版界二十年》，江苏教育出版社 2005 年版，第 64 页。

运动蓬勃向前。1923—1924 年间，《洪水》半月刊和《创造周报》合订本出版后，泰东图书局生意兴隆，可以说泰东是创造社的摇篮，而创造社又使泰东事业兴旺，得到了意外的收获。

1925 年，张静庐与沈松泉、卢芳创办了光华书局。张静庐任经理，沈松泉主管出版，卢芳负责营业（几年后卢芳和张静庐先后退出）。地址设在四马路（今福州路）山东路口太和坊弄堂楼上的海员工报社内。初时没有店面，由几家书店寄售。1926 年初顶下福州路上单间门面的光华堂药房。创办时仅凑了几十元作开办费，后来靠朋友捐助，有了一两千元资金。光华书局是旧上海第一家专出新文艺书刊的出版机构，与郭沫若、成仿吾、郁达夫等进步作家组织的新文学团体——创造社关系密切。在光华书局的几年间，据张静庐统计，出版的新文艺书籍有创造社同仁和“左联”作家的文集，如郭沫若的《三个叛逆的女性》、《文艺论集》、《幼年时代》、《沫若小说戏曲集》、《自杀日记》（丁玲著）、《三个不统一的人物》（胡也频著）、《小说论》（郁达夫著）、《路》（茅盾著）、《曼殊小说集》、《曼殊诗集》等。社会科学书籍有：《不平等条约研究》（张定灏著）、《经济侵略下之中国》（漆树芬著）、《进化和退化》（周建人译、鲁迅作引）等新书 400 余种。期刊主要有周全平主编的政治性《洪水》半月刊，叶灵凤、潘汉年主编的《幻洲》半月刊，叶圣陶（郢生）主编的《光明》半月刊，高长虹主编的《狂飙》周刊，鲁迅主编的《萌芽月刊》（第 6 期后改为《新地》月刊），叶灵凤编的《戈壁》半月刊，李一氓主编的《巴尔底山》旬刊，周扬等主编的《文学月报》和徐懋庸主编的《新语林》半月刊等 20 余种。章锡琛主编的《新女性》月刊也由光华代理发行。光华书局还出版了《创造日汇刊》。创造社在1923年间，曾在上海《中华新报》主办过《创造日》副刊，出版了100期后停刊（编号有重复，实际主编101期）。这本《创造日汇刊》是根据《创造日》副刊编选的。在1926年3月创造社出版部成立以前和1929年2月被国民党当局查封以后，光华书局为创造社出版了不少刊物和图书。郭沫若在《创造十年续编》中曾说："（光华书局）那书店，可以说是作为创造社的托儿所的形式而存在的，这关系在后来创造社被封以后是尤其显著。"由于光华书局出版的书刊有将近40种被国民党查禁，经济上受到很大打击，营业收入每况愈下，因此无力偿还对印刷所和纸行的欠债，于1935年5月被法院查封。

张静庐曾于1927年和1931年两度与洪雪帆合办现代书局，任经理。初时曾集资5000元，并向银行贷款数万元，因意见分歧曾被洪雪帆排挤出去，后来又走到一起共同经营。现代书局以出版新文艺和社会科学新书为主，据张静庐统计，到1934年先后出版了郭沫若的《反正前后》（被禁后改为《划时代的转变》）、《创造十年》、《沫若诗集》、《中国古代社会研究》，田汉编著的《卡门》、《田汉戏曲集》，蒋光慈的《丽莎的哀怨》、《光慈遗集》，洪深译的《西线无战事》、《洪深戏曲集》，郁达夫的《屐痕处处》、《饶了她》，洪灵菲著的《流亡》、《归家》，张天翼的《从空虚到充实》、《大林和小林》，高语罕著的《语体文作法》、《青年书信》，华汉编的《社会科学概论》、《社会运动史》等图书500余种。还出版了叶灵凤、潘汉年主编的《现代小说》月刊，蒋光慈主编的《太阳月刊》、《海燕周刊》、《新流》月刊，钱杏邨主编的《拓荒者》，郁达夫主编的《大众文艺》，田汉主编的《南国月刊》等十余种刊物。由于《拓荒者》等是"左翼"作家联盟的刊物，先后都被禁停刊。1931 年，书局在国民党当局逼迫下出版了文艺刊物《前锋月刊》。这些书籍为现代文学留下了一笔丰富的财富。

光华和现代书局都是以出版文艺书刊为主的，张静庐原曾打算让已有五六年历史的“光华”以出版文艺书刊为宜，“现代”则主要出版社会科学书刊。“现代”开业不久，张静庐因与洪雪帆意见不合而退出。因此，这些计划无从实现，但他仍尝试着创办一家以出版社会科学书刊为主要业务的书店。不久，在 1930 年由张静庐独资经营的上海联合书店筹办了起来。他四处张罗稿件，写信托李一氓转给在日本的郭沫若询问有没有社会科学方面的译稿，郭沫若将《中国古代社会研究》交给上海联合书店出版。上海联合书店开业后同时经营文艺书籍。营业状况也还可以。经过多方努力，开业一年左右出版新书近 30 种，不料竟有 17 种遭到国民党当局查禁。经此劫难，联合书店难以维持下去。经洪雪帆一再恳请，张静庐重返现代书局。联合书店的全部资产，包括书籍的纸型都作价转让给了“现代”，张静庐要创办一家专门出版社会科学著作书店的计划，至此又中途夭折。

张静庐重返现代书局后，在人事组织、经营管理、编辑业务等各方面都有较大的改革，成效显著。他邀请施蛰存主编《现代》月刊，每期发行量达一万四五千份，这在当时我国出版界是很少有的。出书的品种也随着增加，第一年的营业额由原来的法币 6 万余元骤增到 13 万余元；在几个大城市设立了分支机构，有重点地建立了自己的发行网络；根据资金周转状况制定了为期三年的编辑出版计划。现代书局在张静庐主持下，业务大为发展，成为当时国内颇负盛名的一家文艺书店。后来，因合作者之间对出版方针意见分歧很大，1934 年，当张静庐赴四川筹设分局之际，被排挤去职。随之，国民党当局派人“接管”现代书局，但这些党棍并不是真正从事文化工作的，没有多久，便无法维持而关闭。

张静庐自1914年自办报刊到1920年进泰东图书局任编辑，接着合资创办光华书局和现代书局，以及独资经营上海联合书店，几起几落，恰好整整20年，上海联合书店经营失败和在现代书局两次被排挤，给张静庐的打击十分沉重。张静庐根据长期从事出版工作的经验和切身体会，认为当时出版界只有三件事情还可以做，一件是编辑出版中小学教科书；一件是标点出版古籍（主要是笔记小说类）；一件是经营杂志发行业务。经过反复考虑，张静庐决定创办上海杂志公司。

1934年5月1日，张静庐的上海杂志公司开业，这是我国第一家以代订、代办、代理杂志发行业务为专业的新型书店，仅有20元的资金作为创办费。由于资金太少，张便采取“代订代办发行”为主，出版为副的方针，但还是出版了鲁迅所主持、黄源主编的《译文》，孟心主编的《自修大学》，艾思奇、柳湜主编的《读书生活》，沈兹九主编的《妇女生活》等杂志。1936年起，张静庐把重心转移到出版上，从此以后，他成了出版商。出版了《高尔基选集》、《中国文学珍本丛书》、《青年丛书》等100多种。

抗日战争全面爆发后，上海杂志公司为配合抗日宣传，编辑出版了一批战时新书，由张静庐自己编辑的有：《在西战场》、《东战场》、《平汉前线》和《闸北血史》等。随着时局的急剧变化，上海杂志公司总公司曾从上海迁移到武汉和重庆，并先后在重庆、桂林、长沙、宜昌、广州、柳州、梧州、金华、温州和昆明等城市设立了分公司，还在桂林设立了出版部。在抗战时期，上海杂志公司出版了大量宣传抗日救亡的书刊，如丁玲、舒群主编的《战地》，胡风主编的《七月》等刊物；陈毅著《怎样动员农民大众》、曾霞著《游击队的政治工作》、柳乃夫著《抢救华北》和《世界往那里去》、何干之著《转变期的中国》、马哲民著《新社会学》、沈志远著《中苏互助论》、任天马著《活跃的肤施》、宋之的著《自卫队》、萧红著《呼兰河传》、老舍著《火车集》、艾青著《他死在第二次》、姚雪垠著《战地书简》以及李辉英主编的“战地报告丛书”（计有碧野的《北方的原野》、田涛的《黄河北岸》、张庆泰的《在西战场》、姚雪垠的《战地书简》、李辉英的《军民之间》、张周的《中华女儿》、曾克的《在汤阴火线》、师田手的《背叛祖国的罪人》、黑丁的《沁河岸上》、石光的《鲁北烟尘》）、叶以群主编的“战地生活丛书”（计有刘白羽《游击中间》、舒群的《西线随征记》、罗烽的《莫云与尔漠少尉》、天虚的《两个俘虏》、陈克寒的《八路军学兵队》、刘白羽和王宗祀的《八路军将领》、吴奚如的《阳明堡大战》）。这两套丛书对武汉人民了解前线形势，了解共产党、八路军，了解日本帝国主义的侵华罪行，起到了积极的作用。此外他还出版了一批政论书籍和剧本，如《烙痕》（宋之的著）、《飞将军》（洪深著）、《八百壮士》（崔嵬著）、五幕剧《民族万岁》（宋之的、陈白尘合编）、《民众基本论》、《出狱前后》（章乃器著）、《抗战军队中的政治工作》（张静庐著），还有《怎样争取最后的胜利》、《汉奸的产生和扑灭》、《民族解放战争的战略和战术》、《活跃的肤施》、《大众剧选》（抗日剧本）、《全面抗战的政治形势》、《告大时代青年》、《改良教育与学生救国》、《青年军事常识》、《高粱红了》（诗剧）等。张静庐为了扩大抗日宣传阵地，除武汉外，还在重庆、广州、长沙、柳州、桂林、贵阳、金华、昆明建立分店达12处，大量刊行文艺书籍百余种，极力配合抗日宣传。在抗日战争的烽烟中，上海杂志公司在日本帝国主义和国民党当局双重摧残下，经济上遭受重大损失，广州、长沙、宜昌、柳州、梧州和温州等地的分公司相继沦于敌手，重庆分公司遭日机轰炸，金华分公司被国民党当局查封。1944 年湘桂大撤退途中，上海杂志公司总公司的资产在黔桂路金城江车站遭日机轰炸，毁于战火。据曾任上海杂志公司经理的张鸿志粗略估计，上海杂志公司前前后后出书上千种，为宣传抗日，传播新文化和新思想尽了自己的一份力量。

张静庐有明确的出版观。他曾说："我是个'出版商'，二十年来生活在这圈子里，姑不论对于文化工作做到如何成绩，对于社会影响达到怎样程度，但是，我是个'出版商'而不是'书商'，希望认识我和不认识我的朋友们对于我有这最低限度的了解！——这是'差之毫厘谬以千里'的分界线。"他认为，"钱，是一切商业行为的总目标。然而，出版商人似乎还有比钱更重要的意义在这上面。以出版为手段而达到赚钱的目的；和以出版为手段，而图实现其信念与目标而获得相当报酬者，其演出的方式相同，而其出发的动机完全两样。我们——一切的出版商人——都应该从这上面去体会，去领悟"。[①] 张静庐以毕生精力办书店、书局及杂志公司，积累了许多宝贵经验。他的许多经营方略至今仍能为人们提供许多启示。

（三）经营方略

经营出版业肯定需要资金，张静庐首先寻找有效的融资方式。

---

① 张静庐：《在出版界二十年》，江苏教育出版社 2005 年版，第 136—137 页。

张静庐亲手办的几个出版社，除了现代书局开办时较有基础外，其余的都近乎白手起家：光华书局开办时仅 25 元，上海杂志公司更是少到只有 20 元，饱尝了资金不足之苦。开办之初，张静庐除了凭借着与业内的关系，赊欠出书应付一时之外，主要是靠融资的方式获取周转资金。张静庐的融资方式多种多样，有募捐，邀股，也办读者俱乐部或预约出书。

1926 年初，光华书局为了有自家的门市店面，顶下了光华药堂的店基。当时的资本十分短缺，日子很不好过。在这种情况下，“由光华书局和静庐出面在一家春西菜馆请了一次客，邀请一些主要是静庐认识的工商界朋友，请他们对光华书局投资，连捐带募，筹集了一二千元钱”。正是由于有了这笔钱，光华书局的业务才比较顺利地发展起来。

1929 年夏，张静庐离开了偏重于文艺出版的光华书局，独资创办了一家偏重于社会科学书籍出版的书店——上海联合书店。在经营上海联合书店的一年时间里，张静庐曾组织儿童读书会，读者预先交纳一定的会费后便成为会员，出版者除了给会员购买本版书一定的折扣外，还对某些特定的本版书予以大幅度的价格优惠。设读者俱乐部或读书会，于读者，自可节省一笔购书经费，于出版者，则因预收会费在前，吸纳了读者的部分资金，既是融资手段之一种，对促销本版书也不无帮助。

1931 年夏，张静庐在洪雪帆的苦劝之下，重返现代书局，主持出版业务。在现代书局，张静庐继续着力于读者俱乐部的发展。除了将他原来在联合书店的儿童读者俱乐部带过来，发展为“现代儿童读书会”外，还在现代书局组织了针对女性读者的“现代妇女读书会”，针对一般成人读者的“现代读书会”，制定出详细的会员入会章程，并刊发定期出版的会员会刊——《读书俱乐部》半月刊。

办读者俱乐部，可部分解决资金不足的问题。而后张静庐在 1931 年 8 月 16 日，以现代书局的名义购买了《申报》一幅整版的版面，借现代书局创办 5 周年纪念之际，大张旗鼓地对外公开招股，每股 100 元，计划集资 10 万元。尽管在当时的书业界，招募股款不易到手，张静庐还是利用了多方面的关系，作了很大的努力。

预约出书，也是一种行之有效的融资方式。在过去的出版界，一般大部头图书的出版，基本上都采用这种方式。其程序是，出版社出书前，在报上大登广告，向读者广泛征订，预收读者部分书款。读者交钱在先，便可享受到出书后较高的价格优惠；出版者让利在后，便可鼓励读者多多预订，既促进了图书的销售，也免除了书款难收之顾虑。对于资金短缺的小出版社，更是可以先借读者的钱造货，真正可谓一举多得。“中国文学珍本丛书”是上海杂志公司出版的一套大型丛书，张静庐便采用了这种借鸡生蛋的方式，出齐了丛书的第一集，共计 60 种。

看准市场需要应对同业竞争，这是张静庐的另一个经营方略。“五四”以后，上海的出版业相互跟进，同类著作大量出版。面对同业之间的竞争，张静庐根据市场需要来调整策略。他当初办上海杂志公司，以贩卖期刊为业务内容，经过一年多的经营，稍有资本积累后，开始把业务拓展到图书出版领域。1935 年 9 月，古籍出版在中国出版界方兴未艾。“中国文学珍本丛书”就是在这个时期出台的。张静庐邀约施蛰存、阿英等名家负责编辑校对，以“珍本大众化”和“丛书杂志化”相号召，广泛征订，预约出书。所谓珍本大众化，就是将一些流传较为罕见的古籍，用低廉的价格将它们选印出来，供应给一般大众读者；所谓丛书杂志化，就是规定该丛书的刊行，每逢星期六出版一部，其情形类似于定期出版的周刊杂志，并且，为避免读者阅读时感到枯燥和单调，更是有意将诗词文曲调剂开来，在出版时间上错杂分配。在当时商务印书馆、中华书局、开明书店等大书局都在大张旗鼓出版古籍的兴头上，张静庐将“中国文学珍本丛书”作这样一种选题安排和出版策略，从商业竞争的角度而言，应该说是别具匠心的，尽管在当时，由于计划得不够严密，加上印刷技术等方面的限制，该丛书在出版后，在编选和校印的质量上并不尽如人意。

事实上，当时像上海杂志公司“中国文学珍本丛书”这些古籍的出版，其竞争对手还不仅限于商务印书馆这样大的书局，角逐者当中，还有像上海中央书店这样一些平时出版“一折八扣”书的书店。《金瓶梅词话》是“中国文学珍本丛书”中之一种，也是整套丛书中最有商业卖点的重要品种之一。当时，上海中央书店老板平襟亚，① 也在一声不响地请人删节、标点《金瓶梅词话》，交印刷厂排印，特别提高排字工人工资，要求印刷厂赶在上海杂志公司以前，把他们的《金瓶梅词话》抢先印出。张静庐听到这个消息，估计他的书势必要落后一个多月才能出版，这对他是非常不利的。于是，张静庐请平襟亚吃饭，直截了当地和他谈判，晓之以理，许之以利。张静庐说，他的《金瓶梅词话》是整个丛书之一种，“词话”的销数，连带影响到丛书其他品种的销量。而中央书店的“词话”是单种书，销数多少，和其他书没有关系。因此，

① 平襟亚（1894—1980），名衡，笔名秋翁，襟霞阁主等，江苏常熟人。曾写过小说杂文，做过上海世界书局编辑，1927 年在上海开设中央书店，1941 年又创办万象书屋。新中国成立后主要从事弹词写作。

张静庐要求平襟亚把排好的“词话”让上海杂志公司先印一版，然后将全副纸版送给中央书店印行。所有排字工人的工资都由上海杂志公司负担。谈判的结果是，平襟亚接受了张静庐的建议。就这样，张静庐以他在竞争中的积极态度，挽回了营业中可能造成的重大经济损失。

为读者着想也是张静庐独特的营销策略之一。张静庐曾经多次对人说过，他自己从少年时期就酷爱读书和写作，对书刊有特殊的爱好，在上海当学徒的时候，经常在福州路几家书店里流连忘返。深知爱书又无钱买书的尴尬心情。1925 年他和人一起创办光华书局的时候便采取开架售书，从而开现代中国开架售书之先河。1934 年他自己创办上海杂志公司时，第一件事就是把所有的新书新杂志都公开地摆放起来，竭诚欢迎没有钱买书的读者自由自在地翻看所需要的书籍和杂志。起初，出版界的同仁还以为他是由于添置不起贵重的玻璃窗、为了节省装修费才这样做的，但后来看到杂志公司里的读者都拥挤着、站着看书的热闹场景，均纷纷仿效，以至相沿至今。

张静庐办的诸多书局中，以上海杂志公司的名气最响，影响也最大。作为全国第一家专门贩卖杂志的公司，它的创办，最能说明张静庐富于开拓，敢为人先的胆识与气魄。在创办上海杂志公司时，张静庐决心要把上海杂志公司办成“杂志市场”，只要你进了上海杂志公司的门市部，便能看到全国各地出版的杂志，不管多么专门、冷门的杂志，别处没有的，“杂志市场”里都能买到。张静庐认为只有这样做才能树立上海杂志公司的声誉，真正做到“切实为读者服务”。为使上海杂志公司名副其实，做到读者需要什么杂志，便会很自然地想到上海杂志公司，张静庐在业务上提出三点要求，即快、齐、廉。所谓“快”，因杂志的时间性很强，过期杂志经常没有人过问，所以必须做到供应迅速及时，只要杂志已经出版，在上海杂志公司的门市部便能买到。为做到这个“快”字，宁可做点亏本生意。当时上海杂志界有个惯例，读者直接到出版单位购买可享受9折优惠，新出版的杂志经常在出版后3天之内不向同业批发，除非到他们自己的门市部去零买。上海杂志公司不惜零买，按原价转卖给读者。所谓“齐”，是指上海杂志公司不仅备有当时常见的畅销的杂志，专门、冷门的杂志也照样备货。张静庐认为，专门、冷门的杂志，印数不会多，读者不容易买到，所以也要适量备几本，不能考虑有可能卖不出去而不备货。所谓“廉”，是要减轻读者负担。上海杂志公司采取“两天生意一天做”的办法，譬如说，一天的营业额要达到20元才能维持开支，现在用廉价销售的办法，使它一天的营业额达到40元。表面上看这样做盈利少，但从全局看，实际上并不少，“薄利多销”只有好处没有害处。张静庐认为“快、齐、廉”这三点要求，是办好上海杂志公司，使上海杂志公司真正成为“杂志市场”必须做到的最基本的条件。上海杂志公司在上海和各地同业的支持下，又采取了种种方便读者和符合读者利益的经营办法。使业务快速发展。紧接着，张静庐又提出了读者在上海杂志公司订阅杂志，有“改订、退订的绝对自由”，并公诸报端，这就更增加了读者对上海杂志公司的信任和支持。

“改订、退订绝对自由”看来是相当大胆的经营方法，但却证明是成功的经营方法，这正是具有远见的出版家张静庐的风格，而迥然不同于一般出版商之处。在张静庐的心目中，读者订阅某种杂志，经常只是看到广告，没有见到刊物，后来看到刊物，觉得它的内容与自己原来想象的不一致，不打算续订下去。也有的杂志，创刊号和开头几期内容较充实，后来有了变化，内容不如以前，令读者感到不满意。张静庐根据自己当读者时的体验，认为发生这种情况是常有的，上海杂志公司应当允许读者有退订的自由。如果读者中途兴趣改变，或者看到有更适合于自己阅读的杂志，打算改订，也应同样享有这个自由。张静庐还说，也有一些杂志，办了几期，因种种原因而停刊，为了不让读者经济上受到损失，必须尽快将余款退还。上海杂志公司还想方设法为一部分通讯地址不固定、流动性较大的读者想了不少提供方便的服务办法。张静庐说，上海杂志公司是以经销为主的发行机构，读者购买力低下，出版界的竞争又十分激烈，不得不动脑筋想出各种办法，尝试着走别人所想不到、走也不愿意走的崎岖小路。这些符合读者的需要策略，使读者订阅和配补各种杂志感到特别方便，因而对上海杂志公司产生亲切之感。其效果也十分显著，在最初的两个月里，每天的营业额从 10 余元迅速增加到了 200 余元；到了第 3 个月，1 个月的营业额竟达 9000 余元，几乎可以同当时上海的一些大书店相比。上海杂志公司开业 5 个月，除去各项开支，纯赚了几千元。

张静庐还有一个经营策略就是建立发行网。1949 年以前的中国书业界，在图书销售渠道上，从未建立起将出版者与零售店联结起来的图书批发机构。这种中介机构的缺失，使得图书出版者不得不一一地与内地的书籍零售商打交道，效率低下且不说，最令人头疼的是，书款往往难有着落。旧时的书业行业规矩是“吃倒账”，零售店欠账进货，卖后给钱，一年三节[①]是双方结算的日期，信誉好的，尚能按时结算，信誉不好

① 一年三节：指一年中的端午、中秋、春节。旧时工商界多在这三个节日结算账目。

的，则是长期拖欠。不催是呆账；催时又是全国各地星星点点的这里三本，那里两本，讨回来的钱可能连路费都不够。张静庐在《自传》中，对出版人的这种无奈，有着深刻的体会和痛心的描述。过去的很多小出版社，因为这种“账底”的关系，资金周转不灵而最终倒闭的大有人在。针对这种书业现实，大一点儿的出版社多走自办发行的路线，除了在上海设立总店外，还在全国的各主要城市开设分店，主要是销售本版书，之余也贩卖一些外版图书。过去的商务印书馆、中华书局、世界书局、开明书店、正中书局等大书局，基本上都采用这种发行模式。小一点儿的书局，为了避免过于被动，在无力开设分支机构的情况下，也热心于与外地的某家书店建立特约经销的契约关系。外地书店交纳部分保证金，便可享受某一区域该社图书的营业独占。出版者在给予特约店特权的同时，对其每年的营业额也作出一些硬性的规定与要求。双方既互惠互利，又彼此牵制。出版社用这种方式建立的发行网，在资金往来上，相对来说就较有保证。

张静庐因地制宜，相机而动地在一些地方设立过分支机构。比如，大约在 1926 年底 1927 年初，张静庐去南昌考察，发现南昌对新书刊具有强烈需求，因此便在南昌开设了第一家贩卖新书刊的书店。果然，这家不久便开张的书店，生意大好，书店里挤满了读者，从上海每次运来的大批新出版物，不到一两天就全部卖空。南昌的这家书店，是光华书局的第一家分支店。光华的第二家分支店，则是 1928 年夏在北平开设的，也是张静庐到北平旅游，看到北平经营书店的商人多很守旧，销售新书刊的北新书局又偏在翠花胡同，便建议在北平热闹的中心地区——王府井开设起来的。这家小书店，对北平的新书业的发展起到了推动作用。

在外地相时而动地建立分支店，是张静庐拓展本版图书销售渠道的重要手段。除此之外，他还注意利用上海出版中心的地理位置，试图在自家的店堂内，大做发行方面的文章。包括为学校、学术团体、图书馆等机关单位开展外版书刊的代购代销业务；为内地书店同业开展上海版书刊的配购批发业务等。1934年3月8日现代书局在《申报》上刊登的一个告示——《现代书局敬告全国各图书馆、杂志社、学校、书店公鉴》，正表明了张静庐的这些打算。其中贯穿的就是一种他利与自利相结合的经营理念。

（三）著述整理

张静庐不仅是一位出版家，还是一位出版史家。早在二三十年代，张静庐就曾出版过《中国小说史大纲》（泰东图书局1920年6月版）、《中国的新闻记者》、《中国的新闻纸》（光华书局1928年10月版，1930年7月修订再版时，两书合在一起，改名为《中国的新闻记者和新闻纸》）、《新闻学概要》、《中国的通信社》（光华书局1930年版）、《在出版界二十年——张静庐自传》（上海杂志公司1938年版）等一系列著作，他的自传是研究中国现代出版的珍贵史料。

新中国建立后，他担任过联营书店总经理，上海出版工作者协会筹备处副主席，中央人民政府出版总署历任计划处副处长、私营企业处处长、出版总署专员、古籍出版社编审、中华书局编审、中国近代史编辑组组长等职。但他主要致力于中国现代出版史料的整理工作，1954年他编辑出版了《中国近代出版史料》初编、二编和《中国现代出版史料》甲编、乙编、丙编、丁编和《中国出版史料》补编（《中国近代出版史料》初编由上海杂志公司1953年10月版，中华书局1957年12月再版，其余由中华书局在1954—1959年间陆续出版）。全书共

8册，共250万言，收录了自1862年京师同文馆创立至1949年中华人民共和国成立87年间出版事业的重要资料，包括图书期刊、教科书、印刷装订技术、出版法令、图片、年表、书影等。保存了大量丰富的第一手出版史料，有的辑录于当时的图书期刊，有的是未经公开发表的，还有的资料是特约编写和专门调查的，极为难得，对于中国近现代出版史和文化史的研究具有极为重要的参考价值。他的著作已经成为我国文化史、出版史上的重要文献。

张静庐自传
《在出版界二十年》

我国近现代的新闻出版事业，对传播文化知识和介绍近代先进的资本主义文明，作出过自己的积极贡献。但是对中国近现代出版事业本身的研究，长期以来却很少引起注意和重视。张静庐早在50年代初就已经着手做了大量工作，1958年以后，他在继续搜集整理中国近现代出版史料的基础上，曾经设想编撰一部《中国近现代出版大事记》，并已经积累了丰富资料，做了大量卡片。他还打算写一部《中国近现代出版史》，他所撰写的《戊戌变法和出版事业》（载《戊戌变法六十周年纪念论文集》，中华书局1958年版）和《戊戌变法前后报刊作者字号笔名录》、《辛亥革命时期重要报刊作者笔名录》（载《文史》第1、4辑，中华书局1962年、1965年版）等工作，都是这个计划的部分准备工作。他希望在退休后继续完成这一计划，不幸未能实现。

张静庐一生从事新闻出版工作，虽几经挫折，但作为一位卓有成就的出版家和出版史家，他当之无愧。

邵洵美与他的出版事业

邵洵美

邵洵美（1906—1968），原名邵云龙，浙江余姚人。民国时期著名作家、出版家、翻译家、诗人。“新月派”代表人物之一，狮吼社、中国笔会的成员。与作家刘呐鸥、穆时英同为“都市现代派”代表作家。早年就读圣约翰中学，后就读于南洋路矿学校。1924 年春留学剑桥大学经济系，因经费不足，未拿学位即回国。1927 年曾任南京市政府秘书 3 个月。1928 年开始创办书店，出版书刊。先成立金屋书店，主编《狮吼》、《金屋》等杂志。1933 年创办上海时代图书公司，出版《新月》、《论语》、《时代》画报、《万象》等刊物，以及“新诗库丛书”、“自传丛书”等，影响很大。抗战期间，主编《自由谭》。1938—1939 年间出版毛泽东《论持久战》英文本（项美丽翻译，序文为邵自译）。1949 年《论语》因讽刺政府被勒令停刊。1950 年迁居北京。不久，《人民日报》一连 7 天批判上海时代书局出版物中的错误，使出版社被迫停止经营。1958 年因一封英文信以“反革命罪”被捕入狱，1962 年 4 月释放。1968 年 5 月 5 日病逝，留下许多债务。1985 年 2 月，“历史反革命案”正式平反。有诗集《天堂与五月》、《花一般的罪恶》、《诗二十五首》，译作《一朵朵玫瑰》，理论著作集《火与肉》，散文集《一个人的谈话》等。

邵洵美是诗人，也是出版家，他对中国现代出版贡献良多。在现代上海，邵洵美是出版界、文化界、文艺界一位举足轻重的人物。在中国现代出版史上，邵洵美是个人投资购买影写版印刷机的第一人；他开办的时代图书公司，出版了一系列有影响的期刊，培养了很多作家、编辑、漫画家；他自己也编辑出版过一些有影响的刊物。具有诗人气质的邵洵美，出版唯美不唯利，所以也有人说，他不是一个成功的出版家。

（一）诗人出版家

邵洵美出生于显赫家庭，祖父邵友濂是同治年间举人，官至一品，曾以头等参赞身份出使俄国，后任湖南巡抚、台湾巡抚。外祖父盛宣怀（亦即邵妻盛佩玉的祖父）是著名的洋务运动中坚人物，中国近代的第一代大实业家，富甲一方。又因邵洵美过继给伯父邵颐的关系，按谱系，李鸿章当是他的叔外祖父。邵洵美中学就读于上海圣约翰中学，后转学南洋路矿学校（上海交通大学的前身），1923年毕业。1925年2月，乘船赴英国留学，先在剑桥大学读预科，后来考进剑桥大学的伊曼纽尔学院（Emmanuel College of Cambridge University）经济系，1926年中断学业回国。1927年4月，老朋友刘纪文出任南京特别市市长，邀请邵洵美去当秘书。他只干了3个月就弃官而回，发誓一辈子再也不当官。他沉浸在读书、写诗、作文章、编杂志、办书店的忙碌中。

邵洵美对于出版情有独钟。12岁时，就曾领着弟弟妹妹在家里办了份报纸，名曰《家报》，模仿日报样式，把当日新闻和自己所闻所见的趣事写在32开纸上，誊写四份，送给祖母、母亲和两个姑姑。1926年，22岁的邵洵美成为狮吼社的主要成员，主持社务后创办了《狮吼》月刊，这是邵洵美文学出版活动的第一站。1928 年，在办《狮吼》的同时，他用祖上留下的遗产创办了金屋书店及《金屋》月刊。1932 年，邵洵美创办上海时代图书公司，出版《时代》画报、《论语》半月刊、《十日谈》旬刊、《人言》周刊、《时代漫画》、《万象》画报、《时代电影》、《声色画报》、《文学时代》、英文版《直言评论》，以及“新诗库丛书”、“论语丛书”、“自传丛书”，等等，其影响延续至今。《论语》问世后立即成为一本畅销杂志，还在文学史上创下了一个流派：论语派。从办金屋书店到时代图书公司、第一出版社，曾拥有 11 份杂志，上海“孤岛”时期又借外国友人之助办了两份抗日杂志。1935 年是上海时代图书公司最兴旺时期，他曾一度同时出版 7 份杂志，因其出版日期的参差，每隔五天就有两份与读者见面。自 1928 年到 1950 年的 22 年中，邵洵美的全部精力都用在了出版事业上。

邵洵美把开书店、出刊物作为终生事业去追求，娱人悦己，不以谋利为旨，常在亏损累赔的情况之下亦倾注全部心血和财力去经营。洵美天性是个诗人，却算不上是一个合格的商人。他干的很多事中，往往只是自己认为有意义，会受社会欢迎，而很少去做市场调查，缺乏通盘考虑。为了追求唯美效果，1932 年初，邵洵美曾变卖房产向德国订购了全套影写版的照相、制版、印刷设备，却没有充分考虑业务量的问题。由于经营不善，五六年中曾亏蚀一两百万元，以致一份偌大殷实的家产被消耗殆尽。

1949 年新中国成立，邵洵美留在上海，被定为“工商业主”。[①] 夏衍代国家征购了邵洵美的那台德国印刷机，邵洵美得了一大笔款，这又激起了他扩大书店的愿望。1950年元旦，邵洵美全家移居北京，他想在京开设时代书局分店。但不久，《人民日报》一连7天以每天半个版面的篇幅批判上海时代书局的出版物中有这样那样的错误，随之而来的是上海新华书店的大量退货。因资金严重亏损，再也无法运营，邵洵美的出版事业就此画上了句号。

1958年邵洵美因“历史反革命”罪被投入监狱，1962年4月才被释放。他的经济状况一直很困顿，1968年5月5日，这位曾经富有的诗人出版家因病去世，留下了一笔不小的债务。

（二）创办服务于友人的金屋书店

1926年夏天，邵洵美留学回国途中在新加坡偶然看到滕固等人编辑的《狮吼》半月刊，极为欣赏，一到上海便成为狮吼社的关键成员。邵洵美主持社务以后，凭借其经济实力，先后推出了“狮吼社丛书”和《狮吼》月刊（1927年5月—1928年3月）、《狮吼》半月刊复活号（1928年7—12月），出版了滕固的理论专著《唯美派的文学》、自己的诗集《天堂与五月》，发表的诗歌《神光》、小说《搬家》等受到文坛好评的作品，还撰文介绍了罗赛谛、[②] 乔治·摩尔[③]等有影响的

---

① 20世纪50年代初期，曾按照特定标准给国民划定阶级成分。农村分为地主、富农、上中农、下中农、贫农或雇农；城市居民分为资本家、工商业主、自由职业者、工人等等。其子女的家庭出身也按此沿袭。工商业主属于被改造的对象。此制度1979年废除。

② 丹特·加布里埃尔·罗赛谛（1828—1882）英国诗人，画家。他是19世纪英国前拉斐尔派的核心成员之一，也是该派向唯美主义转变的领导人物。有诗歌《情书》、《白日梦》等。

③ 乔治·摩尔（1852—1933）爱尔兰作家，曾留学法国学习绘画，著有《一个青年的自白》、《爱洛伊丝和阿贝拉》等。

外国作家。

1928 年，金屋书店宣告诞生。“金屋”这名字的取义，既不是出于“藏娇”的典故，也不是缘于“书中自有黄金屋”的诗句，而是由于一个法文字眼，即“La Maison d'or”，其声音悦耳动听，照字义翻译过来便成了“金屋”。金屋书店自开办后大约出书 30 种左右。包括狮吼社同仁的著作（如滕固的《外遇》、章克标的《银蛇》、黄中的《妩媚的眼睛》、邵洵美自己的《一朵朵玫瑰》等)、朋友的作品（如郭子雄的《春夏秋冬》、卢世侯的《世侯画集》、张若谷的《文学生活》等）和朋友相托之书（如沈端先的《北美印象记》、王任叔的《死线上》、陈白尘的《漩涡》等)。这些书均属文学范畴，多为小说、理论、诗歌和译著，大都具有唯美色彩，很少有畅销书。邵洵美不是一个“称职”的书店老板，无论在寻找著作人、组织书稿，还是在书店的经营筹划上，都漫不经心。他办金屋书店，主要是自用，服务于他和他的文友。他很重视图书的装帧，他的书有各种开本，各种版式，用纸考究。他出版的书籍，封面装帧常是独具一格，别出心裁。他把资金全部投入对艺术的追求，根本不图经济利益。所以邵洵美的金屋书店，于 1930 年 10 月关闭。1929 年出版的《金屋》月刊出满一卷十二期后也不告而停。

（三）创办“追求精美”的上海时代图书公司

1930 年底，应漫画家张光宇的邀请，邵洵美加入中国美术刊行社，关闭了金屋书店，投资办《时代》画报。他十分重视画报，认为“画报能走到文字所走不到的地方”，“先要用图画去满足人的眼睛，再用趣味去松弛他的神经，最后才能用思想去灌溉人的心灵”。为了使画报达到最佳效果，他于 1932 年初用出卖房产所得的 5 万元美金，从德国订购了全套影写版的照相、制版、印刷设备，并于当年6月成立了时代印刷厂。这套德国机器也是我国印刷界正式使用的第一套影写版印刷设备，代表了当时的最高水准。不过在经营上，时代印刷公司业务不足，机器停工的时间远比开工的时间要长，且常有制版印刷的款项收不回的情况。

1933年10月，邵洵美创办时代图书公司。1933年12月，又成立了第一出版社。这个出版社是为了保护时代图书公司而采取的一种策略，用来出版邵洵美所办的带有政论性的刊物，如《论语》、《十日谈》、《人言》等。

《时代漫画》

时代图书公司当时拥有九大刊物，按创刊时间依次为：《时代》画报（1929—1937）、《论语》（1932—1937、1946—1949）、《十日谈》（1933—1934）、《时代漫画》（1934—1937）、《人言》周刊（1934—1936）、《万象》画报（1934—1935）、《时代电影》（1934—1937）、《声色画报》（后改周报，1935—1936）、《文学时代》（1935—1936）。这些刊物装帧漂亮，内容丰富，有些在当时堪称独树一帜，起着引领时代潮流的作用。如《时代》画报画面精美，关注时事，从1929年一直办到1937年，在长达九年的历程中，出版期数多达119期（包括一期号外），基本涵盖了抗战全面爆发以前的整个30年代。《时代》画报完整地展现了许多事件，使人们能够以一个连续的视角观察社会。它刊发的几万幅照片、几千篇文章堪称一个巨大的宝库，任何领域从事研究的人都能从中发掘出宝藏。再比如《时代漫画》出版时间长达三年半，拥有百人以上的作者队伍，发行数量达一万册，是民国期间我国出版时间最长、影响也最大的漫画刊物。散文刊物《论语》问世不久即一纸风行，且历久而不衰，不但分流出众多跟风模仿的杂志，还在文学史上形成了一个文学流派——论语派。《人言》周刊兼蓄时论和文学作品，风格鲜明，出版期数多达115期。撰稿队伍包括胡适、郁达夫、林语堂等名家。

邵洵美并不单纯以出版物的数量多而满足，而是追求出版物有新意，对文学艺术有贡献。他主持的《声色画报》、“论语丛书”、“自传丛书”、“新诗库丛书”、“时代科学图画丛书”等，都是苦心孤诣、辛勤策划的出版物，耗费了大量心血。但结果往往是付出难以得到回报，最终以亏本告终。“时代”同仁1934年创刊《万象》画报时充满豪情，宣称要“将现代整个尖端文明的姿态，用最精致的形式，介绍于有精审的鉴别力的读者”，画报为大16开本，有大量彩页，用三色铜版和彩色橡皮版精印，内容非常丰富，装帧堪称豪华。但刊物出版后亏得十分厉害，只出了三期就不得不停刊，因为过高估计了读者的“欣赏兴趣”和“购买力”。

（四）创办“追求自由”的时政书刊

抗战时期，邵洵美的出版思路也进行了相应的调整，从“唯美”到“现代”再到“紧跟时代”，越来越贴近民众，贴近生活。伴随着“一·二八”事件，邵洵美及时创办《时事日报》，反映民众的抗战呼声，唤起全国人民同仇敌忾的抗日情绪。1938—1940年期间，他与项美丽合作创办《自由谭》

月刊（1938 年 9 月 1 日创刊），即 *Candid comment Chinese Edition*（《直言评论》中文版），旗帜鲜明地提出“追求自由”的理念。他以各种化名为《自由谭》写了许多富有战斗气息的短论，揭批日寇的暴行和汉奸的无耻。同时，他又借《自由谭》向读者推荐毛泽东的《论持久战》，称它是一部“人人能了解，人人能欣赏，万人传颂，中外称赞”的作品。项美丽将该文译成英文后，邵洵美立即将其在《直言评论》（《自由谭》英文版）上连载，并出版了《论持久战》的单行本。毛泽东专门为英文版《论持久战》写序，邵洵美又亲自将其译成英文列在单行本前面。《自由谭》深受读者欢迎，还远销香港，受到香港《大公报》的佳评。英文版在外国人圈内影响颇大，特别是连载了毛泽东《论持久战》的英译文。后来被迫停刊。

抗战胜利后，邵洵美仍致力于出版业，曾出任《见闻》时事周报总编。复办《论语》半月刊时，尽管经济拮据，他仍咬牙负债经营，要借此继续给读者“心灵的灌溉”，让人们能在愁苦中发出“会心的微笑”。这本刊物用“谑而不虐”的“春秋笔法”倾吐自己的不满心声，批评时政时弊，挖苦国民党政府钳制言论自由，讽刺“国大代表”选“总统”的丑剧，指责“金融改革”、实施“新经济政策”的失败，揭露其收缴黄金美钞，使人民损失巨大的阴谋。及至人民解放军逼近天堑长江，国民党政权摇摇欲坠，蒋介石首先逃往台湾，接着达官富豪纷纷出逃时，《论语》出版了“逃难专号”，对他们讽刺到了极致，这时不再管什么“论语同人十戒”了，于是《论语》被勒令停刊。《论语》是邵洵美办的所有刊物中唯一有盈利的，从 1932 年 9 月创刊到 1949 年 5 月（其间抗战八年停刊）共出版了 177 期。其中邵洵美主编近百期。

邵洵美也许不是一个成功的出版家，但他“为文化”而出版，着眼于提高大众整体文化水平的出版理念使他对中国现代出版作出了重要贡献。毁家兴书，是这位诗人出版家最与众不同之处，他出版的书籍、杂志已成为见证历史的重要史料，对中国现代文化研究具有独特的价值。

丁景唐的编辑出版事业

丁景唐

丁景唐（1920— ）笔名丁英、歌青春。浙江镇海人。曾就读东吴大学、沪江大学、光华大学三所大学的社会学、经济学与中文专业，毕业于上海光华大学中文系。1938 年冬开始从事文学创作和编辑工作，创办《蜜蜂》文艺半月刊。1947 年到香港、广州，在香港《华商报》和《周末报》发表文章。1948 年回上海。1949 年后历任上海市委宣传部文艺处长、宣传处长、新闻出版处长、上海市出版局副局长。1979 年出任上海文艺出版社社长兼总编辑和党组书记、名誉社长、编审。曾任上海《小说月报》、《译作文丛》、《文坛月报》编辑，中国作家协会会员，第二、三、四届全国文代会代表，中国鲁迅研究学会理事和顾问理事，中国出版工作者协会理事和上海市出版工作者协会副主席，上海市编辑学会名誉顾问，中国韬奋基金会理事。丁景唐是从事鲁迅、瞿秋白、“左联”五烈士研究的著名学者，曾为上海文艺出版社策划影印“左联”、“文总”等文学刊物 40 余种；他主持编辑出版了《中国现代文艺资料丛刊》、《中国现代文学研究丛书》、《中国现代作家论创作丛书》以及《中国新文学大系（1927—1937）》20 大卷（获第六届中国图书奖一等奖），1992 年获国务院“有突出专业贡献”证书，享受政府特殊津贴；1995 年获中国作协颁发的参加抗日战争老作家纪念牌。出版著作有诗集《星底梦》；论文集《妇女与文学》、《怎样收集民歌》和《学习鲁迅作品的札记》等；编有《左联五烈士研究资料编目》、《学习鲁迅和瞿秋白作品的札记》、《瞿秋白著译系年目录》、《殷夫集》等。2004 年出版个人“六十年文集”——《犹恋风流纸墨香》。

丁景唐因父母闯关东而出生于松花江边的吉林市，早年父母双亡，1931 年来上海依叔父、姑姑生活。他从 18 岁便开始尝试做编辑，在以后 70 多年的岁月中，始终以编辑出版为自己一生所专注的事业。

（一）由《蜜蜂》起步的编辑生涯

丁景唐创办的第一份刊物，是和同学王韬（后为烈士）在 1938 年秋天合办的《蜜蜂》。《蜜蜂》是一份 16 开本的正式公开出版发行的文艺半月刊。当时他们一无经验，二无技能，在一位热心人的帮助下，他们向报社编辑请教有关编辑、排版方面的业务知识，又在一家小印刷厂里学会了编排、校对和拼版。虽然《蜜蜂》出版两期后便因故自动休刊了，但这段经历却对丁景唐的一生都有非常深刻的影响。这是他编辑生涯的起步，从此他与编辑出版事业结下了不解之缘。这次小小的尝试，使丁景唐积累了编辑经验，也尝试了以广告筹集经费、依靠发行所、依靠报贩进行推销的发行方式。

1940 年冬，丁景唐负责编辑由上海基督教学生团体联合会（简称上海联）主办的机关刊物《联声》月刊。《联声》停办后，1944 年，丁景唐到联华广告图书公司主办的《小说月报》任编辑，发起大中学生征文，发现了不少有才华的文学青年。1945 年 2 月，丁景唐负责领导当时唯一由共产党办的刊物《莘莘月刊》，《莘莘月刊》共出版四期，新中国成立后列入了上海党史大事记（丁景唐将珍藏半个世纪的全套《莘莘月刊》，捐赠给党的一大会址纪念馆）。

1945 年 7 月，丁景唐与人一起创办《译作文丛》，但仅出版了第一辑《谷音》。1945 年 8 月，为了迎接抗日战争的胜利，丁景唐利用编《莘莘月刊》剩下的纸张，编辑出版了一份战斗性较强的《新生代》小刊。同年 10 月，抗战胜利，丁景唐又以《译作文丛》编辑的身份，迅速筹办了《时代学生》这一刊物。《时代学生》共出版十三期。从第四期起，刊物由地下党员陈昌谦领导。

这一年，丁景唐还利用与联华图书有限公司总经理陆守伦的老关系，说服陆将原先《小说月报》改刊成一份纯文学刊物《文坛月报》，特邀老作家魏金枝任主编，陆守伦为发行人。丁景唐负责具体编辑事务，协助魏金枝工作。《文坛月报》较好地体现了党的文化统一战线政策，上海作家与解放区、原大后方作家的广泛合作，几乎上海的地下党员作家都为之写稿。该刊出版至第三期，因国共和谈破裂，内战一触即发，《文坛月报》也以无法维持而告终。丁景唐还与其他同仁一起主持“上海文艺青年联谊会”（简称文谊），并创办会刊《文艺学习》小报。1947 年，丁景唐被国民党反动当局列入黑名单。他按照上级通知秘密离开上海，先到宁波、镇海一带，进行民间文学研究，收集了大量民歌。后去广州、香港，曾为香港《华商报》、《周末报》，及上海的《时代日报》、《妇女》

等报刊写稿。1948 年，丁景唐应沪江大学中文系主任朱维之邀请，任该校中文系助教。后调至宋庆龄主持的中国福利基金会（1949 年后改称中国福利会）工作，迎接上海解放。

从 1938 年主编《蜜蜂》到 1947 年离沪的整整 10 年时间，丁景唐领导和参与创办编辑的报刊约有十种，积累了丰富的文学编辑工作经验。这为他以后的编辑出版工作打下了坚实的基础。

（二）《申报》影印与《辞海》修订

20 世纪 50 年代到 60 年代中期，丁景唐参与了我国近现代文化史上两项重要的出版工程。

第一项是文化部 1957 年开始策划的《申报》影印工作。《申报》于清同治十一年（1872）由英人安纳斯脱·美查（Ernest Major）等在上海创办，1949 年 5 月 27 日停刊，历时 78 年，共出至二五五九九号。《申报》是中国近现代史上一份历史最久、影响最大的重要报纸，是研究我国 19 世纪至 20 世纪中期政治、军事、经济、文化、社会等百科全书式的历史载体。作为我国历史最悠久的报纸，《申报》相当于一部“近代百科知识宝库”。

20 世纪 60 年代初，这项任务移交上海。1961 年，丁景唐出任上海市出版局副局长后，立即召开座谈会听取意见，明确《申报》影印出版的指导思想，不遗余力地推进此项工程的进行。他调整人员配备，从局出版处将《文汇报》老报人徐铸成调来负责索引编制工作，又将原局办公室主任方学武调任出版文献资料编辑所主任，同时又协调机构，将《申报》影印组并入出版文献资料编辑所。这些举措，明显地提高了效率，至 1966 年“文化大革命”前，《申报》影印工作取得初步成效：收集整理《申报》母本补上缺页，又将部分报纸复印成样张，对《申报》索引也拟订了编制要求的体例。同时，还制定了先将1917—1937年的《申报》进行影印的计划。然而，“文化大革命”骤来，《申报》影印出版工作被迫停顿。直到1987年，这套新中国成立后最大的一部纸质出版物——400册的《申报》才影印完成，时间已跨越了30年。

丁景唐参与的第二项重要出版工程就是《辞海》的修订工作。《辞海》是一部汉语大型综合性工具书。这部辞书从1915年开始商议，1928年开始编纂，1936—1937年分别出版了上下册，直到1947年才出版《辞海》合订本。新中国建立后，基于内容与形势不相适合，乃建议重新修订。1961年，丁景唐受《辞海》编辑部之托，带领南方组13人，一路风尘，到浙江、江西、湖南、福建、厦门、广东六省市征求意见。在广州，丁景唐两次访见时任中宣部副部长的周扬，周扬认为：《辞海》（试行本）的编写“是一个很大的成绩”，并提出不少宝贵意见，丁景唐作了详细记录。回沪向市委作了工作汇报。又在三个征求意见组汇总讨论基础上，丁景唐执笔起草了向中央宣传部请示关于修订《辞海》的报告。1965年4月，《辞海》（未定稿）上下册精装本出版。

（三）发掘现代文学史料

1954年，丁景唐见到了谢旦如捐赠给上海鲁迅纪念馆的一批30年代鲁迅等主编的“左翼”文艺刊物，其中有一些是罕见的珍本，如1931年编印的纪念“左联”五烈士的《前哨》和《文学导报》。丁景唐凭着学者特有的敏锐，立刻意识到了这批期刊的价值。上海在二三十年代是新文学发展的重镇，各种类型的文学刊物层出不穷。但历经天灾人祸，当年印数仅一两千册的刊物，现在存量极少，有的将“濒临绝境”，如不及时抢救，就会被永久湮灭。为了使这些第一手的珍贵史料能得到妥善的保存和广泛的传播，他“利用职务之便”（他当时是宣传部的领导），向当时的新文艺出版社（即上海文艺出版社的前身）建议广泛征集中国现代文艺书刊，影印“左联”时期的文艺刊物，并会同有关编辑一起制定了影印计划，亲自为影印刊物撰写“出版说明”。1958—1963 年，陆续印出了 41 种刊物，包括“左联”、文总（“左翼”文化总同盟）、创造社、太阳社、艺术剧社等办的刊物，如《前哨》、《文学导报》、《萌芽月刊》、《拓荒者》、《太阳月刊》、《北斗》、《文化批判》等。有的期刊已无处寻觅，比如《前哨》第一期。1931 年，“左联”为抗议国民党反动派杀害“左联”李伟森、柔石、胡也频、冯铿、殷夫五位青年作家及另一位“左联”戏剧家宗晖同志，出刊了“纪念战死者专号”，《前哨》仅出一期，第二期就改名为《文学导报》。通过这些刊物的影印，进一步挖掘了刊物本身所蕴藏的重大革命历史文献价值，否则有许多历史课题都会因缺乏原始资料而得不到证实。影印工作可谓利在当代、功垂千秋，为学界在这一领域深入研究作出了基础性、开拓性的工作。这一工程为中国现代文艺研究作出了功德无量的贡献，在国外都引起了强烈的反响，并被日本研究机构所翻印。

（四）主编《中国新文学大系》

丁景唐一生中最辉煌的业绩，恐怕就要数重印《中国新文学大系》第一辑（1917—1927）和主编皇皇巨作《中国新文学大系》第二辑（1927—1937）了。《中国新文学大系》第一辑由良友图书公司于 1935 年出版，赵家璧任主编。作为中国最早的大型现代文学选集，它第一次对“五四”以来新文学“头一个十年”的成果进行全面系统的搜集、整理和评价，完整而丰富地反映了初期新文学的基本面貌和主要成就，给这段文学历史作了初步总结。编者都亲身参加了文学革命和新文学运动，各自在不同的领域作出过贡献，他们的选本和导言，就格外受人重视。

《中国新文学大系》第一辑（1917—1927）在1979年后曾一度被列为“内部发行”，直到1981年10月才得到公开影印出版。这套资料受到了文学界、学术界的高度赞扬，由此丁景唐便开始着手主持编纂《中国新文学大系》第二辑（1927—1937）的出版计划。

1983年，《中国新文学大系》第二辑（1927—1937）的编选工作开始启动。丁景唐为《大系》的编选作品工作定下了一条重要原则：坚持从最初的版本和报刊上发表的原作中选择作品，力求保持作品的原始面目。这一编选原则最早是鲁迅在编《大系》第一辑的《小说二集》时采用的，50年后，丁景唐重提这一原则，显得尤为重要。因为作家对自己的旧作常有修改增删，有的甚至因一时政治之需而不顾艺术规律，造成许多作品实已面目全非的情况；文学研究者也大多备尝资料散佚、版本混乱之苦。而《大系》第二辑坚持客观反映新文学创作真实面貌的编选原则，提供可靠的作品初版，并标明出版年月，这给研究者会带来很大的便利。

《中国新文学大系》第二辑共有20卷，1000多万字，是一项浩大的工程。丁景唐决定采取协同作战的方法，集中一批精英编辑力量，同时聘请《大系》第一辑的主编赵家璧为顾问，并广泛争取文艺界知名人士的支持。在短短一两年内，他南来北往，奔波于京沪之间，拜访了叶圣陶、巴金、周扬、夏衍、聂绀弩、艾青、吴组缃、于伶、芦焚等前辈作家，邀请他们担任分卷主编并为《大系》作序。《大系》第二辑的出版历时六年，在国内外引起了轰动，受到了读者的广泛好评。《大系》第二辑出版后，丁景唐对发行营销和宣传也毫不懈怠。不断利用各种媒体广泛宣传《大系》的出版意义。过去开明书店、良友图书印刷公司、文化生活出版社都有一个良好传统，叶圣陶、赵家璧、巴金不但亲自为本社出版物撰写宣传介绍文字，还在自己主办的报刊上刊登书籍广告，取得很好的效果。丁景唐予以效法，广为宣传《大系》出版。还刊印了精致的《宣传手册》，将《大系》的编纂原则、书影、每卷简要内容介绍印得清清楚楚，还配上叶圣陶、周扬、巴金、吴组缃、聂绀弩、师陀、艾青、于伶、夏衍的照片及他们为《大系》所作的题词，还附有“预订单”、“邮购简则”等。如今这薄薄的小册子，亦成了珍贵的纪念品、收藏品。

《中国新文学大系》第二辑的问世，为丁景唐的编辑出版生涯画上了一个圆满的句号。但退休后的丁景唐又担任了第三辑（1937—1949）和第四辑（1949—1976）的顾问，还亲任第四辑《史料·索引》卷主编。《中国新文学大系》第三辑（1937—1949）于1990年底一次出齐，《中国新文学大系》第四辑（1949—1976）至1997年11月全部出齐。近年来，进入耄耋之年的丁景唐，一直关心着《中国新文学大系》第五辑（1976—2000）的编纂动态，这是他心中一个深深的出版情结。作为一项文化积累的世纪工程，《中国新文学大系》全面、系统、真实地反映了中国新文学发生、发展和成长壮大的全貌。如果五辑完成，那么发轫于20世纪初的中国新文学运动，到20世纪初整整走了一个世纪的历程。皇皇五辑，百年百卷，共6000余万字的《中国新文学大系》，将成为20世纪中国新文学的总库，而由他大力倡导的坚持收录初版本的编选原则，也为以后的编辑家继续贯彻发扬下去。“丁景唐”这个名字，无疑将与这项经典性宏伟工程一起载入史册。

三　报业经营者

金臻庠与他创办的《时事公报》

金臻庠

金臻庠（1896—1966）号恨顽，笔名金雁桥，镇海县城人。1918年创建钟灵小学。1920年邀集同道创办《时事公报》，任经理，先后共20余年。1922年5月，因刊载短评《兵化为匪之可危》，遭拘押25天，由是声誉益盛。1937年“八一三”淞沪抗战起，在上海特设短波电讯室，迅速报道前线战讯，改副刊为《挺进》，宣传抗日，日销5万份，创一时之盛。1941年4月，宁波沦陷，《时事公报》停刊，报馆被伪鄞县乡镇联合会占用，他即于沪、浙各报发表声明，拒绝同流合污。抗日战争胜利后，多方筹划，于1946年2月复刊，改称《宁波时事公报》。历任经理、社长、发行人，至1948年10月被浙江省保安处查封。期间任江北镇镇长、鄞县参议会参议员、宁波商会理事等职。1949年前夕，协力保护市政设施。新中国成立后，任宁波市工商联筹备委员会主任委员兼通运汽车公司经理。1953年任市工商联常委。1955年2月在市协商委员会工作，6月任政协宁波市委员会专职副秘书长。1956年6月后任政协宁波市第一、二届委员会副主席。曾任民建宁波市委委员，浙江省工商联常委。政协浙江省第一届委员会委员。浙江省第一、二届各界人民代表会议代表。1957 年被错划为“右派分子”，1966 年 1 月 26 日在宁波逝世。

《时事公报》（后改名为《宁波时事公报》）是于 1920 年创办，1948 年停刊的综合性日报，发行至沪杭甬各地，最多时发行量达 1.5 万份。除日军侵占宁波的五年外，《时事公报》从未间断，出报近三十载。《时事公报》是金臻庠倾注了一生心血的事业。

（一）创办《时事公报》

金臻庠幼年丧父，家道中落，母亲执教毓秀小学，兼以绣花、绘画收入维持家计；又获以贩运生猪为业的沙姓四舅每月资助食米一石，培植他和哥哥润庠、弟弟安庠求学。在窘境中金臻庠养成了倔强的个性。就读教会创办的斐迪学校时，见同学受英籍校长雷海伯凌辱，心中不平，因发动罢课而被开除。后往上海当钱庄学徒，未几钱庄倒闭，他又因失业回到宁波。不久即到卢家衜头北隅小学、药行街崇迪小学任教。曾因建议改进教学方法而遭白眼，遂辞职筹办钟灵小学（棋杆巷小学前身），并自任校长。

五四运动爆发后，他积极参加各种爱国活动，组织救国十人团，自任会长。设办事处于应家弄傅家房子后面，联合张传畴领导的学生会，雷厉风行地查禁日货。他们深入街道商铺，依靠青年店员，掌握内情，打击奸商，顶住威胁利诱，当众大量烧毁日货。一时声势浩大，风靡全城。救国十人团为揭发奸商罪行，投书当时宁波最大的《四明日报》，都遭拒登。由于当局对运动的限制和《四明日报》对爱国青年的冷嘲热讽，金臻庠决心创办一份“敢为民众喉舌”的报纸，以宣传爱国思想、唤醒民众。他凭着一股热情，邀集志同道合的青年朋友，自筹股金，1920 年 6 月 1 日，综合性日报《时事公报》创刊面世。初出对开一大张，报名题字系于右任手笔。由于办报方向对头，迎合时代革命潮流，满足读者爱国愿望，销数不断增长，很快占据《四明日报》的发行领域。金臻庠的名字也与这份宁波报刊史上刊行时间最长的民营报纸一起载入史册。

（二）办报宗旨

在《时事公报》创办之前，金臻庠曾尝试过办报。1915 年他创办了第一份报纸《詹詹报》，这是宁波最早的专门报道娱乐信息的周报，主要登载剧评和戏剧界消息。出版时间虽短，却积累了相应的经验，为以后的办报事业打下了基础。

《时事公报》创刊时，金臻庠年仅 24 岁。他一面掌管人事、财务，处理日常事务，一面协编新闻。有时还用“雁桥”的笔名发表一些短文。

金臻庠的办报理念是“无党无派”，“敢为民众喉舌”。他在《时事公报》创刊号上发表启事宣告办报宗旨：“本社发起之初旨，勿以浪漫文字相惠顾。各本心得之主张，以事实为根据，发挥讨论以达改造思想和社会之目的。”在这样的主张下，《时事公报》登载新闻又多又快，尤其敢于迅速报道社会生活中的重大新闻。1922 年 5 月，镇海县署捉获一名盗匪，查系炮台司令部张伯岐部下士兵。《时事公报》的庄禹梅写了题为《兵化为匪之可危》的社评，刊出后，记者受到查缉，金臻庠与庄禹梅被迫投案，关押 25 天获释。事情传开，读者盛赞金、庄不畏权势，敢捋虎须。《时事公报》顿时声誉大振，销量猛增。金臻庠因此更坚定了“报纸不封不是好报纸，编辑不抓不是好编辑”的信念。

金臻庠擅长组织重大新闻的连续报道。1925 年 5 月 30

日，上海 12000 多名学生和民众为日方枪杀中国工人代表顾正红、打伤工人之事在租界内散发传单、集会讲演，遭到英国巡捕的逮捕镇压，死 10 余人、伤无数，造成震惊中外的“五卅”惨案。消息传到宁波，6 月 1 日《时事公报》迅即在一版刊登专电“黄浦江边之新惨剧”，以最快的速度向甬城市民报道英法租界枪杀中国工人和学生的流血事件。《时事公报》通过“专电”、

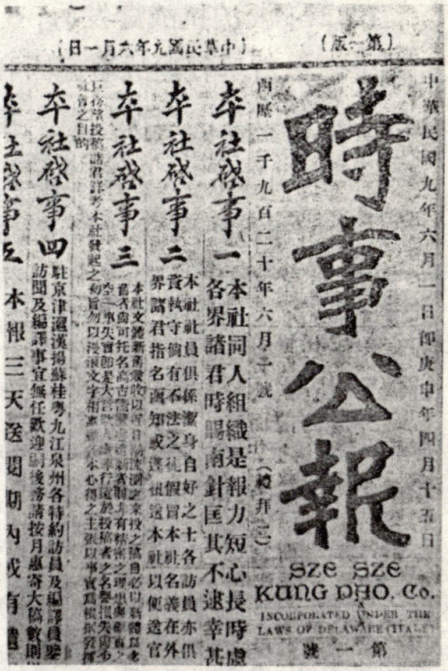
(第一版)　(中華民國九年六月一日)
時事公報
中華民國九年六月一日即庚申年四月十五日
西曆一千九百二十年六月一號
SZE SZE KUNG PAO. Co.
INCORPORATED UNDER THE LAWS OF DELAWARE (ITALY)
第一號
本社啓事一
本社同人組織是報力矯短心長時慮各界諸君時賜南針匡其不逮幸甚
本社啓事二
本社社員俱係潔身自好之士各資執守倘有不法之徒假冒本社名義在外招搖界諸君指名函知或逕送本社以便送官
本社啓事三
本社啓事四
駐京津滬漢揚蘇桂粵九江泉州各特約訪員及編譯員要訪聞及編譯事宜無任歡迎
本社啓事五
本報三天送閱期內

时事公报创刊号

“国内新闻”、“国外新闻”等形式全方位、立体、密集、快速地报道了“五卅”惨案的真相和进程，又通过“四明新闻”和“本省新闻”报道社会各界对“五卅”惨案的态度，构成强大的援助之势。在报道“五卅”惨案中，仅 6 月份前 10 天，《时事公报》刊发的关于上海工人和学生被枪杀、“五卅”之后沪案的进展及北洋政府交涉之情形的“专电”、“国内新闻”达 90 余条，在四明新闻上刊发甬人援助上海工人学生的宁波新闻达 254 条，配发评论 17 篇。进入 7 月份后，《时事公报》仍然密切关注沪案的后续情形，四明新闻版设有专栏“渴望外交胜利之奋斗不倦”、“各界援救惨案消息种种”，这些专栏一直延续到 8 月初。如此的报道规模远远超出了同城其他报纸，在短短的一个月中谱写了气势恢弘、团结御侮的爱国篇章。

1932 年淞沪抗战爆发后,《时事公报》又开始对淞沪战争进行全面报道:叙述战争起因和各方态度,报道十九路军顽强作战、英勇杀敌的战况信息,揭露日军表面同意停战,实际上不断生事的真相。《时事公报》动用了动态消息、各方专电、长篇报道、时事评论甚至广告等各种传媒形式,在多个新闻版面上对淞沪抗战进行报道,绵延三个多月,连篇累牍,是《时事公报》继“五卅”惨案之后又一次轰轰烈烈、场面宏大的新闻会战。在这里,《时事公报》不仅是信息与舆论的传播者和引导者,而且还是抗日保家卫国的组织者和执行者。为了支持淞沪抗战,《时事公报》在一版刊登慰劳前线将士的广告:“前线将士,喋血拼命,为谁牺牲?后方同胞,安居乐业,受谁之赐?恳求同胞,眼光放远,良心放平,有钱捐钱,有物助物,快来慰劳我为国牺牲诸将士!”广告从 1932 年 2 月 26 日起刊登,一直延续到 4 月 2 日。在淞沪抗战时期,宁波市民送到《时事公报》的捐款就达 10203.5 元,麻袋 2959 只,慰劳士兵的咸光饼 70 万只,此外还有棉裤、丝袜、卫生衫、生姜糖等不计其数。金臻庠和职工们一起负责接收、包装、转运送达前线。报纸舆论鼓动了宁波人爱国热情,激发了民众“国家兴亡,匹夫有责”的精神,密切了报纸和读者的关系。

《时事公报》设有国内新闻、地方新闻和国际新闻栏目,新闻报道量大、速度快,敢于涉及重大政治新闻。国内新闻的内容包括“重大时局信息”、“军阀权力斗争内幕”、“国内战事进展”。曾发表过“马忠骏媚外卖路”(1920 年 6 月 14 日)、“吴佩孚干涉内阁之两电”(1922 年 8 月 12 日)、“金佛郎案解决”(1925 年 4 月 25 日)、“北京女师大风潮”(1925 年 8 月 7 日)等重大新闻以及三四十年代的“马占山孤军抗日”(1932 年 1 月 1 日)、“《新华日报》被毁,周恩来发表谈话”（1946 年 2 月 14 日）等重要新闻。1936 年 12 月西安事变发生，金臻庠不顾当局“不准登报”的禁令而发表此消息，还受过“停刊一周”的处罚。

《时事公报》还根据形势变化，随时调整报道方针，如副刊栏目，初创时为“五味架”，以反映社会上甜酸苦辣咸、喜怒哀乐恨现象的小品居多，后改为“珊瑚网”，反映社会五光十色，适应各方面读者的品味。抗战爆发，改称“挺进”，唤起民众同仇敌忾，动员民众参与抗日救亡。

1941 年 4 月 19 日宁波沦陷，日伪劫夺报社并盗用报名继续出版，蒙骗读者。避难上海的金臻庠立即向国民党中宣部发电声明，并在沪浙各报刊登启事广告，说明敌伪盗用该报名义的无耻阴谋，吁请各界勿致误会。1945 年 8 月，日本投降，金臻庠返回宁波筹备复刊。不料国民党当局竟将报社当作“逆产”接管。金臻庠出示有关文书，据理力争，大费周折。直到 1946 年 2 月将报名改为《宁波时事公报》方允复刊。

1948 年夏，宁波地下党组织遭破坏，多名中共地下党员被拘捕。其他报纸噤若寒蝉，不敢发一字。唯独《宁波时事公报》刊登短讯：“本埠日来人心惶惶，知识青年多人被捕……”因此国民党特务大骂金臻庠、《宁波时事公报》为共产党报信。1948 年 10 月 23 日，复刊后的《宁波时事公报》因报道镇海保警中队中队长王佐周叛变率部他去的消息涉及军事秘密而被诬为“失实”，浙江省保安处长竺鸣涛用“造谣惑众”的罪名，一纸电令，绞杀了这一张宁波唯一历史最悠久的报纸。消息传出，甬地民众哗然，市民们纷纷要求政府取消对《宁波时事公报》的禁刊令。金臻庠急向“内政部”声辩，要求收回成命，并表明“万一不获所请，自后当以‘在野’之身，仍为桑梓服务。一息尚存，此志不渝”。鄞县县政府也承认《宁波时事公报》对宁波社会发展所起的重大作用并请求准予复刊。但是由于时局动荡和各种原因，《宁波时事公报》没有复刊，金臻庠的报人生涯就此结束。

(三) 经营之道

宁波自开埠以来，创办报纸的人络绎不绝，问世的报纸也此起彼伏，但大都时间不长便销声匿迹，其中一个重要原因就是办报者缺少资金。而《时事公报》能够延续近三十年，成为民国时代宁波出版时间最长、发行量最多、社会影响最广的报纸，主要得力于金臻庠长期以来的苦心经营。

《时事公报》在创办之初底子单薄。金臻庠无党无派，自筹资金，不接受官方津贴。其胞兄金润庠虽在经营国内屈指可数的民华丰①造纸厂，但由于金润庠不同意其弟办报方向，常怀危惧，所以对《时事公报》不肯轻易援手。金臻庠连同岳母两家共凑得800元，后来得到宁绍轮船公司、杭甬铁路局等高薪职员及中马路广发源皮货红木店粤籍店主（十人团团员）的资助，又吸纳一些人参股，并借用宁波印刷公司机器设备才勉强出版。不敷周转时，曾得上海金融巨子俞佐庭多次捐助维持费。

为了支持报纸的发展，金臻庠曾入股鄞县面粉厂，同时又利用报纸广告扩展经济来源。正是金臻庠的苦心经营，报纸才有了经济上的独立，从而为报人履行其新闻理念和完成报刊新闻活动提供了物质条件。

随着报纸影响力的扩大，1922年金臻庠在上海设立《时事公报》总代销处，1924年3月又在上海设立分馆，办理沪上广告，承接上海《申报》、《新闻报》及新加坡等外商的广

① 民华丰：民丰和华丰两家纸厂的传统简称。系金润庠与人合办。

告。20 世纪 20 年代至 30 年代初宁波工商业发达，《时事公报》丰富及时的新闻吸引大量的读者，也带来了大批广告客户。随着广告的激增，报纸扩大为对开三大张，发行量突破 4000 份。1927 年 1 月，金臻庠派报社的陈荇荪组建宁波印刷公司，开始自行印刷报纸，降低了印报成本。印刷公司除印刷本社报纸外，还兼印其他报纸，以补足报纸本身的亏损。1935 年金臻庠自建印刷厂，增加了照相制版设备。1937 年，为了抢新闻，在上海建立专用电台，拍发快讯专电。1939 年购进铸字机、柴油发电机等设施，技术设备的更新使报社的印刷速度和印刷质量有了大幅度提高。

1940 年冬，《时事公报》发行量达到 1.5 万份，创当时浙东报纸发行纪录。抗战胜利后复刊的《宁波时事公报》日销量亦达到 7000 份，仍然是宁波的第一大报。发行量的剧增带来了丰厚的广告，当时报社资本总额已达 1000 万元，新建了办公大楼，规模不断扩大。

1946 年《时事公报》复刊后，发行量激增，广告业务兴盛。为了不侵占新闻、副刊的版面，正文采用六号铅字，扩充文字容量。为适应货币贬值、物价一日数涨的市场形势，又特辟四开专页的经济新闻，全部篇幅增加 1/2，即日出对开一张半。处在欣欣向荣的好时机，金臻庠力图发展，准备在中马路营业部原址，扩建包括宁安旅馆地皮在内的新房，把电讯、编辑、排字、印刷、发行、广告以及行政管理等部门集中于四层大厦之内。但因被勒令停刊而未能实现。

《时事公报》在用人上也很有特色。这家自居“为民喉舌”，标榜无党无派的报纸，其成员虽多是创业人员的亲友、门生，但全体成员的政治面貌，恰恰是各党各派纷然杂处。其中，有属于“左翼”的或明或暗的共产党员和地下工作者，有进步文化人，也有国民党及民、青两党成员。这种情形对于贯彻金臻庠的办报理念有着积极作用。

金臻庠以及他创办的《时事公报》显现了现代新闻精神的本质，也显现了宁波帮的精神风范。《时事公报》作为宁波历史上发行时间最长、发行量最大，社会影响广泛的报纸，全面反映了民国时期宁波社会风貌，成为宁波社会发展的一段见证。《时事公报》因金臻庠的经营而受人瞩目，金臻庠也因《时事公报》而青史留名。

董显光及其《庸报》

董显光

董显光（1887—1971），鄞县茅山乡董家跳村人。父母信基督教。清光绪二十五年（1899），其父通过教会，于上海承包建筑业务，全家迁居上海。早年就读上海中西书院、清心中学、民立中学，后因丧父辍学而到奉化龙津中学堂执教（时蒋介石求学该校）。宣统元年（1909）自费赴美，入密苏里州巴克学院留学，后转密苏里大学、哥伦比亚大学普利兹新闻学院专攻新闻，兼任《独立》杂志特约书评撰稿人。1913 年春取道日本回国，途中结识孙中山。到上海后，经孙中山介绍，任《中国共和报》（英文版）副编辑。“二次革命”时，于报上揭露袁世凯指使刺杀宋教仁真相。1914 年任英文版《北京日报》主笔。1916 年任全国煤油矿事务总署督办熊希龄的秘书，继随熊至顺直水利委员会，后任《密勒氏评论》副编辑，其间一度赴美任《北京时报》驻华盛顿记者。1925 年于天津创办《庸报》，1928 年“皇姑屯事件”后，于报上揭露日本当局是炸死张作霖的凶手。次年夏，任上海英文版《大陆报》总经理兼总编辑；11 月任国民党海军考察团秘书长，赴日本、欧美考察。1934 年由蒋介石介绍加入国民党。次年冬，供职国民党军事委员会上海办事处，负责检查外国新闻电讯。1937 年任国民党军事委员会第五部副部长，不久改任国民党中央宣传部副部长。随蒋介石、宋美龄访问印度、缅甸、美国；开罗会议时，为蒋的随员之一。1947 年任行政院政务委员兼新闻局长。1949 年去台湾，历任“中国广播公司”总经理兼台北《中央日报》董事长、驻日本“大使”、驻美国“大使”等职。逝于美国。著有《一个中国农夫的自述》（又称《董显光自传》）、《蒋介石传》、《中国和世界报刊》等。

在中国近现代新闻报刊史上，有一位非常著名的人物，名叫董显光。他历任英文版《民国日报》副编辑、《北京日报》主笔，兼伦敦《泰晤士报》驻北平记者、英文版《密勒氏评论》周刊及《大陆报》记者。后任天津《每日新闻报》主笔及《庸报》创办人，在他的报海生涯中，《庸报》是其最为精彩的一笔。

（一）初涉报界

董显光儿时家境清贫，光绪二十五年，其父通过教会，于上海承包建筑业务，全家迁居上海。他先后进入中西书院、清心中学及民立中学读书，在民立中学即将毕业的时候，他的父亲修房时失足摔落致死，董显光不得不放弃自己的学业，去奉化龙津中学做英语教师。在龙津中学教书的一年时间里，董显光结识了班里的学生蒋介石。1907年，董显光经人介绍，进入上海商务印书馆工作。1909年，董显光在美国基督教长老会的帮助下赴美留学。他先入密苏里州巴克学院留学，后转密苏里大学、哥伦比亚大学普利兹新闻学院专攻新闻。经过刻苦努力学习，董显光获得密苏里大学新闻学院学士学位，成为中国第一位赴美国学习新闻专业并获得学位的留学生。1912年，董显光进入哥伦比亚大学普利兹新闻学院攻读硕士学位课程，继续深造。在此期间，董显光积极从事采访实践，兼任《独立》杂志特约书评撰稿人，曾经访问过罗斯福总统。

1913年春天，董显光接到母亲病重的家信，顾不得取得硕士学位便决定立刻回国。在归国途中的船上，董显光巧遇孙中山先生，并对他进行了采访报道。孙中山和董交谈后，很赏识他的才干，将他推荐为国民党的机关报——上海英文版《中国共和报》的副主编兼记者；同时孙还送他一把手枪留念。董显光在上海任职不久，孙中山又调他到北京担任《北京日报》（英文版）主笔，兼任美国《纽约时报》驻北京记者。这也为董显光以后成为国民党中央宣传部副部长做了坚实的铺垫。

1913年，国民党代理理事长宋教仁被袁世凯所派刺客暗杀，董显光在《中国共和报》显要位置发表文章，揭露袁世凯是宋案元凶，并四处奔走采编，使该报“盈篇累牍的记载轰动了全市的人心”。1915年，日本帝国主义乘袁世凯意欲称帝之机，向袁提出了“二十一条”作为支持他当皇帝的条件，同时威胁袁世凯，如把“二十一条”的内容泄露给欧美国家，则将采取报复行动。袁世凯和日本政府万万没有想到，这笔政治交易会毁在一名叫做董显光的年轻记者手里。董显光作为《纽约时报》驻京记者，以特殊的新闻渠道掌握了“二十一条”的梗概，并以特快消息发到美国。《纽约时报》收到后，即以“日本向中国提出灭国要求”的大标题，作为报纸的头条新闻刊出，引起世界轰动。这使袁世凯大为惊慌，日本驻华使馆更是大闹中国外交部，定要追究泄漏消息的人。因此，董显光不得不避居天津，藏身在法租界内，至 1916 年事态平息后，返京出任全国煤油矿事务总署的英文秘书。不久，又随原国务总理熊希龄来到天津督办顺直水利委员会，任外事秘书。

（二）创办《庸报》

1918 年，董显光感到发展报业大有市场，即联合正在天津当律师的北洋大学法律系教授福克斯，创办了一份英文版的《华北明星报》，由福克斯出任社长和总主笔。董作为后台老板任董事，同时任上海《密勒氏评论报》特约评论员。《华北明星报》在美国内华达州注册，这样既可发行海外，又免受官方干涉。董显光又以重金聘请了美籍犹太人索科尔斯基为《华北明星报》的副主笔，同时聘请曾任旧金山《纪事报》天津专栏编辑和在东京、北京、上海当过记者的美国人克立福德为编辑兼记者；还有一位名为协福森的外国知名编辑。《华北明星报》有了这几位资深的外国编辑、记者办报，很快名声大扬。董显光在经营上以降低订报费和天天出报，与其他中外文报纸竞争，一年后就成为天津发行量最多的英文报纸。这可以说是董显光办报的初步尝试。

经过几年的办报，董显光在天津报业界声名鹊起。1925 年 3 月 1 日，董显光便又在天津创办了一份中文报纸——《庸报》。董显光之所以取名《庸报》，是由于接受了控制华北平津大局的直系军阀吴佩孚的二万元开办费，以迎合吴佩孚尊孔崇孟的儒学中庸之道。报社开始的时候规模较小，人手不够。

在忙不过来时，董显光常常一个人兼做发行人、主笔、编辑、广告经理和外勤记者。他有意识地把西方先进的办报理念引入中国，介绍给中国读者，并在自己的办报实践中加以中国化。

1927 年，《庸报》的原经理离开了报社，董显光只得赴上海向《申报》的史量才求援，经董、史协商，史量才将《庸报》作为上海《申报》在天津的分馆，并为《庸报》增添了一台新式卷筒机和一套制版设备，又为《庸报》装置了无线电台。《庸报》自此每日出对开两大张。《庸报》对人员也进行了调整，除重新聘请了经理、总编辑外，还请报刊名人主持副刊，并联系了京津体育界的名人专写体育报道和评论。另外，董显光又聘人专译路透社英文稿，充实国际新闻。

董显光又对报纸的版式进行了大胆改革。当时在天津出版的中文报纸一般多沿用英国报纸的格式，对此，董显光把“美式”报纸经验与中国报纸相结合，作出了大胆改革。首先，在版式上一改过去各报第一版都以社论和广告为主的编排形式，而将时事要闻放在第一版，这是华北报界的首创。其次，《庸报》刊登的新闻一律采用大标题，遇到重要新闻，则作跨栏的长标题。1928 年“皇姑屯事件”发生后，董显光采用新的编排方式，在《庸报》上率先揭露日本当局是炸死张作霖的凶手，披露了事实真相，同时也起到了引起社会各界人士和广大读者关注的宣传效果。在董显光的精心安排下，《庸报》以突出编排本市各类新闻为特色，辅以体育界、文艺界的活动报道，版面一下子变得新颖别致了很多，加之配有照片，更加生动传神。《庸报》的这些改变，可称“脱胎换骨”，从而报纸声名日噪，销路大增，至 1930 年前后，该报的销量接近两万份，发行量仅次于《大公报》和《益世报》，成为天津的第三大报纸。

1935 年冬，董显光患病，不得不通过经理蒋光堂以 5 万元将《庸报》卖给了红卍字会。[①] 后来发现红卍字会竟然有日本的背景，他懊悔不已。1937 年，天津沦陷后，《庸报》成为给日本侵略军武装占领中国作舆论宣传的机器。1944 年，敌伪政权命令天津的所有大小报纸一律停刊，《庸报》被日本同盟通讯社接管，改名为天津《华北新报》后继续出版。

（三）新闻官员

董显光 1928 年后投靠蒋介石，历任《大陆报》总经理兼总编辑，《时事新报》、《大晚报》、中时电讯社总经理、英文版《中国年鉴》、《中国名人录》主编。

1934 年，董显光经蒋介石介绍加入中国国民党，开始从政。曾任军事委员会上海办事处处长、军委会第五部副部长、国民党中央宣传部副部长、五届中央执行委员。抗战期间，设立国际电台，对外宣传，以英文撰述，向世界介绍中国抗战情况。1935 年，董显光在上海受命检查外文新闻电报。1936 年西安事变爆发，在蒋介石生死消息最混乱的时刻，董显光严守新闻求真的分寸，过滤不实的传闻，截至事变结束，国外通讯社没有任何不利的谣言发布，原因在于董显光的严格筛检。

1937 年中日战争爆发，董显光任国民党中央宣传部副部长，全权负责国际宣传工作。国际宣传在抗战期间是一项草创工作，董显光从设计实施一直到考核、训练工作人员几乎全程参与、不分昼夜，对青年同事的教导也是不遗余力，当

---

① 红卍字会，也称世界红卍字会，民国时期著名的慈善团体。这个团体始于 1916 年山东滨州人吴福永创立的道院，关内许多大城市均有分会。1949 年后被作为会道门组织取缔。

时的国际宣传处外文人才很多，董显光仍设立了英、法、德、俄、日等文的补习班，让记者、编辑通过学习提高外语水平和业务水平。董显光对于工作兢兢业业，勇敢而富于冒险精神。即便是在日军占领武汉机场的情况下，仍能从容地举办国民政府在武汉的最后一次记者招待会，向全世界宣告中国继续抗战，绝不屈服。他最后一个离开会场，昼伏夜行，徒步前往长沙。

董显光辗转到达南京后，于1938年曾搞了一份由四位外国人调查揭露南京大屠杀真相的“密呈”，分送至英美两国，引起震动。同时也派人送到日本东京，揭露日本帝国主义屠杀中国人民的罪行。这是第二次世界大战中，一个受害国在敌对国首都，公开进行反法西斯战争宣传的罕见范例。

董显光在南京国民党政府任职时，曾于1942年随蒋介石、宋美龄访问印度，并随蒋介石参加中、美、英三国开罗会议。抗日战争胜利后，董显光于1947年出任国民政府行政院新闻局局长。1949年去台北后，重操办报旧业，先与曾虚白、魏景蒙等老部下创办台北第一份英文报纸《中国日报》，后又担任“中国广播公司”总经理兼台北《中央日报》董事长。1952年，董显光由新闻界转入外交界，当年就任国民党当局赴台后第一任驻日“大使”。1958年董显光卸任后开始传教活动。此后不仅每周风雨无阻地为所在医院的病人布道一次，还潜心著书，完成了《台湾教会发展史》。

1957年，董显光获得密苏里大学新闻学院的“新闻事业服务奖章”，成为中国第二位获此殊荣的新闻从业者。著作有《一个中国农夫的自述》（即董之自传）、《日笑录》、《台湾教会发展史》、《中国和世界报刊》、《中国七年抗战》、《蒋介石传》等。

四　藏书与文博事业家

张寿镛与他的藏书

张寿镛

张寿镛（1876—1945）字咏霓，又字伯颂，号约园，鄞县人。光绪二十九年（1903）中举，任江苏淞沪捐厘总局①提调。宣统二年（1910）任江苏度支公所科长，后任宁波政法学堂监督，不久调杭州关任监督。辛亥革命后历任浙江、湖北、江苏、山东等省财政厅长。1924 年任江苏沪海道尹。1925 年“五卅”惨案发生后，圣约翰大学师生抗议美籍校长侮辱中国国旗，愤而离校另办光华大学。张寿镛积极参与，被聘任为校长，邀约知名学者多人执教。爱好藏书，设约园，藏书 16 万卷。1927 年任江苏省政府委员、财政厅长，并兼国民政府财政次长、中央银行副行长。1929 年任军政部陆海空军抚恤委员会委员。1932 年任行政院淞沪战区善后筹备委员会委员，旋又任招商局常务理事。曾先后担任交通银行董事、董事长，上海女子商业储蓄银行常务董事，惠中银行董事，四明银行监察人，国信商业银行董事长，上海建设银行公司董事，宁波旅沪同乡会会董。1941 年，受教育部委托，与郑振铎等在上海为中央图书馆秘密收购一大批散失在民间的古书，其中善本甚多。

---

① 捐厘总局：中国近代管理税捐的机构。

收集、刊刻乡邦文献，竭尽余力，刊刻《四明丛书》8集，178种，1000余卷，详加校勘，印刷精美，为世称道。1945年7月15日逝世。著有《诗文初稿》、《经学大纲》、《诸子大纲》、《文学大纲》、《约园杂著》等11种，54卷。

张寿镛是我国现代著名的教育家、出版家和藏书家。他的约园藏书对其读书、讲学和编辑出版乡邦文献都曾起过重要作用。

（一）办学教书

张寿镛曾在民国时期先后当了十多年的财政官员，为北洋军阀和国民党政府理财。但他的人生经历中，教书、藏书却是他最大的乐趣。

1925年，发生了“五卅惨案”，掀起了全国大规模的爱国反帝怒潮，工人罢工、学生罢课、商人罢市。圣约翰大学的学

光华大学

生于6月3日在学校升起中国国旗向死难者致哀。未隔多久，同学们发现国旗被校长卜舫济夺去，经代表交涉无效，于是向童子军团借了一面，仍悬半旗，为“五卅惨案”惨遭屠杀的烈士致哀，一时掌声雷动。卜舫济闻声出现，勃然大怒，将旗掷地，践踏于脚下。同学们压不住心头的怒火，愤慨地说：“国旗横遭凌辱，是可忍孰不可忍!”附和者552人，宣誓集体离校。从圣约翰大学离校的师生员工决心另建学校。

当时，张寿镛适出任北洋政府任命的淞沪道尹。“六三”离校事件后，他一方面以淞沪道尹的身份与英国帝国主义租界当局进行交涉，处理善后，同时应圣约翰大学大批离校的师生员工要求，立即着手筹办光华大学。得到王省三先生的热心支持。王先生和张寿镛都有子弟在圣约翰大学、中学读书，“五卅惨案”发生后也都离校了。王省三走访张寿镛，曾经有这样一段话：“国旗辱矣，学生逐矣，悲愤凄惨之情状，虽在道路尤为伤心，况两家子弟皆躬遭其厄者乎!”王省三捐出地产60亩建筑校舍，创办大学，公推张寿镛为光华大学校长。光华大学的第一批师生员工就是从圣约翰大学愤而离开的550多人，他们以“知行合一”为校训，开始了不断发展壮大的历程。光华大学开办的专业除政治、社会、教育、文学和历史等系科外，很大一部分是有关发展实业的，包括土木工程、经济、会计、银行、工商管理等。至20世纪30年代，校基扩大了，又陆续兴建了科学馆、体育馆、健身房、疗养院、实习工场，以及丰寿堂（取王丰镐与张寿镛名字而成）为大礼堂等。不幸在抗战爆发后，全部建筑物毁于敌火。1941年，太平洋战争爆发，日军进占公共租界。为了避免日伪玷污光华名义，张校长毅然解散光华大学和附中，化整为零，以“诚正学社”名义收纳文学院师生；以“格致学社”名义收纳理、商两学院师生；另以“壬午补习社”名义收纳光华附中的师生，使弦歌不绝。此外，他在自己家里开办“养正学社”，亲编讲义，讲授史学大纲、诸子大纲等课，所谓“雨淋日炙全不管，风霜历练见明驼”。他履行了与“光华”同始终的誓愿。

张寿镛对他的子女们说过这样一段话：“一个人立身处世，不可把自己看得太重，太重则一切不肯牺牲，也不可把自己看得太轻，太轻则认为一切非我所能做到。”他生平服膺两句话：一句是“天生我才必有用”，一句是“天下兴亡，匹夫有责”。他将此作为自己实践的出发点，并且用行动来践履，从而铸就了他的人格风范。

（二）藏书著书

张寿镛于1931年辞官后，专心办学与替国家购书，并且读书著书。父亲曾给他留下部分藏书，他自己也从年轻时就开始收藏典籍。收藏的目的是为“补历年仕途中未读之失”。初收多为文集，尔后于上海收得陶氏“涉园”、歙县宋氏“一览楼”等故家藏书及抄本。从1920年起到1939年近20年中，他的私人藏书达20万卷。他给自己的藏书处取名“约园”。1937年冬，他以所藏书籍的刊刻年代为序，编了一本善本书目《约园元明刊本编年书目》，其中除4部元刊本之外，绝大部分是明刊本，达743部，明刊本中，万历、嘉靖两朝的刊本近500部。此外还有一些抄校本，计254种，其中较珍贵的是购自“一览楼”的阮元手校的宋本《太平御览》1000卷。

抗日战争期间，大江南北文物损失惨重，张寿镛受国民党政府委托，与郑振铎、徐森玉等在上海保护沦陷区流失的古籍。在两年当中，共收购古籍善本4860部，普通本11000余部，抢救了这些民族文化的瑰宝。现在台北“中央图书馆”收藏的善本书，约有1/3是他们当年抢救出来的。1952年，张寿镛的家人将遗藏40000多册图书捐献给国家，受到文化部褒奖。现一部分存于北京图书馆，一部分归于中国社会科学院文学研究所。

张寿镛“积五十载之时光，储十六万之卷轴”。他藏书的目的是为利用，故所藏不重宋元旧版，而以明刊及校钞本为主，藏书中尤多宁波地方文献。大型乡邦文献集《四明丛书》的刊刻，则是他利用藏书为四明后人所作的最大贡献。宁波自宋以来，渐渐成为浙东学术重地，理学大师接踵而兴，元、明、清时期，哲儒辈起，遗著不下数十种，然而佚者过半，未刊者甚多，虽刊而稀见传本者又复不少。因此，合刊乡贤著作而为丛书，便是一项抢救性保存地方文献，弘扬优秀民族文化，推动学术文化发展的具有深远历史意义的工作。他从1930年起开始编印《四明丛书》，历时11年，汇成8集，辑至第8集，刻未及半逝世，后由其子星联、芝联续成。全书凡8集184种、1184卷，卷帙之巨，为国内乡邦文献所罕见。丛书中的每一种张寿镛都亲撰序跋，很多珍本，都是从北京图书馆、天一阁、文澜阁、刘氏嘉业堂等公私藏书中辗转采访抄得的。无论誊写、雕版、印刷，都没有得到政府的任何资助，全靠个人的心力。他在这部巨著的一篇序中说：“寿镛飘零海上，时值用兵，双鬓已皤，一卷不释。读元次山诗，曰：‘斯世虽乱，吾心不乱’。积一二月之心力，汇五百

扬州广陵书社2006年出版的《四明丛书》封面

载之文献，枪林弹雨之中，汗竹秋灯之下，勉写成篇，以报乡先哲于万一，亦他州作客，垂老信书之意乎?!”[①] 其言令人感佩不已。历代文人不乏重视乡贤遗著或乡邦文献，但像张寿镛那样独自编刻《四明丛书》，却极少见。

《四明丛书》以其对宁波历代先贤著述的搜集之广、版本之精，为后人勾勒出四明学术的流变、风貌，成为广大读者了解与研究宁波传统文化的必读典籍。1973 年，日本宫崎大学教授山内正博在巴黎举行的第 29 届国际东方学大会上，发表了一篇题为《张寿镛的思想》的论文，其中有一段说：“张寿镛是一位（中国）南方文化传统的忠实继承者。他……编纂了《四明丛书》，对丛书中的各书分别写了序言，并作了注释。通过这些序言和注释的内容，可以看出他的主要思想和王应麟、王守仁、黄宗羲一脉相承。张寿镛的思想虽然有时和上述三人思想不一致，但在他们的思想基础上有所创新，在当地流传甚广，在反法西斯侵略斗争中是有力的武器。”[②] 张寿镛对浙东学派的继承和发展，其功绩不可没，这是他对于浙江文献事业的最大贡献。新中国成立后，《四明丛书》全部雕版以其夫人蔡瑛名义捐赠浙江图书馆，后由扬州广陵古籍出版社重印，得以广泛流传。

除编纂《四明丛书》外，张寿镛的其他著述尚有：《约园杂著》一编、续编、三编，《史诗初稿》上、下两册，《约园演讲集》、《史学大纲》、《诸子大纲》各一册，以及经他校订的《乡谚证古》等。

---

① 张寿镛编：《四明丛书》第五集序，广陵书社 2006 年版。

② 转引自谢泳、智效民等《逝去的大学》，同心出版社 2005 年版，第 54 页。

马承源与他的文物事业

马承源

马承源（1927—2004），考古学家、青铜器专家。浙江镇海人。1951年毕业于上海大夏大学历史系。1954年起就职于上海博物馆，历任保管部副主任、青铜研究部主任和上海博物馆馆长。主要从事青铜器、简牍研究和鉴定。曾任上海博物馆顾问、上海市文物管理委员会顾问、保利艺术博物馆顾问、中华世纪坛名誉馆长。1984年被国家人事部授予中青年有突出贡献专家称号。1987年经上海市文物博物馆专业高级技术职务任职资格评审委员会评审确认具备研究馆员任职资格。1990年起任国家文物鉴定委员会委员。1991年起享受国务院政府特殊津贴。1996年领导创建上海博物馆新馆。同年荣获美国亚洲文化委员会1996—1997年约翰·D. 洛克菲勒三世奖。[①] 1998年被法国希拉克总统授予法兰西共和国荣誉军团勋章。2002年获“美国上海博物馆之友”卓越学者奖。主要学术专著有《仰韶文化的彩陶》（上海人民出版社1956年版）、《上海博物馆藏青铜器》（上海人民出版社1964年版）、《中国古代青铜器》（上海人民出版社1982年版）、《青铜礼器》（台北幼狮文

① 洛克菲勒三世奖：美国亚洲文化发展协会纪念洛克菲勒三世对艺术终生热心赞助而设立的奖项，奖励在推进世人对亚洲艺术的了解和发扬上作出卓越贡献的人。

化事业公司1996年版)、《上海博物馆藏战国楚竹书(第一、二册)》主编(上海古籍出版社2001、2002年版)、《商周青铜器铭文选》(文物出版社1987年版)、《中国青铜器》(上海古籍出版社1988年版)、《中国文物精华大全·青铜器卷》(商务印书馆1993年版)、《吴越地区青铜器论文集》(香港两木出版社1997年版)、《中国青铜器全集》(文物出版社1999年版)。

马承源在上海博物馆工作了近半个世纪，担任馆长长达14年之久。他是上海博物馆的元老和功臣，也是上海博物馆的“一本大书”。

(一)从文物爱好者到文物专家

马承源，1927年11月3日生于浙江镇海，又名楚原。1946年正在上海读高中的马承源加入了中国共产党，成为一名地下工作者。随后他接受党组织的指示考入上海大夏大学历史系，一边读书一边从事学生运动。1948年夏天，马承源的名字上了国民党的《中央日报》，身为“共匪”的他被开除学籍，并被公开缉捕。随后，组织上把他转移到苏北，进入党校学习。

1949年，一身军装的马承源随解放大军回到了上海，干教育，搞工业，从事思想政治和经济理论工作，还差点儿成了仪表厂的公方厂长。在业余时间，他对文物古籍兴趣浓厚，常跑古玩市场，能识金文。他的这个爱好是受其父亲的影响，读小学时，就与父亲一样喜欢阅览有关青铜器、金石等古文物方面的书籍，进了中学后，即开始练习刻印和学习古文字，奠定了青铜器及古文字研究的基础。20世纪50年代初，他省吃俭用存下的余钱都用在古钱币、青铜残器、残片的购买上，而这些东西使他学会了辨别真伪，在市场的实战经验中学会了文物鉴赏。

1952 年，上海博物馆在新中国成立后第一天开馆，还在教育局工作的马承源成了参观上海博物馆的第一个人。当时，马承源的老领导陈向平也是个文物爱好者，两人平日多有切磋。陈向平认为马承源从事的工作与他的个人兴趣有太大的错位，遂向时任上海市委宣传部长的彭柏山推荐，这样，1954 年 12 月，27 岁的马承源被调到上海博物馆，开始了他大半生的文博生涯。马承源非常感激陈向平，他常对人说，陈向平是改变他一生工作和生活方向的人。

马承源最初在博物馆做支部书记和管理工作。虽然他对文物很痴迷，但却感到自己与专家们在学识上有着巨大差距，按照他的话说，是“根本没有这个资格跟专家交谈”，“你只能够谈一些其他的问题，如生活上的问题，不能够谈知识方面的问题”。他发现，管理工作与业务工作不能兼顾，“要做好党的支部工作，这个业余爱好你就要放弃”，否则就得放弃党的工作。在政治工作高于一切的年代，马承源作了一个匪夷所思的选择，就是放弃做党的工作。他本着“先把业务学好，一切损失在所不计”的决心，做起了保管部副主任，主持文物征集。他意识到：在博物馆“一个人一生也只能够做一点小的事情”，所以他选择了藏有许多奥秘的青铜器作为学习研究的对象，力争做一个行家里手。

神秘的青铜器让马承源痴迷了一生。从 50 年代开始，直到他离开这个世界，他始终沉浸其中，乐此不疲。马承源从大学者的著作中汲取知识，又在上海博物馆丰富的藏品中进行实践，几十年寒暑潜心的学习使他不仅在文物鉴定方面积累了丰富的经验，而且著书立说，发表自己的研究成果——

1964年，马承源组织编写的中国第一本彩版工具书《上海博物馆藏青铜器》出版，很快被翻印流传于国外；他编写的《中国青铜器》一书，不仅系统地从青铜器的类别、纹饰、铭文、断代、铸造等多方面对中国青铜器的特性作出了总结，还独辟“青铜器鉴定”一节，对各类作伪手段详加说明。此书被牛津大学翻译出版后，影响极广，成为海峡两岸共享的大学教材。此外，他编写的《商周青铜器纹饰》（1984）和《商周青铜器铭文选》（1987）是青铜器研究者和爱好者的案头必备书。他从青铜器纹样入手，结合良渚文化玉器和古代文献资料研究，认为兽面常配置有乌和龙，所以应该称它为“使乌驭龙神”较为恰当。商周青铜器上大量饕餮纹的出现，是良渚文化时期东夷民族风俗的继续和发展。事实证明，研究中国上古历史不仅要靠历史文献，更要靠出土文物，青铜器研究往往能够填补历史文献的空白。他根据铭文，结合文献，提出周克商的年代应在公元前1105年，他的这一论断成为一家之言，常为学术界人士所引用；他研究1965年在陕西省宝鸡出土的何尊铭文，澄清了西周初期武王是否营建过洛邑、周公是否摄政称王等历史悬案；他对商鞅方升和战国量器以及商周青铜双音钟音调的考证结论，已为文博界的专家学者广为采纳。

1988年，他的《中国青铜器研究》出版。这部收有马承源40余篇论文的著作，开创了全新的中国青铜器分期体系。马先生根据考古发掘、青铜器的形态考察和系统的铭文研究，在前人研究的基础上，对青铜器的断代分期作了精辟的论述：育成期，即商代早期，是青铜器艺术形成和开始发展的时期；鼎盛期，包括商代晚期至西周康昭之间，是青铜器艺术蓬勃发展时期；转变期，包括西周穆恭至春秋早期，这时期列国青铜器大量出现，这些铜器从器形纹饰及铭文书体都出现显著的变革；更新期，包括春秋中晚期、战国及秦代，这时由于经济发展，特别是社会性质改变后新兴地主阶级需要的刺激，使青铜器艺术出现了新的高涨；因为漆器、早期青瓷和釉陶的广泛使用，于是汉代便成为青铜艺术的衰退期。这五个分期的论断，现在已基本上为学术界所认同。

马承源主编的《中国文物精华大辞典·青铜卷》（1993）和16卷巨制《中国美术全集·青铜器分册》，更是集学术性、艺术性为一体，是迄今为止已出版的图书中最完整、最系统的青铜器图录研究大全。他与同仁们共同研究、注释的《上海博物馆藏·战国楚竹书》已经出版了四册，研究成果涉及先秦历史、哲学、文学、宗教、军事、教育、音乐等多个领域，使学术界为之震惊。一本本书，一篇篇论文，一次次准确鉴定，渐渐确立了他作为青铜器和古文字专家的地位。数十年的耕耘，使一个普通的文物爱好者成为一位德高望重的专家。

（二）文物抢救第一人

马承源担任文物保管部主任后，主要分管文物征集。涉及文物收购与文物捐赠等方面的业务。近代以来，上海已形成了较为发达的文物市场，私人收藏丰富。上海博物馆占了地利之先，马承源和当时上海博物馆的专家、员工们一起，努力摸清沉在民间的收藏家情况，动员捐赠；利用文物市场，“拦截”、收购；“大跃进”时代，许许多多的文物被不懂其价值的人们作为破铜烂铁运送到冶炼厂，马承源和他的同事就经常到冶炼厂寻寻觅觅，从各地废铜烂铁中抢救出来的各式各样文物数以万计，其中不乏国宝级文物，如春秋时期的龙耳尊、鲁原钟，东汉时期的婴座熨斗等。1966年，“文化大革命”爆发，“破四旧”给国家和个人的文物收藏带来了一场史无前例的浩劫。北京来的红卫兵小将要到上海博物馆来“破四旧”，马承源和同事们赶紧自己组织“闹革命”以保护馆藏。他们将所有的文物陈列柜都用《解放日报》贴起来，上面写上毛主席语录，以此使博物馆的文物躲过了劫难。而在抄家之风愈演愈烈的时候，马承源又打报告建议上级派专人接收“牛鬼蛇神”家中的文物，由博物馆“代为管理”，一些有名的收藏家如李荫轩、合肥龚氏家中的收藏因此得以保全。“文化大革命”后，不少藏家看到安然渡过劫难的藏品，感激复感慨，不少人当即决定，变“代管”为捐献。在马承源的努力之下，上海博物馆的藏品也由1952年建馆之初的1.8万件，增加到1996年新馆建成时的60万件，其中珍品就达12万件，占了江南文物的半壁江山。

马承源在博物馆工作了将近半个世纪，留下了一系列抢救国宝、寻觅国宝、搜集国宝的个案，有人因此将他称作“文物抢救第一人”。他抢救出来的重要文物有：

汉代蒸馏器。美国科学家李约瑟撰写的《中国科技史》，认为中国的蒸馏器发明于金代。50年代后期，上海博物馆在冶炼厂炼钢炉前，救下一批破碎的青铜器，其中有两片上下都有口的碎铜，引起了马承源的注意。这是一件甑与釜相连的器物，他将它们整理、修复、考证、试验，发现是极为罕见的汉代青铜蒸馏器。它不仅可以蒸馏酒，还可以提取花露或蒸取某种药物的有效成分。这表明在公元2世纪左右的汉代，中国已经掌握了蒸馏技术。这一发现，使我国制作蒸馏器的历史从原来的传统说法的金、元时期提早了近千年！80年代末，美国为庆贺李约瑟90诞辰，举办中国科技史研讨会，马承源作关于中国汉代蒸馏器的报告与试验，重病的李约瑟也到场聆听。会后，李约瑟表示，要修改《中国科技史》中的这一部分。可惜，没有多久，李约瑟先生就离开了人世。

商鞅方升。20世纪30年代，故宫博物院一名研究员在报上发表关于商鞅方升的铭文和拓本，引起很大反响。该物的铭文、拓本虽见诸报端，但实物却一直不知所踪。方升，是商鞅变法统一度量衡时铸造的标准量器。60年代，马承源得知，这件宝物可能在安徽合肥一龚氏人家。龚家大小姐曾在汪伪政府做过秘书，东西在她手中，但她始终说没有。不久，“文化大革命”开始，龚家被抄，马承源马上请人去查找，最后在龚家墙角一堆垃圾中发现这件方升。这件方升上刻有铭文，铭文内容说明此升是秦孝公十八年（前344）商鞅任秦国“大良造”，是商鞅变法时所规定的标准升。由此，也可判断，商鞅统一度量衡制始于公元前344年。它的获得，为历史提供了宝贵的证物。“文化大革命”结束后，博物馆将这件宝物还给龚家。龚氏家族非常感谢，决意将它留在博物馆。结果，上海博物馆以收购的方式，使这件珍品回到国库。

商鞅方升

晋侯鼎。1990年7月的一天，马承源去香港访问。在沿街的橱窗中，一只不起眼的鼎引起了马承源的注意，他看到鼎上好像有铭文，仔细一看，认出“晋侯”两个字。经验告诉他，此器可能有史料价值，从形制上看，这应该是西周中期的东西，那么，这应该是他见过的晋国最早的带有铭文的青铜器了。马承源把这只鼎抱回上海博物馆，经清洗去锈，内壁上的铭文显现了出来，共计6行43字，记述的内容是一个晋国将领率领部队抵抗西北少数民族的入侵，打了胜仗，晋侯给予戈、弓等兵器作为奖励，并铸造这个鼎作为纪念。铭文上记述的这场战争，《史记》等历史文献中没有记载，一段淹没的历史，由此浮现出来。西周时代铸铭的晋器，以往基本没有发现过。而此鼎是西周中期晋侯因军功而赐予下属的唯一的一件器物，也是迄今为止发现的西周中期的、铸有长篇铭文的晋器，堪称国之重宝。

晋侯苏编钟

晋侯苏编钟。1992年12月，由马承源所组织领导的工作小组，就曾在香港购得两批重要文物，其中一套西周“晋侯青铜编钟”，大小计14件。该组编钟大小不一，大的高52厘米，小的高22厘米，都是甬钟。钟上刻有规整的文字，共刻铭文355字。铭文用利器刻凿，刀痕非常明显，铭文可以连缀起来，完整地记载了周厉王三十三年（前846）正月八日，厉王亲自率军前往山东平定少数民族叛乱，晋侯苏受命伐夙夷[①]的全过程。这套编钟除了文献上的重要性之外，音律功能的完好也极为难得；而在上物博物馆购此套编钟不久，山西考古研究所在山西翼城与曲沃交界处的曲村发现了晋侯墓葬，并在墓葬内发掘出另外两件未被偷盗的小件编钟。形制与 14 件晋侯苏钟相同，大小和文字完全可以连缀起来，证实上海博物馆从香港抢救回归的 14 件钟与此次发掘出土的 2 件钟是出于同一个古墓，此套完整的编钟数目应是 16 件。

吴王夫差青铜盉。1995 年岁末，马承源与上海博物馆副馆长汪庆在香港的一家古玩店发现了一件形态别致、制作精良的青铜盉，此件青铜器肩部刻有“王夫差吴金铸女子之器吉”铭文。夫差在位 22 年，传世的遗物仅 20 多件，且大多是剑、戈等兵器，像盉这样的礼器从来没有见过。按照古代礼制和常见青铜器铭文的惯例，马承源推断，这是春秋晚期吴王夫差为一位身份低微的平民女子专铸的酒器。而这女子，或许该是西施。这是吴王夫差的青铜礼器被首次发现，由于马承源无法筹得必须的资金，香港工商巨子、著名实业家何鸿章慷慨相助，买下这件国宝赠给上海博物馆。

战国竹简。上海博物馆虽然藏品很多，但简牍却是缺门，只有一小段居延汉简和几块木牍。马承源就嘱托香港的朋友留意一下竹简。1994 年春，香港古玩市场出现一批战国竹简。根据简文摹本的文字、语句、内容等各方面观察，马承源断定这是一批极为珍贵的战国竹简。竹简上的内容在秦始皇“焚书坑儒”之后已经湮灭于世。马承源毅然拍板，决定斥资 100 多万港币购买竹简。几个月后，又一批相同的竹简出现在香港

① 夙夷：居于夙城的夷族，属东夷部落。

吴王夫差青铜盉

市场，共计 497 支。文字内容与第一次发现的关系密切，或可以接读。在友人的资助下，上海博物馆亦全部购进收藏。

这批 2300 多年前的战国原始古籍，是已发现的战国简牍中数量最大、内容最为丰富的实物史料。这两批竹简在上海博物馆得到妥善保管和科技处理，已成为该馆的重要文物之一。竹简经脱水保护后，在马承源的主持下，开始对其进行艰苦的解读工作。简文作者不一，所涉史事多与楚国有关，有的是楚国的文学作品，字体为楚国文字，识读十分不易。楚简文字为战国时的东土一系，即六国文字，待秦统一后，与秦文字的不合写法已被废除，汉晋时辨识六国文字已属难事，今人更感不易。而竹简共达 1200 余枚，为劫余截归，有的是残简，排序极其艰难。竹简分批抵沪，有的在购置时已经分散。“劫余”另加“流散”，无疑为排简的工作增添了新的难度。上海博物馆不仅动用了馆内的精英，同时还邀请了北京、香港的学者一起参与整理。经过4年的清洗、整理和初步研究，发现这批简系战国楚简，记有35000个字，涉及古文81种，而且多为佚文，内容涉及先秦哲学、文化、历史、政治等领域，填补了许多空白，并改写了许多史实。

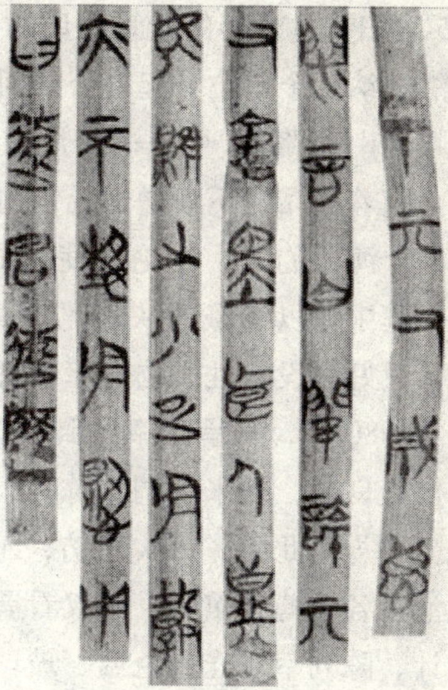

战国竹简

马承源平生最大的快乐是“觅得一件国宝级文物，并让它归于国家”，表达欣喜的方式则是“回家喝一壶老酒”。那件被他万幸抢救回来的青铜器便是最好的下酒物，将一斤高粱酒慢慢呷尽，这是他对自己唯一的奖励。马承源在香港古玩市场一共为国家抢救了300多件珍贵文物，包括竹简、青铜器、石刻、玉器、印章、陶瓷，等等。其中除了晋侯鼎和战国竹简、吴王夫差送给西施的“吴王夫差盉”外，还有艳丽的战国丝绸、南北朝时期“瘦骨清像”的石刻造像、唐代丰腴的仕女俑……一件件稀世珍宝被抢救回来，不仅充实了上海博物馆的馆藏，更为后人多保存了几把开启先祖秘密之门的钥匙。

（三）建立新上海博物馆

上海博物馆创建于1952年。1954年马承源进入上海博物馆工作时，上海博物馆与上海图书馆是一起挤在位于南京西路

325号旧跑马总会的文管会里的，随着时间的推移，该地实在无法容纳两个单位一起办公，因此上海博物馆于1959年10月迁入河南南路16号——杜月笙于1935年所建的中汇银行旧址。随着藏品的不断增加及馆内的陆续扩充，设于中汇银行旧地的上海博物馆，不论在使用面积和软硬设施上都已不敷使用，其中尤以馆藏的快速增加最为惊人。很多文物因无法容纳，只好另设一处文物仓库保管。

1980年，马承源率团到美国巡展，在大都会博物馆台阶上伫立良久，回来就调整陈列，使博物馆内部展室焕然一新，赢来赞誉。此后，每次出访，工作之余，他从不去别处观光，就泡在各个博物馆中，不仅看展品，还要资料，询问有关建筑设计、陈列室灯光、色温、玻璃橱窗反光处理等细节，希望中国能早日有自己的现代化博物馆。

1985年，马承源就任上海博物馆馆长。上任伊始，他就心怀着建设新馆的梦想，开始一份又一份地写申请报告，呼吁建造新的上海博物馆。在建设新馆暂不可能的情况下，他准备对博物馆的陈列室进行现代化改造。1986年，他千方百计从国家文物局争取到50万元资金，首先对青铜器陈列室进行了改造：在陈列内容体系及表现手段上重新进行设计，改造室内灯光，还装上了空调。改造之后，青铜器陈列室面貌一新。之后，马承源和博物馆的同仁们再接再厉，又完成了陶瓷、雕塑和书画陈列室的改建，同样获得成功。

但这时候却发生了一件让马承源尴尬万分的事情。澳大利亚总理惠特拉姆来上海博物馆参观，马承源陪同他来到改造过的陈列室。就在惠特拉姆兴致盎然之时，空调的积水突然从天而降，差点浇了惠特拉姆一身。在滴答滴答的水珠旁，惠特拉姆与马承源拍下了平生最为难忘的一张照片。马承源非常难过，他感到以前的努力全部付诸东流，小修小补、修修改改没有用处。这件事让他痛下决心：无论有多么大的困难，也要把新馆建起来！

在一次次报告、一份份申请之后，马承源终于盼来了建设新馆的消息。1991 年 12 月 18 日，上海市长来到博物馆，宣布建设新馆，馆址定在市中心黄金地段的人民广场中轴线南侧，并将其列为上海市十大文化建设项目之一。

1993 年 9 月，上博新馆正式破土动工。从 1993 年新馆打下第一根桩起，马承源一直“钉”在工地上。从选择建材到设计陈列、保管，他都亲力亲为，画了部署图纸，又制展览小样。俨然不是馆长而是工程监理。60 多岁的人，还常常上下脚手架，吃饭时间秘书总是把盒饭包在旧棉袄里，再发动人们去找他。出差时，他会关照秘书每天打电话汇报建设进度。从土建工程到室内装修，以至展陈设计、大堂装修，每一个馆的基本色调、光线，展柜的样式，每一个细节他都全部参与。建新馆是他一生最辉煌的梦想，他不允许有半点瑕疵。马承源常对身边的人说，建这个新馆不容易，我们要把它建好。

上海博物馆

为建造新馆，马承源动用他的人脉筹集资金。由于建设资金的充裕，使得上海博物馆新馆在各种软硬件设备和器材上都选择了世界上最顶尖的品牌，加上现代化建筑外观及第一流的丰硕馆藏文物，这幢面积达4万平方米，地下二层、地上五层的大陆第一现代化文博单位——上海博物馆新馆，经过三年的筹划建设，终于在1996年9月以全新的面貌，向世人展现中华艺术文化的精髓和风采。而这就是马承源毕生最大的成就。

1996年新馆建成时，拥有21个门类的60万件文物终于有了一个舒适的家。如今的上海博物馆地处市中心黄金地段，同市政府一街之隔。在发达城市的中心地带，建造如此气派、如此壮观的博物馆，世界罕见。作为一流的博物馆，它已是上海市的一个标志性的建筑，大不列颠博物馆的董事长称赞上海博物馆是“20世纪的最后绝唱”。

（四）社会活动家

马承源把上海博物馆建设成了国际水准的博物馆，他本人更是一位国际水准的博物馆馆长。这不仅包括他的学术水平，也包括他杰出的社会活动能力。一些珍贵文物的收归国有以及上海博物馆新馆的启动资金的筹措，都与马承源杰出的社会活动能力分不开。

马承源社会活动能力的基础在于他的真诚。他文物鉴定功底深厚，很多人请他鉴定文物。只要朋友开口，不管是大半夜、下雨天，或者旅途劳累，他从不推托，马上就办，而且从来都是无偿的。马承源说，他交朋友有两个原则：一不违反国家的法律和规定；二对博物馆有利。在这个前提下，马承源和上海博物馆都尽量给朋友们以最大的帮助和服务。这些人都是文物收藏者、爱好者，有些人还颇有研究，他们来到上海博物馆，不仅可以看陈列的文物，还可以看库房的文物；博物馆的专家也都义务为他们做专题讲座，或帮助他们鉴定文物……收藏家的要求上海博物馆无不重视，尽量满足。他们到上海博物馆，就像回到家一样。

付出才有回报。马承源的倾情以待，使收藏家切身感受到马承源和上海博物馆人做事的态度，做人的标准。马承源说上海博物馆接受的捐赠品每年都有好几批，如上海银行家胡惠春捐赠的一批明清官窑名瓷，上海博物馆特别以胡惠春堂号“暂得楼”辟专室长期陈列展出；潘达于所捐赠的周朝“盂鼎”和“克鼎”，早为举世闻名的青铜重器；香港收藏家叶肇夫也把自己珍爱的青铜器子仲姜盘，还有上海藏家李荫轩、丘辉夫妇捐赠包括“小臣单”、“鲁侯尊”等珍贵名物在内的一批青铜器。收藏家说，把东西交给马馆长，交给上海博物馆，我们放心。

马承源在香港搜罗珍品时，也得到了友人的大力支持。他在古玩街看到的晋侯鼎，如果按照程序申报、等待批准，恐怕早失购买良机。他的朋友范季融知道这个苦衷，当即拿出自己的信用卡，买下来让马承源直接带回上海博物馆。著名的吴王夫差盉属西施遗物，古董商开价150万港币，当时上海博物馆账面上只有20多万元资金，又是实业家何鸿章慷慨解囊，捐给上海博物馆。而在收购了第一批著名的战国竹简之后，第二批竹简上海博物馆已无力购买，又是“上海博物馆之友”朱昌言、董慕节、顾小坤、陆宗麟、叶昌午五个人共同出资55万港币，买下竹简捐赠给上海博物馆……

上海博物馆新馆立项后，据初步预算，约需4亿多人民币。市里拿出了1.4亿，卖掉老馆值2500万美元，当时大约合1亿人民币，而其余的部分主要靠自筹来解决。马承源运用自己的社会活动能力，四处奔波，终于在三年的时间里筹到了1000万美元的捐款。上海博物馆的一面墙上，刻满了捐献者的名字，他们是为建设新馆慷慨捐资的各界人士。其中有很多都是马承源的朋友：香港何东集团主席何鸿章捐资建造了博物馆贵宾厅；其胞弟何鸿卿出资赞助古代玉器馆的装修；邵逸夫赞助装修了历代绘画馆；徐展堂赞助装修了古代陶瓷馆；嘉道理家族赞助装修了少数民族工艺馆；葛士翘赞助装修了葛士翘展览厅；胡宝星赞助装修了青铜器馆；家具馆中的展品系收藏家王世襄先生皮藏，由庄氏兄弟购买后捐献。

马承源与法国希拉克总统也是好朋友。马承源与希拉克第一次见面是1997年。那年希拉克总统访华期间参观上海博物馆，与当时任馆长的马承源一见如故，大有相见恨晚之感。马老当下即将自己的专著《中国青铜器全集》前14本赠送给希拉克。希拉克喜爱亚洲文化和中国古代文化，尤其对中国的青铜器很有研究。他参观上海博物馆新馆青铜器陈列室时，马馆长当他的“导游”，介绍重要文物的来历、功能和价值。希拉克问得很仔细，马馆长回答更具体。原来规定总统参观上海博物馆的时间是半小时，结果他在上海博物馆看了一个多小时。希拉克不仅对上海博物馆馆藏的青铜器赞不绝口，而且对马馆长渊博的学识深感佩服。告别时，希拉克总统紧握马馆长的手说：“马先生，你到巴黎来，任何时候我都会接见你。”

不久，“中国文化周”在巴黎举行，马承源参加了这次活动。希拉克总统听说上海的马先生来了，专门派人来请马承源。在总统办公室，希拉克总统和马承源就中国古代文化问题，互相探讨、交流了一个多小时。之后，希拉克总统亲自向马承源颁发了“法兰西共和国荣誉军团勋章”和证书。这在法国是一种很高的荣誉。后来，马承源又到巴黎举办青铜器展览，希拉克总统又接见了马馆长，再次探讨了中国古代文化问题。

2001年底，《上海博物馆藏战国楚竹书》出版了，马承源寄了一本给希拉克。希拉克很快就给他回了信，信中写道："您所主持的杰出工作在诠释孔子学说上创立了全新的见解，并为我们了解中国历史作出了卓越的贡献。"

马承源一生荣誉无数。他从 1988 年 10 月起任上海市文物管理委员会常务副主任，1999 年 3 月起任上海市文管委顾问、上海博物馆顾问。他曾任中国博物馆学会副理事长、上海文物博物馆学会理事长、国家文物鉴定委员会委员、上海市文物鉴定委员会主任、中国古文字研究会理事、中国考古学会第一、二届理事会理事、复旦大学和华东师范大学兼职教授，是中共上海市第六次代表大会代表，上海市第十届人民代表大会代表。1991 年起享受政府特殊津贴，1996—1997 年荣获美国亚洲文化委员会授予的洛克菲勒奖，1998 年荣获法兰西共和国荣誉军团勋章。2002 年，马承源又荣获了"美国上海博物馆之友"给予的卓越学者奖。

2004 年 9 月 25 日晚 8 点 25 分，马承源因患抑郁症跳楼自杀，享年 77 岁。他的逝世，是世界文博界的巨大损失。楚国仁曾以《上博支柱·青铜权威，马承源逝世·文博界惋惜》为题，论及马承源的重要价值："在研究领域上的精辟立论和真知灼见，在实务经验上的深广，在文博发展上的远见，在学术教育上的无私……如今，马承源以 77 岁'盛年'挥别文博界，无疑是今年以来中国文物圈和文博、学术界的最大遗憾！"

附：华盛顿纪念碑中的"宁波碑石"

华盛顿纪念碑是一座石质的方尖碑，是美国首都的标志性建筑物。高高的正方体碑柱顶端，为四面三角形的尖顶，锐气逼人。塔身内墙壁上镶有188块由个人、团体、各城市、各州和其他国家捐赠的用各种文字书写的纪念石。其中有一块宁波碑，高1.61米、宽1.2米，碑文书法工整挺秀，刻有“大清国浙江宁波府镌”字样。碑文内容取自中国近代“放眼看世界”的先驱人物徐继畬（1795—1873）所著的《瀛寰志略》部分。云：“华盛顿，异人也。起事勇于胜广，割据雄于曹刘，既已提三尺剑，开疆万里，乃不僭位号，不传子孙，而创为推举之法，几于天下为公，骎骎乎三代之遗意。其治国崇让善俗，不尚武功，亦迥与诸国异。余尝见其画像，气貌雄毅绝伦，呜呼，可不谓人杰矣哉！米利坚，合众国以为国，幅员万里，不设王侯之号，不循世及之规，公器付之公论，创古今未有之局，一何奇也！泰西古今人物，能不以华盛顿为称首哉！”碑文刻写时间是在咸丰三年六月初七，即1853年7月12日。1998年6月，美国前总统克林顿在北大演讲时，曾提到过这块石碑，说它是“150年前美中两国关系”沟通交往的见证。

据考证，献碑者是浙江宁波府和一些在华传教士，美国传教士丁韪良（W. A. P. Martin，1827—1916）促成了此事。丁韪良1850年6月被派到中国，前10年他主要生活在宁波。当时宁波作为“五口通商”的口岸之一，是美国传教士在华的总部，从商业意义上来讲，地位甚至高于当时的上海和杭州。丁韪良的中文老师是宁波人张斯桂（1816—1888），他曾充当过曾国藩的幕僚，从事“帮办营务”活动，功绩较多。1864年11月，丁韪良为清政府翻译完成了《万国公法》中译本，曾请张斯桂为此书作序。在丁韪良眼中，张斯桂“是通儒型的人物，有经世之才，也颇知西学”，属于“中国文人阶层中最优秀的一类典型”，是“那种古典知识不会导致对现代科学

华盛顿纪念碑

产生偏见的人”，张斯桂所写的序“展示了中国人在那个时代非常少见的对国际关系的理解能力”。

当美国在世界范围内征集华盛顿纪念碑上的纪念物时，张斯桂通过与丁韪良的师生关系，找来优等石碑，赠送给美国。至于碑文所刻徐继畬《瀛寰志略》片断又与徐被罢官免职的情况有关。1842 年，时任福建巡抚的徐继畬曾受道光皇帝之命作《瀛寰志略》，成书后图文并茂，互为印证，对各洲之疆域、种族、人口，沿革、建置、物产、生活、风俗、宗教、盛衰，以及列国比较，皆言之颇详，间有议论。书中介绍并推崇美国的资产阶级民主制度和资产阶级革命的领袖人物，因思想异端而受到朝中言官弹劾，最终在咸丰初年被罢官。此事引起闽浙两地维新先觉之士的强烈愤慨，张斯桂便是其中一人。为此，他将《瀛寰志略》中的几段文字刻成了碑文，并“漂洋过海”送至美国。

1862 年，美国传教士伯驾将碑文译成英文发表，美国人方知大清国有一个官员，因歌颂华盛顿而被中国皇帝免职。1865 年，徐继畲复职，以三品京堂成为总理各国事务衙门行走，协助处理中国与各国之间的外交事务。1867 年，美国总统安德鲁·约翰逊特别委托国务卿西沃德，请一位艺术家绘制一幅华盛顿像，远涉重洋，命美国驻华公使蒲安臣将画像赠送给徐继畲。

虽然现在无从知道宁波碑是如何抵达美国的，但这块石碑让人看到了晚清时几位宁波人放眼看世界的胸襟，宁波碑的漂洋过海也是宁波“海上丝绸之路”文化的重要证明。

第四章

体育界人物

一 宁波帮与中国体育概述

中国的近现代体育自民国初年开始由学校走向社会，而后才逐渐走出国门参与世界性的运动会。在中国体育走向世界的进程中，宁波人也创下了若干了不起的业绩。

（一）

中国体育与奥运的关系历尽波折，六位宁波籍的体育活动家正好参与和见证了中国的奥运之路。

王正廷，首位中国奥委会委员。1932 年，他首次组织、推荐中国运动员刘长春参加第 10 届奥运会，并鲜明地提出要为祖国争光的口号。1936 年第 11 届奥运会和 1948 年第 14 届奥运会，王正廷都担任中国代表团总领队。人们称他是“中国现代体育的鼻祖”，是“中国奥运之父”。

沈嗣良，著名体育活动家。他曾带领短跑名将刘长春首次代表中国参加第 10 届奥运会，而后又与王正廷一起率中国体育代表团参加在柏林举行的第 11 届奥运会。

舒鸿，奥运“篮球第一哨”。1936 年他赴德国柏林参加第 11 届奥运会，在这届奥运会上，篮球第一次确定为奥运会的正式比赛项目。在美国队与加拿大队进行的决赛上，舒鸿成为奥运会历史上第一场篮球决赛的裁判，他也因此成为奥运会历史上的第一位中国裁判。

魏纪中，新中国奥运之路的参与者和见证者。他见证了中国在20世纪50年代退出国际奥委会的过程，又参与了中国重新恢复奥委会合法席位的艰苦努力，并在北京申奥活动中立下了汗马功劳。

楼大鹏，曾于1988年、1992年、2000年任奥运会技术代表，2002年又任2008年北京奥运会组委会执委、体育主任，曾两次出任北京奥申委体育主任，并两次担当申奥主要陈述人。在北京成功申办奥运会的过程中，他功不可没。

桑兰，原国家体操运动员。在因伤而无缘以运动员身份参加奥运会之后，她在体育特别节目《桑兰2008》担任主持人，用这样的方式继续自己的奥运之路。2007年桑兰被聘为中国奥委会官方网站特约记者。“奥运之星保障基金”的发起人，被称作“申奥大使”。

(二)

在围棋世界中，应昌期与林海峰更是宁波人的骄傲。应昌期作为一名实业家，不仅建立基金，举办最高奖项达40万美元的“应氏杯”世界职业围棋锦标赛，还建立“应昌期围棋学校”，推动世界与中国围棋事业的发展。他制定的“应氏围棋规则”达到了“绝无判例”、“几无和棋”之目标，号称“迄今为止最合理、最完备，符合时代需求的围棋规则”。目前已成为与中国围棋竞赛规则、日本围棋竞赛规则并列的国际性围棋比赛规则之一。他亲自设计棋罐，旋转型棋几、书桌型棋桌、量斗型棋具以及电子计时器等来与新规则相配套，匠心独具。人们将应昌期誉为“黑白世界的诺贝尔”，说他是“一个有远见的围棋改革家。”

林海峰作为日本棋界的一流高手，在“名人”与“本因坊”两大循环圈中屡获佳绩，被称为“不死鸟”、“常青树”、“永不沉没的航空母舰”。“名人”与“本因坊”两大棋赛是日本全国专业棋手奋斗的目标，但竞争异常激烈。名人循环圈9人，本因坊循环圈8人，每年都要将战绩最差者淘汰出圈，另由3位新人递补。几百位专业棋手只有这3个名额。林海峰从1963年打进名人循环圈到2004年被淘汰出圈，他创下了在籍39年的空前纪录；而1968年进入本因坊循环圈后，在籍纪录是33年，成为新制棋赛史上的第一位“名人本因坊”。1989年，他获天元战冠军，此后五连霸，终身享有名誉天元称号。他成就了日本棋界的“林海峰时代”。

（三）

在教练员与运动员中，宁波人也在不断地为国争光。

傅其芳是国家乒乓球男队教练。他培养出了庄则栋、李富荣、徐寅生、张燮林等一批世界级名将，创造出举世瞩目的辉煌业绩。1959年4月5日，在他的指导下，容国团在德国多特蒙德第25届世乒赛上勇夺男子单打冠军，为中国捧回了有史以来第一座世界冠军奖杯；此后，他又指导庄则栋和邱钟惠于1961年捧回了男单、女单冠军奖杯，并第一次为祖国捧回男子团体世界冠军奖杯。傅其芳打开了中国乒乓球登上世界顶峰的大门，他所创造的业绩，不仅是乒坛的辉煌，而且是真正代表中国体育走向世界的标志。

篮球教练钱澄海也不逊色。他自1972年担任男篮主教练后，指导中国男子篮球队获1975年、1977年、1979年、1981年、1983年连续5年亚洲篮球锦标赛冠军，1978年第八届亚运会、1986年第十届亚运会男子篮球比赛冠军。1986年，钱澄海又带领中国男篮在24支球队参赛的情况下历史性地获得了世界锦标赛的第九名，使人看到中国男篮跻身世界强队的曙光。

此外，还有许多宁波籍的运动员为祖国争得了荣誉——体操运动员李小平曾数次获得世界冠军，其中鞍马“纵向右移”、“环中转体3600”是罕见的高难度动作，被国际体坛誉为“神马手”；杨波曾数次获得平衡木冠军，她在平衡木上的高难动作被国际体联命名为“杨波跳”；黄瑞芬1985年在第5届技巧世界杯赛中夺得了全能和单套两枚金牌，打破了苏联在该项目上的垄断。1986年在第7届技巧世界锦标赛中又一次夺得全能和单套的两枚金牌和第一套的银牌；跳水运动员王毅杰1991年参加第7届世界杯跳水赛，获男子一米跳板跳水冠军，1990年在第11届亚运会上获一米跳板男子跳水亚军，并于队友合作获男子团体冠军。游泳运动员贺慈红1994年全国游泳冠军赛获100米、200米仰泳两枚金牌，其中100米仰泳创亚洲纪录。当年在罗马第7届世界游泳锦标赛上两创100米仰泳世界纪录，比赛中共夺得3枚金牌。

中国体育的辉煌里，有宁波人写下的精彩篇章。

二　体育活动家

王正廷与中国近代体育

王正廷（1882—1961），原名正庭，字儒堂，号子白，奉化金溪乡税务场村（今属白杜乡）人。清光绪二十二年（1896）入天津北洋西学堂，光绪二十六年至上海，次年复去天津研习法律，曾执教新学书院。光绪三十年任湖南省立高等学堂英文科主任，次年赴日本，第二年加入同盟会，创办中国

王正廷

留学生基督教青年会，任总干事。光绪三十三年赴美国，入密歇根大学攻读法律，后转耶鲁大学，4 年后回国。辛亥革命后，历任鄂军都督府外交副主任、中华民国政府工商部代总长、参议院副议长。后至上海，任中华基督教青年会全国协会总干事，与张伯苓等发起组织中华全国体育协进会，后长期任理事长，并任国际奥林匹克委员会终身委员。1917 年赴广州，任非常国会副议长、军政府外交总长、财政总长。1919 年任广东护法军政府全权代表，出席“巴黎和会”，响应国内五四运动，拒绝在《巴黎和约》上签字，获国人好评。1921 年到北京任中国大学①校长，次年任华盛顿会议中国代表团代表，继任北洋政府外交总长、代理国务总理兼外长。1923 年 3 月任中俄交涉督办，与苏联签订《中俄协定》，恢复两国邦交。次年 10 月任外交总长兼财政总长、关税会议委员长。不久辞职至上海，任全国道路协会会长。1928 年，南京国民政府成立，任外交部长，兼国民党中央政治会议委员、条约委员会会长，与 12 个国家签订关税自主新约，收回威海卫主权。曾因与日本签订《关于解决济南惨案的议定书》，引起南京市民公愤，住宅被捣毁。1931 年 9 月 28 日，被沪、宁请愿学生用墨水瓶掷伤，旋辞职。1936 年 8 月任驻美大使，两年后回国，任国民

① 中国大学：孙中山于 1912 年创办，初名“国民大学”，1917 年改校名为“中国大学”。其旧址位于今天的北京第 29 中学。

政府委员。抗日战争胜利后，任国民政府国策顾问、立法委员、中国红十字会会长。先后当选第三、第四、第六届国民党中央执行委员、第五届候补中央执行委员。1949 年初去香港，任太平洋保险公司董事长。政余素好体育，与张伯苓等发起组织中华全国体育协进会，代表中国发起成立远东体育协会。1922 年当选国际奥林匹克委员会委员。1927 年任第八届远东运动会会长兼总裁判。曾率中国体育代表团参加第 10 届、第 14 届奥运会。关心家乡公益事业，倡议建筑鄞奉公路，资助鄞奉公益医院、奉化孤儿院、育婴堂、中正图书馆等。著有《王正廷博士演讲集》。

王正廷是近代中国著名的社会活动家，他虽任政界要职，但热心体育事业，并致力奥林匹克运动在中国的开展，是近代中国著名的体育领导人之一。他把体育作为“立国之本”，主张“当视体育为强健身心之常经，当视体育为振兴民族之正轨”（中华全国体育协进会 1935 年创办的《体育季刊》“发刊词”）。这里蕴含着他希望通过发展体育运动振兴中华的理念，也使他为推动中国体育运动发展而不遗余力地努力。

（一）中国首位奥委会委员

王正廷是中国的首位奥委会委员，他的当选与其在中国体育发展中的重要作用有着密切关系。

王正廷酷爱体育运动，擅长网球、游泳、骑术。从 20 世纪初开始，王正廷就参与了当时基督教青年会的体育传播活动。1911 年，他留学回国不久，便与基督教青年会亚洲各国体育干事一起，发起组织了“远东体育协会”。1912 年 7 月，王正廷在这个被看作是“亚运会”前身的组织中任首任中国籍总干事，并参加了自 1913 年开始的历届远东运动会的组织筹备工作，历任要职并是主要赞助人之一，曾担任第2届、第5届、第8届远东运动会会长。他为中国体育走向亚洲，为亚洲的体育事业作出了特殊的贡献。

由于中国发起筹办和参与了远东运动会，给国际奥委会留下了良好的印象。1915年，国际奥委会致电承认远东体协，并邀请中国参加下届奥运会和奥委会会议，后由于第一次世界大战的原因而未能实现。1920年，王正廷参与发起的远东运动会和远东体协被国际奥委会正式承认，成为世界上第一个与国际奥委会发生关系的区域性国际体育组织。由于王正廷在推动中国体育事业上的重大贡献，1922年，经前国际奥委会顾拜旦推荐，在巴黎召开的国际奥委会第20届年会上，王正廷被推举为国际奥委会委员，成为中国第一位和远东第二位国际奥委会终生委员。[①] 1924年，被推选为新成立的“中华全国体育协进会”名誉会长，1933年任该会主席董事。1932年，首次组织、推荐中国运动员刘长春参加第10届奥运会，并鲜明地提出要为祖国争光的口号。1936年第11届奥运会和1948年第14届奥运会，王正廷均担任中国代表团总领队。因其长期担任中华全国体育协进会的领导人，对中国体育事业作出了巨大贡献，因此人们称之为“中国现代体育的鼻祖”，并被誉为“中国奥运之父”。

（二）建立民间体育组织和组织运动会

王正廷是推动中国体育发展的重要人物。早在1916年，

---

① 国际奥委会挑选委员作为国际奥委会在其国家的代表，而不是其国家在国际奥委会的代表，一个国家当选的委员原则上不能多于1人。1966年前当选的委员是终生的，1999年11月底之前当选的委员退休年龄是80岁，而之后当选的委员退休年龄是70岁。但凡为国际奥委会服务满10年的退休委员会被当作名誉委员对待。

王正廷就积极主张将体育教育引入学校，并在他出资创办的务本小学开设体育操练课，这不仅在当时奉化学校中属于首创，在全国小学中也是十分罕见的。

为了促进中国体育的发展，他还积极投入到筹建全国性体育组织的工作中。其最初的尝试是于1910年与唐绍仪、伍廷芳、张伯苓等人发起成立了“全国学校区分队第一次体育同盟会”。该会是在“争取早日参加奥运会”和“争取早日在中国举办奥运会”口号的鼓舞下，为了筹备在南京举办的中国历史上第一次全国运动会而建立的，它不仅被视为中国第一个全国性的体育团体，也是当时中国全国性体育组织的雏形，为日后成立全国性的指导体育事业发展的体育组织积累了实践经验。

1922年4月3日，“中华业余运动联合会”在北京基督教青年会①所正式宣布成立。该会参与筹办了1924年第三届全国运动会及1923年在日本举行的第六届远东运动会的选拔事宜，并被国际社会承认代表“中国奥林匹克委员会”，是中国第一个真正意义上的全国性体育组织性机构，起到了领导全国社会体育的重要作用。而“中华业余运动联合会”和“中国奥林匹克委员会”主席均由当时任外交部长的王正廷兼任。不过由于当时“中华业余运动联合会”的主导权不在中国人手中（九名执行委员中有三名是外国人，实际上由外国人控制），因此1924年7月，以王正廷为名誉主席的“中华全国体育协进会”正式宣布成立。该会董事会15人全部为中国人，并且取代了“中华业余运动联合会”的一切职能，对外

---

① 北京基督教青年会：简称北京青年会，1906年开始筹建，1909年正式建立。1909—1949年间在青年中间影响很大。

代表“中国奥林匹克委员会”。该会的成立标志着外国人控制中国体育竞赛活动的终结和中国自主管理运动竞赛的开始，为中国体育的现代化揭开了新的一页。

全国体协成立后，先后加入了远东体育协会及多个国际单项体育联合会，如国际田径、游泳、体操、网球、拳击、举重、足球、篮球八个国际单项体育联合会。1931 年，国际奥委会正式承认全国体协为其成员组织。与此同时，全国体协在王正廷、张伯苓等人领导下，克服人力、物力、财力诸方面的困难，为发展中国现代体育事业作了大量工作。

1925 年 5 月，第 7 届全国远东运动会在马尼拉举行，中国选派 120 位选手组队参加。

1927 年，在上海兴建中华运动场，主办第 7 届远东运动会，中国选派男女选手 164 人组队参加。

1930 年 4 月，在杭州举办第四届全国运动会，并从中选拔各类选手 115 人，参加同年 5 月在东京举办的第九届远东运动会。

1932 年 7 月，中国选手刘长春首次参加第 10 届国际奥运会，同年 10 月在南京举办第 5 届全国运动会。

1935 年 10 月，在上海举办第 6 届全运会，并选拔次年在德国柏林举办的第 11 届国际奥运会的代表。

1936 年，参加第 11 届国际奥运会，王正廷任总领队，共有 141 人组团参加，盛况空前，其中中国国术队在柏林进行表演后，在当地引起了较大轰动。

1948 年，在上海举办第 7 届全运会，同年 7 月由 33 名选手与 20 名职员组成的中国代表团，参加在伦敦举办的第 14 届国际奥运会，王正廷再次担任总领队。期间全国体协还于 1926 年至 1937 年举办了六届上海国际运动会，参加比赛的有上海的中华队和英、美、法、德等外侨队。此外，还先后主办历届全国分区足球赛及全国分区网球赛，主持审编各项运动规则，审订最高纪录，协助各地组织运动竞赛和一般体育活动，编辑出版《体育季刊》，并解答各项有关运动、裁判等方面的疑难问题，从而有力地推动了中国体育规范化、现代化的进程。在王正廷等人的不懈努力下，全国体协成为民国时期最有权威的民间体育组织。

（三）推动中国奥林匹克运动的发展

王正廷当选为国际奥委会委员后，积极推动奥林匹克运动的发展，其重要行动就是推动中国派团参加奥运会。1932 年，中华全国体育协进会发出了派遣运动员参加在洛杉矶举行的第 10 届奥运会的倡议，但当时主管体育工作的国民政府教育部，以国难当头、时间匆忙、准备不足为由，拒绝了这一请求。在整个体育界为此扼腕叹息之际，日本支持下的伪满傀儡政权决定派遣东北选手刘长春、于希渭代表伪满洲国参加奥运会，试图从体育作为入口，求得国际认可。全国舆论大哗，强烈要求国民政府派运动员参赛。面对国民政府缄默不语的情势，时任中华全国体育协进会董事长的王正廷深感此事重大，他奔走各方，积极斡旋，在全国体育界爱国人士的大力支持下，决定将计就计，想出了派刘长春代表中华民国参加奥运会的妙计。他利用自己的国际奥委会委员身份，帮助刘长春迅速办妥参赛手续，并亲自到码头为其送行。王正廷右手执国旗及全国体协会旗，庄严地对刘长春说："予今以至诚之心，代表中华全国体育协进会授旗与君，愿君用其奋斗精神，发扬于洛杉矶市奥林匹克运动场中，使中华民国国旗飘舞于世界各国之前，是乃无上光荣也。"这是中国运动员第一次正式进入国际奥运会赛场，当中国体育代表团第一次出现在第 10 届奥运会的检阅队伍中，当刘长春第一次站在奥运会百米赛道上，这一刻无疑圆了王正廷等中国体育人参加奥运会的梦想。

王正廷作为中华体育代表队总领队，率团参加了1936年在德国柏林召开的第11届奥运会。虽然与奖牌无缘，但对于推动中国奥林匹克运动的发展仍然起了重要作用，如王正廷所言："中国对体育之提倡，为期尚短，在此短期间产生之运动家，与世界英雄相比，当然不能希望有无上表演与贡献。中国之参加此次大会，其动机较其所获结果为重要。中国必须先学行，再学走。此次参加大会中国选手所带归之知识及技能，为中国将来胜利之基础。"在王正廷的游说下，中华体育考察团获得了国民政府的资助，随奥运代表团赴欧洲七个体育发达国家进行相关的调查访问，为我国体育界的精英们打开了眼界。

近代中国的国情，决定中国体育事业不可能有根本性的进步与发展，但这并不能抹杀王正廷等人为发展我国体育事业所作的不懈努力。王正廷作为民国时期我国体育事业的重要领导人，不计名利、义无反顾地推动中国体育走向世界。正如曾为王正廷作传的台湾学者张腾蛟先生所言："为我国体育事业献身献力的人士实在不少，可是要论态度之积极，参与之热心以及成就之辉煌，恐怕要数正廷先生为第一人。"①

1948年，王正廷再次作为中华体育代表团总领队，率团参加了第14届奥运会。此时，国民政府已处在崩溃边缘，中国代表团的经费捉襟见肘，运动员只得自己带着口粮和副食品去参赛，甚至回程的路费都没有着落。王正廷多方筹集，才把滞留在伦敦的运动员送回国。这次伦敦之行使王正廷心灰意

---

① 转引自孙善根《王正廷：中国首位国际奥委会委员的体育生涯》，《百年潮》2005年第12期。

冷，1948 年圣诞节后，他黯然离开大陆，移居香港，直至 1961 年 5 月病逝。终年 79 岁。

应昌期和他的围棋事业

应昌期

应昌期（1916—1997），台湾金融界、实业界著名人士，应氏围棋计点制创造人，被誉为“黑白世界的诺贝尔”。1916 年生于浙江宁波慈溪县。自幼天资敏捷，读书过目成诵。早年就读于中城小学及慈湖商校。1932 年春去上海统原银行当练习生。1937 年考入福建省银行，1940 年升任副经理。1942—1945 年先后任赣州、衡阳、重庆分行经理。1946 年 2 月随严家淦赴台湾，接收台湾银行，历任业务经理、副总经理、代总经理。1963 年离开台湾银行，先后创办华夏塑胶公司、台北利华羊毛工业公司、益华纺织工业公司、国泰化工公司、国华海洋企业公司、国际票券公司等，成为台湾著名实业家。从小酷爱围棋，1952 年任“中国围棋会”总干事。晚年致力于振兴围棋运动，创立“应昌期围棋教育基金会”，颁布“应氏棋规”，举办最高奖项达 40 万美元的“应氏杯”世界职业围棋锦标赛。1947 年参与发起成立台北市宁波同乡会。热心家乡建设事业，先后投资 1 亿美元在宁波设立现代建筑材料股份有限公司、利华羊毛（宁波）工业股份有限公司、应氏棋具有限公司等多家企业。同时捐资兴建倡棋幼儿园、重建中城小学、慈湖中学、慈城保黎医院等多项社会公益项目。

应昌期毕生热爱围棋。他说："我一生以百分之九十的精力办围棋，以百分之十的精力办实业。……我不要名，也不要利，在我的能力范围内，做有益于发展围棋的每一件事，这是我的梦，我的一生没有虚度。"围棋是实业家应昌期生命中最重要的一部分，他为中国的围棋事业作出了卓越的贡献，创造了几个世界围棋之最——第一个提出世界围棋规则要统一；第一个倡导举办世界职业围棋锦标赛；第一个举办世界电脑围棋赛；第一个推出应氏杯世界青少年围棋赛。

（一）爱上围棋

应昌期六岁学棋，小小年纪就在慈溪有"小棋王"美誉。12 岁夺得家乡围棋比赛冠军。在商校求学时，常到学校不远处的普济寺向定法老和尚讨教棋艺，还与海军舰长、围棋爱好者王梦丹老先生会棋，一度曾自以为棋力不凡。但在上海偶然与围棋名家魏海鸿先生对弈时惨败，始知"山外有山，天外有天"。于是工作之余，悉心钻研棋艺，并常去日本人所开的专业出售围棋书籍和棋具的书店浏览。他以有限的收入广为收集日本人所写的围棋著作，有空便悉心研读，同时面对棋盘一一摆谱，务必读懂。应昌期在上海 4 年的银行生涯，不仅学到了谋生本领，而且书法、棋艺均大有长进，为今后的成长道路打下了一个非常扎实的基础。

1946 年到台湾后，应昌期即在家设置棋室，号称"五窗填满斋"，广邀亲朋好友会棋，切磋棋艺。但他对围棋的热爱不仅表现在他对棋艺的追求上，而且还表现在他对围棋的全方位关注上。围棋作为起源于我国的智力游戏，本是文人的雅趣之一。但流入民间后逐渐异化，不仅进入茶馆酒肆，甚至也有人以此为赌博工具，每下棋噼啪之声四起，旁边围观人群吆喝支招，下棋人或坐或蹲，或将一腿支于凳上，极不文明。应昌期在去日本人的棋院下棋时，发现日本围棋规矩很多，不仅棋具制作精美且规格统一，而且对弈者坐有坐相站有站相，每落子轻柔一推，不发半点声音。棋手们每有心得都用笔记下来，一些著名的棋局更是仔细记录，排成棋谱出版。这些做法让应昌期感慨万千，深感中国围棋大有改革之必要，他萌生了一个念头："将来如果有钱，别的可以不干，但围棋改革的大事一定要做！"

这成了应昌期生命追求的重要部分。他的生前好友袁忠渭先生曾说："应昌期的事业是围棋，其他只能算是职业。"确实如此，应昌期对围棋的热爱不仅是个人兴趣，而且是一种志向，他"慨然有振兴中华棋艺之志，并引为己任，……来台后境遇渐宽，乃一本初衷，致力恢复中国围棋组织，建立职业棋士品位制度，推广新闻围棋比赛，以及改良棋具等等，其尤著者，一为计点制围棋规则之发明，用以推翻日本棋院所执着施行之比目法规则，扫除多年来若干未决案。另一则为成立应昌期围棋教育基金会，时在民国七十二年八月，先生共捐出所属企业股票面额新台币一亿元，作为该会振兴围棋之基金……不断筹办国内外棋赛，其中规模最大奖金最高者为应氏杯世界职业围棋锦标赛，……为推行应氏计点制规则，培育中华围棋人才，特出资在上海设立围棋学校"。[①] 可以说，应昌期对围棋的热爱是投入心力、财力的至诚之爱。

---

① 赵谅公：《应昌期先生事略》，李建树：《应昌期传》，台湾理艺出版社1999年版，第329页。

（二）发明应氏围棋规则

应昌期对围棋的一大贡献是发明了“计点制填满法”的新围棋规则，达到了“绝无判例”、“几无和棋”之目标，号称“迄今为止最合理、完备，符合时代需求的围棋规则”。

在应氏围棋规则发明之前，围棋比赛主要采用的是中国围棋竞赛规则（简称中国规则）、日本围棋竞赛规则（简称日本规则）。中国规则为数子法，目前主要在中国大陆采用，数子法就是在一盘棋结束后，每方将自己的占地计算出来，被提去的子是死子，没有被吃掉的子就是活子，谁多谁赢。日本规则是数目法，主要是在日本、韩国采用，也包括北美、欧洲等地区。因为传统力量的影响，这些地区的围棋爱好者们，也是采用日本规则。数目法规则稍微复杂费解些，其原理是在双方下子手数相等的情况下，不计算双方下在棋盘上的子数，只是计算各方所围之空的数目。谁围的地多谁就胜，空多一方为胜。

但是比赛的实际情景有时会出现特殊状况——数子法，有打劫①收后的情况出现，这种情况的存在可使受损的一方因劫材不够，无棋可下，停了一手，眼睁睁地看着受益的一方连走两手，把劫粘上，差掉一目棋。而数目法，也会出现类似的情况，即在数目法中，棋盘上棋子的数目是不计算其个数的，只计算各方所成的空的数目，而在以占地多少为胜负判定基准的前提下，有时会出现空多的一方实际占地反而少，空少的一方实际占地可能反而多的情况。

应昌期萌生研发新棋规则的念头，有两个直接的原因，一

---

① 打劫：简称“劫”，也称“拿劫”，围棋术语。具体是指黑白双方都把对方的棋子围住，这种局面下，如果轮白下，可吃掉一个黑子；如果轮黑下，同样可以吃掉一个白子。下文的粘劫是指一方把打劫的位置粘住，避免继续和对方在此相互争夺。

个是他考察世界棋坛，发现围棋走向世界的速度缓慢是因为“围棋没有一个完善的、统一的书面规则”；二是他在考察了吴清源两次“含冤告败”的成绩之后，痛彻感到棋规的不完善导致了比赛的不公平和不公正。1948 年吴清源大师与岩本熏下了一盘棋。岩本认为他的劫材多，最后一劫可以不粘，日本棋院根据“劫多一方可以不补”的说法，判定“黑不必补”，对此吴清源倍感冤枉。而 1959 年 1 月 9 日，吴清源先生与高川秀格先生在比赛中又出现了“一手劫”的情况，吴清源在半目胜的情况下，出现了一个“一手劫”，根据日本棋院的规则，“一手劫必须补”结果这盘棋高川先生半目胜。

这件事成为应昌期先生致力于围棋规则研究的一个契机。自 1973 年起，应昌期一头扎进了发明新围棋规则的学术领域，开始潜心研究撰写。从 1973 年开始到 1996 年《应氏棋规》正式出版，20 余年时间，无论在家、在办公室，甚至出差在国外，一有空便想新规则，一想到什么新点子便记下来。用他自己的话说，就是“我一生以 90% 的精力办围棋，只以 10% 的精力办实业”。就这样，应昌期终于发明了完善的“计点填满法”新棋规。

应氏规则的要点是：“手分虚实，气尽提取；变穷打劫，子空皆地；除穷任择；气定死活；劫分争搅，填满计点。”其主要的操作规则是：

1. 子空皆地，提证死活。

2. 双方填满计算地域。

3. 黑贴 8 点（和棋黑胜，相当于 3 又 3/4 子），以预数法确定胜负。

4. 劫分争搅。

5. 用时。采用超时罚点制，以罚点替代读秒。职业应氏杯赛事一般为每方3.5小时+3次35分罚点，即用完3.5小时后，超时35分钟内罚2点，35—70分钟罚4点，70—105分钟罚6点，超过105分钟判负。

“应氏规则”将“子多为胜”或“目多为胜”改革为“点多为胜”，解决了“三劫循环”、“四劫循环”等问题，使围棋“和棋”无胜负的问题得以解决，实现了“绝无判例，无和棋”的目标。这一规则既包含着技术上的完善，也包含着观念上的改变。为考验这个新棋规，应昌期在由他举办的一切国际性围棋赛事中，除冠、亚军高额的奖金外，又单设了一项奖金高达5万美元的“判例奖”——即谁如能下出一盘无法用新棋规判定的棋，便可获得这5万美元的奖金。

美国的威廉姆·迈思先生在评介“应氏棋规”时说：“‘填满计点’算法精妙绝伦，但黑白子数必须各180子，绝对无法办到。”为了这句话，应昌期在完善新棋规的后十几年中，又沉浸到了围棋棋具的研制之中。他亲自动手设计了一种能不多不少正好装满180子的棋罐，为此仅钢模就做了35副（每副造价逾万美元），终于有了玲珑剔透的棋罐与他的新棋规配套。那些棋罐的型号，还分别赋予了一定的意义：1991年问世的命名为“9186型”，纪念“九一八”发生60周年；1992年问世的命名为“7755型”，纪念“七七事变”55周年；1994年改进型的六角形棋罐最为玲珑剔透，其型号定为“JW100”，自然是为了纪念中日甲午战争发生100周年。除了棋罐外，应昌期还发明了许多新棋具——如旋转型棋几、书桌型棋桌、量斗棋具以及电子计时器等；用之于围棋比赛的，则又有延时罚点、黑子贴还 8 点及品位棋士局差制度、[①] 胜负符号，等等。人们将应昌期誉为“黑白世界的诺贝尔”，韩国报纸称其为“一个有远见的围棋改革家”。

目前，应氏围棋竞赛规则已经是与中国围棋竞赛规则、日本围棋竞赛规则并列的国际性围棋比赛规则之一。采用这个规则比赛的还有世界上奖金最高的应氏杯、世界青少年围棋锦标赛、世界大学生围棋锦标赛以及中国的倡棋杯等。

（三）举办应氏杯围棋赛

早在上海当练习生时，应昌期就曾投书上海《新闻报》，建议举办新闻棋赛和开设围棋专栏，刊登棋谱，以推广围棋事业。《新闻报》主笔阅信后击节赞赏，还真的开出了围棋专栏，一时成为美谈。到台北后，应昌期更是常常动员台湾各大媒体出资举办各类赛事，借助媒体力量推动围棋事业。经过他的积极筹划，1951 年，《中央日报》的“新闻棋赛”开了先河，此后“青少年围棋赛”也在媒体的推动下开展起来。1977 年，举办第一届职业新闻棋赛“名人赛”，应昌期还专门请大国手吴清源到台北下了一盘指导棋，引起轰动效应。其后台湾《自立晚报》、《联合报》、《民生报》等也参与进来举办了多届围棋赛。

1965 年，由应昌期出资，《中央日报》与“中国围棋会”联合举办了第一届“青少年围棋赛”，这一赛事的进行体现的是应昌期围棋应该从儿童时代开始的主张。“青少年围棋赛”

---

① 应氏围棋规则规定，对局者双方棋力之差距称为“局差”，而局差主要体现在棋士“品”“段”“级”的不同。“品”为职业棋士之名位，以一品为最高，至九品止；“段”是业余高手之名位，以九段为最高，至初段为止；“级”为初段以下之名位，以一级为最高，至九级为止。局差要以“还点、让先、让手”三种方式，单独或复合使用，平衡对局胜员率，此被称为“局差制度”。

连续举办了11届，发现了许多少年英才，如王铭琬（现为旅日九段棋士）、王立诚（现为旅日九段棋士）、林文伯等。1975年，应昌期又与《新生报》、中国围棋会、应昌期围棋教育基金会联合推出了“大专杯围棋赛”。这一赛事举办了10届，推出了一大批围棋好手。1984年，“世界青少年围棋赛”开始亮相，这是一个连续的赛事，比赛地点轮流在世界各大城市举行，每届比赛经费为5万美元。他认为应该大力培养青少年棋手，才是世界围棋明日的希望。中韩不少著名棋手都曾参加过应氏杯青少年比赛，如中国的常昊、周鹤洋、王磊、胡耀宇、王尧、古力，韩国的柳时熏、李昌镐等，十余届的“世界青少年棋赛”完成了杰出少年棋士必经的洗礼过程，可以说，应氏杯青少年围棋赛已成了世界职业围棋的摇篮。

1987年，应昌期接受了日本围棋记者胜本哲洲先生的建议：办一个世界上奖金最高的职业围棋比赛，一为推动他所热爱的围棋事业，二为推广应氏围棋规则。

应昌期在下棋

经过深思熟虑之后，1987年8月17日应昌期正式向新闻界郑重宣布：首届应氏杯世界职业围棋锦标赛将邀请世界最强的16位棋手参加，从中决出世界冠军，冠军独得40万美金的奖金，亚军奖金10万美元。此项比赛将每四年固定举办一次，且皆在奥运年举行。他还特别强调：这样的比赛由发明围棋的中国人来举办，其意义非同寻常。

自 1988 年开始，“应氏杯”围棋赛采用由应昌期发明的计点规则每四年举办一次。至今已举办六届。第一届比赛于 1988 年 8 月 20 日在北京人民大会堂隆重开幕，经过激烈角逐，韩国曹熏铉获首届冠军；1992 年 7 月，第二届应氏杯赛在日本东京开幕。参赛棋手由第一届的 16 名棋手增加到了 24 名。韩国选手徐奉洙力克日本大竹英雄，夺得第二届应氏杯赛的世界冠军；第三届应氏杯赛于 1996 年 4 月在中国上海开幕，经过四局较量，韩国刘昌赫以 3∶1 战胜了日本依田纪基，夺得第三届应氏杯赛的世界冠军；2000 年 4 月 29 日，第四届应氏杯赛开幕典礼在上海国际会议中心隆重举行，韩国李昌镐以 3∶1 战胜常昊，夺得第四届应氏杯；第五届应氏杯于 2004 年 4 月 19 日在上海开幕，包括卫冕冠军、韩国棋手李昌镐九段在内的 24 名棋手争夺 40 万美元的冠军奖金。最后中国的常昊夺冠；第六届应氏杯于 2008 年 4 月 29 号在上海应昌期围棋学校开幕，经过几轮角逐，韩国李昌镐和崔哲瀚进入决赛，冠亚军在韩国选手中产生已无悬念。2009 年 4 月 23 日，崔哲瀚夺冠，获得 40 万美元的冠军奖金。应昌期先生一直希望中国选手夺冠，但六届之中，五届的冠军都落入韩国之手，这不能不说是令他非常遗憾的事。

应氏杯作为高水平、高规格的世界比赛，被称作围棋界的“奥林匹克运动会”。在应氏杯创办之后，富士通杯、东洋证券杯、三星杯、LG 杯、春兰杯等世界职业围棋大赛如雨后春笋先后出台，世界棋坛出现了前所未有的繁荣景象。围棋泰斗吴清源九段说：“应昌期先生是创办世界职业围棋锦标赛的第一人。”世界职业围棋赛的繁荣，应昌期先生功不可没。

(四) 建立应昌期围棋基金与围棋学校

应昌期为围棋事业投入了很大的精力，也投入了大量的金钱。1952年，“中国围棋会”在台北复会，应昌期出任围棋会总干事，作为复会庆典的一项大活动，便是邀请旅日围棋大国手到台北会棋，极具轰动效应。他安排刚刚10岁，祖籍镇海的林海峰与大国手下了历史性的一盘棋，围棋世界便又多了一颗耀眼夺目的天王巨星。为了更好地推进围棋事业，1983年8月26日，作为台湾金融界、实业界知名人士的应昌期拿出250万美金（合1亿台币），在台北成立了“应昌期围棋教育基金会”。他认为，“钱的最佳用法就是生前和死后都在用，并且能够用在自己愿意用的事情上”。这个基金会将围棋定位为教育工具，并开始全力培养青少年棋手。这个运行良好的基金会办了很多大事，如自1984年开始，已连续举办了十余届“世界青少年围棋赛”。另外还在台北成立“神童班训练营”，训练了近500名小棋手，其中有超过100名小棋手已经升段。另一方面又替一般的小朋友举办初学班、入门班以及初中高级班等，利用寒暑假完全免费接受训练。1985年，基金会又首先设立“世界电脑围棋赛”，邀请了世界各地顶尖的电脑围棋高手角逐，从而促进了电脑围棋的大发展。1990年，应昌期和他的基金会开始举办欧洲“应氏杯”围棋比赛，1991年，又举办美洲“应氏杯”围棋赛。当然还有最值得称道的应氏杯世界职业围棋锦标赛。

在“应昌期围棋教育基金会”的业绩中，最值得大书一笔的就是他在上海创办的应昌期围棋学校。上海是应昌期的第二故乡，孕育了他的第一个人生理想：将来有钱时，一定要造一所围棋学校，为弘扬中华民族数千年的文化瑰宝而努力。应昌期认为，围棋是中国的国粹之一，要让更多的人认识与尊重

上海应昌期围棋学校

它，必须从孩子开始着手。这是根本且有效的方法，因为学校可以系统地教育下一代，使他们从小就开始认识围棋。这既是为了推行应氏棋规，推进海峡两岸围棋交流合作，也是为了开展全民围棋教育，光大祖国传统文化，1996 年 10 月 23 日，应昌期捐资 1.6 亿人民币创建了上海“应昌期围棋教育基金会”，并建造了“应昌期围棋学校”。在开工典礼上，应昌期以“大病初愈，美梦成真”这八个字来诉说他的心情，他说：“本人在六十五年前曾经在上海天津路的银行做事，那时我只是个小职员，没有什么钱，但我想有朝一日有钱的时候，一定要在这里办个围棋学校，而且最好就在天津路上，六十五年之后，这个美梦成真了。”①

为建成现代一流的学校，应昌期先生特聘美国 NBBJ 公司担纲设计这座大厦，主楼高 19 层，裙楼高 8 层及 4 层，地下 2 层为停车场，共 2.5 万平方米的建筑面积，可容纳 36 个班级，还附设有 200 米跑道的操场。建成后的上海市应昌期围棋学校堪称“独一无二”。美丽的校园绿化、色彩斑斓的塑胶跑道和富有特色的教学大楼相映成辉，校内计算机房、多媒体教室、美术、音乐、实验、演播、电子阅览室及教师电子备课室等专用教室应有尽有，还有三间围棋专用教室，其中一间为高级围棋对局室，以及 250 平方米的多功能健身房、豪华的大礼堂等，这一切无不浸透着应昌期先生对中国围棋事业的殷切

① 李建树：《应昌期传》，理艺出版社 1999 年版，第 286 页。

之心。

这所学校自成立以来，始终将围棋作为一种传统文化的德育熏陶，“中国围棋发展史陈列室”、“世界围棋名人廊”、“历代围棋文化艺术廊”等围棋文化的宣扬场所占据了该校七个楼面，这些场所不仅是孩子们的教育基地，也是社会各界人士了解围棋文化的一个窗口。而到过该校的围棋名人更是数不胜数，其中包括世界围棋泰斗吴清源，中国棋界巨擘陈祖德曾与该校千名小学生进行过围棋“车轮大赛”，中国围棋国手常昊更是“长驻”该校。学生在各级比赛中获得奖项500项，没有辜负应昌期先生的愿望——上海作为我国经济最繁荣、开放度最高，也是围棋人口最多的一个东方大都会，会更快地将播下的种子在世界各地开花结果。

魏纪中与他的体育事业

魏纪中

魏纪中，1936年11月12日生于上海，祖籍浙江余姚。他于1951年在南洋模范中学学习，1954年考入南京大学法国文学专业。1958年在国家体育运动委员会（现国家体育总局）担任国际司科员、副处长、处长、司长；1984年至今在国际排球联合会担任理事、副主席，第一副主席、主席；1986—1997年在中国奥委会担任秘书长；1986年至今在亚洲奥林匹克理事会担任执委兼体育运动会主席；1986年至今在中国排球协会担任副主席；1994年在国家体育运动委员会担任专职委员，并兼任主任助理；1997年在中体产业集团股份有限公司担任董事长；2000年在世界跆拳道联合会担任执委；2002年在2008北京奥组委担任执行委员；2004年在中体产业集团股份有限公司担任总裁特别顾问。著有《我看中国体育》（三联书店2005年版）、《我的体育生涯》（新华出版社2008年版）。

魏纪中先生从小热爱体育，参加工作后，成为新中国奥林匹克事业的参与者和见证人，同时也是中国体育产业的开拓者和奠基人。他为中国体育事业的蓬勃发展作出了巨大贡献。

（一）新中国奥运之路的参与者和见证者

1954年魏纪中考入南京大学法国文学专业。他人长得高，又有运动天赋，是南京大学排球队的主力，继而成为南京市代表队、江苏省代表队的队员。1958年，魏纪中以南京大学法国文学专业毕业生和江苏省排球队队员的双重身份，进入国家体委国际司工作，魏纪中凭借自己的语言优势开始了体育外交工作，从此他和奥运结下了不解之缘。也正是由于他的努力，中国才再次敲开国际奥委会的大门。奥运百年，魏纪中便亲身经历了50年。这50年，从抵制，到参与，再到申办奥运会，魏纪中见证了中国崎岖的奥运之路。

20世纪50年代末，新中国的体育事业刚刚起步。国际奥委会虽然同意新中国参加奥运会，但同时也不反对台湾以一个国家的身份参加。1956年11月，在墨尔本举办第16届奥运会，由于到澳大利亚的交通不便，中国奥运会代表团的先遣队到达时发现，台湾已经住进了奥运村并升起了“国旗”。为了抵制“两个中国”，中国宣布退出本届奥运会。1958年8月，中国奥委会发表声明，中断同国际奥委会的一切关系，反对奥委会搞“两个中国”的阴谋，并逐渐退出各体育单项联合会，断绝了和国际体育界的一切联系。那段时间，魏纪中的工作就是借助于自己的语言优势和国际奥委会的委员们谈判、打嘴仗，谴责国际奥委会是美国人操纵的政治工具。

祖国大陆强硬退出之后，台湾便堂而皇之地留在了国际奥委会，并且派队参加了1956年、1960年、1964年连续三届的奥运会，而“中国奥委会”则基本在国际上销声匿迹。直到1974年，临时出山主管经济和体育工作的国务院副总理邓小平给中国的奥运之路提出了新的政策——和国际奥委会对抗是不明智的，我们更应当积极谋求进入奥运大家庭。他对当时的国家体委主任王猛说：“我看要把恢复我国在国际奥委会的合法席位问题提上日程，我们不能总是在奥运会之外，要进去进行斗争和工作，恢复中华人民共和国的合法席位，同时把台湾当局从国际奥委会中驱逐出去。”

于是，魏纪中便和同事们一起走上了漫漫的谈判之路。当时最大的障碍，就是当时国际奥委会已经接纳了台湾，中国恢复席位之后，国际奥委会内势必会出现“两个中国”概念的席位。国际奥委会委员不同意“中进台撤”的方案，提出“我们不是联合国，只是民间组织，为什么你们进来一定要人家出去?”1979年元旦，叶剑英发表了《告台湾同胞书》，为跨越这个障碍提供了一个新的思路，即在一个中国的原则下，台湾地区一方的名称必须要以“中国”来限定。最后确定了“中国台北”这一既指称台湾地区奥委会所在地，又指称中国的地理位置的提法。

1979年9月，国际奥委会执委会终于通过了恢复中国奥委会合法席位的决议。确认中国奥委会是代表全中国的唯一合法成员，同时允许台湾奥委会在改变旗帜和歌曲的条件下，以“中国台北奥委会”名义，继续留在国际奥委会中。中国回归国际奥委会后，1984年开始第一次参加在美国洛杉矶举行的第23届奥运会。魏纪中的角色又进行了一次转变，他以中国奥委会办公室主任、秘书长的身份带队参加奥运会。

（二）北京申奥活动的功臣

1990年7月，邓小平在视察亚运会场馆后非正式地提出了申办奥运的动议。亚运会一结束，组委会的原班人马立刻着手开始做申奥的准备。1991年2月13日，国家体委、外交部、财政部、北京市人民政府向国务院联合提交了申办2000年夏季奥运会的报告，并提出“开放的中国盼奥运”的申奥口号。1991年4月1日，北京2000年奥运会申办委员会正式成立，魏纪中任中国奥委会秘书长，主持2000年奥运会的申办工作。1992年4月16日，国际奥委会宣布北京等8个城市被确定为候选城市。当时正值苏联解体、东欧剧变，国际形势对社会主义国家申办奥运会非常不利，一些国家的领导人甚至直接出面公开反对中国主办奥运会。魏纪中很快意识到，这次申奥将是一场激烈的竞争。尽管申奥成功的希望很渺茫，但是魏纪中没有放弃，他找委员们说明、解释、辩论，努力争取国际支持。1993年9月24日，北京以2票之差败给了悉尼，魏纪中在这次失败中得出了一个重要结论：要想申奥成功，必须不断地提高我国的综合国力和国际威望。

1998年，北京再次提出申请申办2008年奥运会，并于1999年9月正式成立北京2008年奥运会申办委员会。魏纪中虽然退出申奥第一线，但他却以顾问的身份做了大量的幕后工作。他在奥组委内部利用自己的外语能力和工作经验负责财务预算、市场开发计划，并且和另一位同是宁波籍的申奥资深人士楼大鹏承担起了申办报告中几十万英、法文字的校稿工作。2001年7月13日，国际奥委会决定将2008年第29届夏季奥林匹克运动会的主办权授予中华人民共和国的首都北京，在这个胜利的结果中，魏纪中是一个重要的功臣。

魏纪中的体育活动为中国体育事业作出了巨大的贡献，在国际体育组织中他也是一个颇具威望的领导者。他是亚洲奥林匹克理事会担任执委兼体育运动会主席，世界跆拳道联合会执委，在做了多年的国际排联第一副主席之后，2008 年，他又接任国际排联主席。在世界各个体育组织中，国际排联以其运作有效而著称，他们有一套严密的条法体系。而这套体系的形成，魏纪中功不可没。他曾以外行身份担任国际排联条法与资格审察委员会主席，其工作很快得到法律委员会成员的认可，一干就是 20 多年。其威望使他当选了多年的国际排联第一副主席，并在国际排联主席鲁宾·阿科斯塔宣布退休时，被一致同意接任国际排联主席，任期至 2012 年。

（三）中国体育产业的开拓者

1997 年底，魏纪中辞去中国奥委会所有职务，奉命组建中国体育产业集团。离开体育官员的职位，要到一个全新的领域创业，他给自己制定了一个学习计划，规定自己每天至少读两万字的经济学理论。根据规定，上市公司老总必须在两年内通过证监会的业务考核，才能获得资格认证。64 岁的魏纪中，苦读一年，考核成绩门门在 90 分以上。在其两届任期内，中体产业开发了房地产、赛事、健身、广告、保险等多项产业，使原有的 9000 万资本升值翻了两番。

上任初期，他曾投资 8000 万在西安造中体体育广场，一年后利润大幅下滑。在这个失败的过程中，他总结出了两个规律：第一，凡是时尚的东西寿命都很有限；第二，不能信任可行性报告。所以在以后的项目中，他不单做“可行性报告”，同时更着重找人做“非可行性报告”。他把“非可行性报告”上列出的种种困难逐个拿到可行性报告中比对，如能找到答案，就说明此方案已经考虑到了不利因素，可以执行。

魏纪中认为，“体育事业的单位是以组织发展和提供服务为主要宗旨的，而体育产业的企业则应以兼顾社会效益和赢利为主要目标”。在这样的理念下，他先是投资了奥林匹克花园，把健身送到百姓家门口，现在奥林匹克花园已遍布全国53座城市；接着，他又引进美国公司的管理和训练方法，形成了连锁式的中体倍力健身俱乐部；再加上运动竞赛和体育咨询的本业，如今的中体产业集团已经摸索出了三大支柱行业。作为体育产业的开拓者，魏纪中为这项事业的发展积累了许多有益的经验。

三　体育名家

舒鸿与奥运“篮球第一哨”

舒鸿

舒鸿（1894—1964）浙江慈溪人。中国体育教育家、教授。我国最早的奥运会篮球裁判员。22岁时于上海圣约翰大学毕业，1919年留学美国，1923年毕业于美国著名的体育学府斯普林菲尔德学院（春田大学）体育系，继而在克拉克大学攻读卫生学，1925年获硕士学位。1925年回国后，他认真钻研、苦学不辍，历任杭州之江文理学院、南京国立东南大学、上海大夏大学、交通大学、同济大学、持志大学等校体育教授、体育主任。1927—1934年他曾先后在上海、日本东京、菲律宾马尼拉三次参加远东运动会，担任中国队教练和裁判员工作。1930 年第 4 届全运会在杭州召开，他担任筹建、设计、开辟场地工作（会场址即今浙江省体育场），并出任竞赛委员。1948 年第 7 届全运会时，他担任浙江省领队和篮球裁判长。1936 年曾在第 11 届奥运会篮球比赛中任裁判员。1952 年任浙江师范学院体育专修科主任、中国篮球协会委员、裁判委员会主任、国际篮球裁判。1955 年，舒鸿被任命为全国体育总会浙江省分会副主任，全国篮球协会委员，浙江省篮球协会主席，浙江省政协第三届、第四届常务委员，浙江省民盟常委。1962 年任浙江体育学院院长。1963 年任浙江师范学院副院长，兼任浙江省体委副主任。为国际篮球裁判。卒于 1964 年。享年 70 岁。

舒鸿于 1919 年赴美国勤工俭学，1925 年回到上海。他参与创建了中国第一个裁判员组织——“中华运动裁判会”。他为中国裁判工作的成长立下了汗马功劳。

（一）中国的第一批国际裁判

在旧中国，早期的体育比赛并无“裁判”一职。据说在当时，参赛的每个人都可以执行裁判职务——谁看见犯规，只要喊一声即可。再后来，因参赛者胜负观念加强，便请来“第三者”担任裁判工作。但“第三者”并不一定懂什么规则，只要临时告诉他几点注意事项，他就能执法了。大约在 20 世纪 20 年代，很多正规比赛开始聘用外国人担任裁判工作，所以，当时的裁判术语均使用英文。

1928 年，恰逢一场篮球比赛将在上海举行。按惯例，比赛的裁判将由外国人担任。赛前，舒鸿向比赛组织者提出建议，“中国人参加的比赛，一定让中国人执法”。可外国裁判坚决不让位。双方僵持起来，有人提议，申请执法比赛的中外裁判统一参加考试，试题由当时最为权威的“美国裁判会”提供，并由“美国裁判会”阅卷打分。当时，中国派出四人参加，美国派出五人。四名中国考生发挥出色，一改外国人对中国人的偏见。从对球的判断力到篮球规则，中国选手熟记于心，让美国官员无可挑剔。几日后，成绩揭晓，四名中国考生最高 94 分，最低 88 分，而美国只有一人及格。就这样，舒鸿、乐秀荣、吴邦伟、蒋湘青四人拿到了第一批国际裁判资格证书，还被吸收成为美国裁判协会正式会员。他们多次担任在上海举行的万国田径赛、万国足球赛等的裁判工作。

（二）执法奥运史上首场篮球决赛

舒鸿在 1927—1928 年间担任中华运动裁判会会长，他力争我国裁判员也要担任重大国际比赛的裁判。

1936 年舒鸿赴德国柏林参加第 11 届奥运会，在这届奥运会上，篮球第一次作为奥运会的正式比赛项目，并特邀篮球发明者詹姆斯·奈史密斯教授在首场比赛时开球。篮球比赛的赛期为 8 月 7 日到 14 日，共有 21 个国家参赛。舒鸿担任中华体育代表团的篮球教练兼保健医生，他到德国后由大会聘请他担任篮球裁判员和拳击赛裁判员。

舒鸿之所以能成为奥运会篮球决赛第一哨，既在于个人的裁判能力也有机遇的成分。在奥运会首次篮球比赛中，美国队和加拿大队闯入决赛。但由谁来执法奥运会历史上第一场篮球决赛，国际篮联犹豫不决。大家公认美国的裁判水平最高，但为了避嫌，肯定不能使用美国裁判。至于来自欧洲的裁判，很多人也摇头了——理由是当时篮球项目传入欧洲的时间不长，欧洲裁判恐怕难负重任。国际篮联注意到舒鸿作为助理教练，曾在奥运会预赛时做过裁判，有意让舒鸿执法，但美、加两国的教练和队员意见纷繁，最后，奈史密斯教授指定舒鸿担任裁判，他说："舒鸿是我的学生，我向你们保证，他是最合适的决赛裁判。"

1936 年的舒鸿

1936 年 8 月 14 日上午，奥运会历史上第一场篮球决赛，由奥运会历史上的第一位中国裁判宣布开始。当时，比赛在露天球场举行，观众为 3000 人左右。为支持舒鸿，中国代表团所有成员赴现场观战。美国队凭借人高马大控制空中优势，加拿大队人个子虽矮些，但灵活快速，哨响后双方激烈交战，比赛打得难分难解，扣人心弦。因为当时规定，球场上只设一名裁判，所以需要舒鸿在球场上不知疲倦的灵活跑位，加上篮球决赛开始后，突然之间下起的倾盆大雨把场地浇得一片泥泞。在如此艰苦、困难的情况下，舒鸿很好地控制住了场上的局面，他不但英语讲得十分流利，而且执法手势干净利落，规则更是背得滚瓜烂熟，他果敢利落地判罚使双方犯规队员心服口服，观众亦被他那流利的英语、灵活的眼神和精确的判罚所折服。舒鸿在赛场上目光锐利，反应敏捷，执法公正，使得这场争夺金牌的决赛打得有声有色而又十分顺畅。最终，美国队以 19∶8 夺得奥运会篮球赛首枚金牌。赛后，美、加双方对临场裁判的成功，深表满意，舒鸿说："我的身高占据优势，他们欧洲人个子虽然高，我和他们有视觉差，视觉不在同一水平线上，这样有更多的机会看到别人注意不到的细节。所以在我身上几乎没有漏判的可能。他们传球速度再快也躲不过我的火眼金睛。”美国一些报纸也认为，中国篮球裁判舒鸿执法出色。篮球发明人奈史密斯教授也兴奋不已，与舒鸿紧紧握手，表示热烈的祝贺并给予高度的评价。

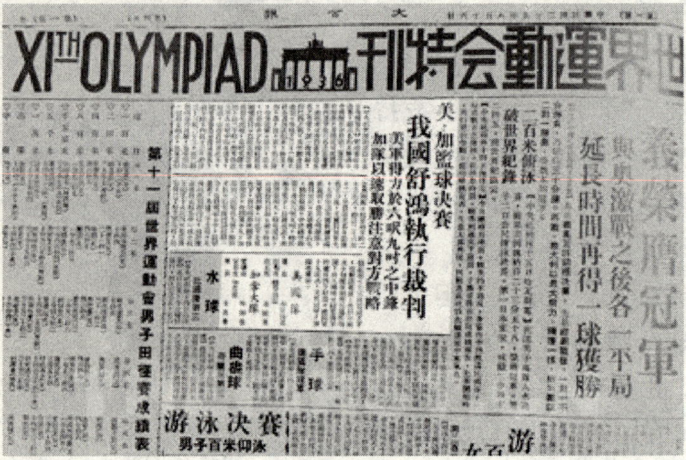
XIth OLYMPIAD 世界運動会特刊

美、加籃球決賽
我國舒鴻執行裁判
美軍得力於八呎九吋之中鋒

奥東激戰之後各一平局
延長時間再得一球獲勝

義榮膺冠軍

第十一屆世界運動會男子田徑賽成績表

游泳決賽
男子百米仰泳

水球

手球

曲棍球

刊登舒鸿消息的《大公报》

这一天，中国体育界沸腾了，因为在奥运会的历史上，第一次出现了中国裁判。当天下午上海各报获此消息纷纷出版号外，《申报》的号外整版只有六个字：“舒鸿为国争光！”次日上海各报对美、加篮球决赛均作详细报道。随团记者冯有真报道：“裁判一职，由我国教练舒鸿担任。舒氏抵德后，经大会篮球委员会聘为裁判员，屡次执法，铁面无私，目光犀利，赏罚分明，极得好评。故决赛一幕，特聘请舒氏充任裁判，极为荣誉……”

舒鸿在这场奥运历史上第一次篮球决赛中，以自己准确的判罚被誉为“奥运篮球第一哨”，为国家赢得荣誉。

（三）设计建造体育设施

舒鸿还参与了许多体育设施的设计与建造。首先值得一提的是他在杭州建造的几个游泳池。1925 年他毕业回国后，任教于杭州的之江大学体育系，他运用在美留学时学习的体育建筑知识，设计并主持修建了杭州第一个游泳池——之江大学游泳池。虽然现在看来这个只有 25 米泳道的游泳池很小，但却是全浙江第一座游泳池。1937 年，他又设计建造了玉泉游泳池，长 50 米，宽 16 米，池内引进玉泉水。也是 1937 年，他建造了大学路游泳池，刚造好还没放水，就被日本人炸了一个口子，直到 1947 年又重造了一次。1951 年，市政府建设弥陀山人民体育公园，在公园内舒鸿设计了一个手枪型的游泳池，枪筒部位是浅水区，整个池有 1700 平方米，那大概是舒鸿造的最大的游泳池了。1962 年，舒鸿又设计了杭州先锋游泳池，这是他去世前两年主持的项目，也是舒鸿先生主持的最后一个项目。

1930 年舒鸿设计的国立杭州体育场

而杭州体育场路所见证的中国体育史，更与舒鸿密不可分。1930年，浙江省获得了全国第4届运动会的举办权。在此之前，杭州并没有一个像样的运动场，除了湖滨与南山路的交接处有一个2.8公顷的公共体育场，其他就是一些学校的操场或篮球场，要举办这样一个全国性运动会，必须先建设一座大型运动场。当时的省政府主席张静江经人介绍，将舒鸿从上海大华大学聘回浙江，并任命这位海归的体育专家为这块场地的设计建造处处长，还委托他领导制定比赛和竞赛的规则。舒鸿走遍杭城，挑选了这块旧时称为大营盘的练兵场地，为全运会建设了可容纳12000名观众的比赛场地。这个场地占地约300亩，分为田径赛场、跑道、足球场、篮球场、网球场和棒球场。还有一部分营房则改建成了运动员宿舍，每个房间里有32个铺位，分上下铺，式样模仿轮船上的舱位。舒鸿不仅设计了整个运动会及运动场馆，同时又设计建造了一条石英砂马路。1930年2月，只用了半年的时间，体育场造好了，体育场前那条新建的马路被当时的市政府命名为“体育场路”。

柏林奥运会庞大的奥运村把舒鸿看得心潮澎湃，随后他又到欧洲各国考察体育发展情况，每到一个地方都把那里的体育场馆和体育设施的画册、照片保存下来带回国内。此时，他心中已有了一个奥运梦——他要在杭州黄龙洞一带建一座世界一流的体育中心！这个梦想在新中国成立后多次提出规划，20世纪50年代，黄龙体育中心的用地在舒鸿的争取下审批下来，这块地比张静江当年给的大营盘大得多，保俶路以西、浙大路以东、天目山路以南、曙光路以北，这一大片地方都划给体育中心。舒鸿简直欣喜若狂，一到星期天，他就带领师生义务劳动，填河平地挑石头，可惜开工不久因为经费缺口太大，工程停工。以后材料被偷走，地皮被蚕食，舒鸿在有生之年终于没能看到体育中心的建成。40年后，黄龙体育中心终于建成，虽然规模还不到舒鸿当时设想的十分之一，但总算圆了他的梦想。

舒鸿作为我国最早的国际级篮球裁判，在新中国成立后，曾任浙江师范学院体育科主任、杭州体育专科学校校长、浙江体育学院副院长、浙江师范学院副院长、省体委副主任。这位著名的体育教育家还担任过中国篮球协会委员、裁判委员会主任，全国体育总会浙江省分会副主任、浙江省篮球协会主席、省政协常委等职。虽领导工作重任在身，但他从未离体育教育和训练工作一步。曾亲自担任篮球、田径、体育理论、体育教学法、竞赛法等课程的教学训练工作，亲自选拔组建代表队并任教练。他治学严谨，体育理论和实践造诣精深，特别是对篮球和田径项目方面的研究在国内享有盛誉。他培养了一大批优秀的体育教师、教练、裁判和运动员，为体育事业作出了卓越贡献。

林海峰与他创造的围棋神话

林海峰

林海峰（1942—　）生于上海，祖籍宁波镇海。日本知名职业围棋选手，年幼丧母，在其父影响下开始学棋。1951年11月11日参加台北《中央日报》举办的全国围棋赛，年仅9岁，为最小的参赛者。1952年被吴清源选拔去日本，1955年入段，同年二段，1957年三段，1958年四段，1959年五段，1960年六段，1962年七段，1965年八段，1967年九段。1965年获第4届名人战冠军，成为日本历史上最年轻的“名人”，1968 年在第 23 届“本因坊”战中首获“本因坊”头衔。1989 年首获“天元”桂冠，此后五连霸，获得名誉天元资格，1990 年获得第 3 届富士通杯冠军，1994 年在第 19 届碁圣战中首次获得碁圣称号。从 1964 年开始，他首次进入日本第 2 届“名人”战循环圈，接着连续 39 年保留在循环圈，其棋风厚实均衡，韧性极强，不易被击倒。棋界称他为“不死鸟”、“常青树”、“永不沉没的航空母舰”。

林海峰先生是围棋大师吴清源的弟子，在日本棋界乃至世界围棋界都备受尊崇。人们称他是日本围棋划时代的人物，是棋手难以攀越的雄峰。迄今为止，林海峰保持着胜局数量“世界第一人”的骄人纪录。

（一）去日本学棋

林海峰的父亲林国圭喜爱围棋，常有一些围棋名手去他家玩，他时常在旁观望。七岁起，他开始在棋盘上下子玩玩，谁知一玩之下，成就惊人，棋力进步神速。1951 年 11 月 11 日他参加台北《中央日报》举办的全国围棋赛，参赛时仅 9 岁，为 200 余参赛者中年龄最小者。首战迎战浙江同乡何甫堂，大胜四十六目半，震撼全场。经媒体的极力赞扬，林海峰与许多慕名而来的围棋名流对弈，曾击败教育部长程天放。

1952 年 8 月 1 日，台湾围棋协会邀请在日本“升降十番棋”中获全胜成绩的旅日棋士吴清源来台，为其授予“大国手”称号。围棋协会理事长周至柔特地邀请吴大国手和林海峰于 8 月 3 日对弈一局。吴清源让棋六子，终场林海峰仅输一目收场，引起轰动。当日赛场上挤进上千围观群众，多名政要及名人如白崇禧、周至柔、程天放、陈雪屏、束云章、应昌期等人也在现场观战。经此一盘测试棋，吴清源看到这位少年很

少年林海峰与大国手吴清源对弈

有天分和潜力，便建议“要尽早让他去日本留学”。两个月后，年仅 10 岁的林海峰离开家人来到日本，就读大阪中华学校，另于京都吉田道场学棋。后又受同乡徐永堂收养，转籍至东京中华学校，并申请成功为日本棋院院生。

林海峰是吴清源一生中第一个徒弟。由于与林海峰相距较远，吴清源便以通信教学的方式指导下棋。林海峰将自己下的棋谱定期寄给吴先生，吴先生亲自批阅评注，再予寄回。其间也找机会与之下指导棋，以检验他的棋力。这种教学方式一直持续到 1957 年林海峰升为三段为止。

（二）辉煌的岁月

1955 年，13 岁的林海峰在名额放宽之下入段成功，为当时棋院史上最年轻之入段者，引发日本棋界轰动。入段后六个月于“大手合”棋赛中又击退资深棋士冈谷三男，晋升二段，创下最快升上二段的日本纪录。所谓“大手合”，就是升段赛，由棋院主办，九段以下棋手按大手合成绩记分积点升段。1957 年 4 月，林海峰快速升至三段。1959 年 5 月，以八胜二败的“大手合”成绩，从四段升至五段。1960 年 11 月间又以六胜二败升上六段，升段速度之快，打破藤泽朋斋的升段速度纪录。1962 年 11 月升为七段，二十一胜七败的佳绩为棋院胜率最高者。

1963 年初首次于新闻棋赛崭露头角，拿下亚军高松宫奖。1965 年 9 月 19 日，23 岁的林海峰击败彼时横扫日本的坂田容男九段，夺得“名人”头衔，打进最高位之“名人”赛循环圈，成为日本围棋史上最年轻的“名人”。1968 年，在第 23 届“本因坊”战中首获“本因坊”头衔，进入“本因坊”赛循环圈，从而成为第一位赢得“本因坊”的外国人。

在日本围棋界的七大棋战（棋圣战、名人战、本因坊战、十段战、天元战、王座战、碁圣战）中，棋圣战虽奖金最高，但历史较短，因此名人战、本因坊战是最受瞩目的两大棋战。“名人”和“本因坊”与日本的围棋传统有着密切的联系，早在 17 世纪，大将军德川家康就曾扶植当时棋界实力最强的四大门派（即本因坊家、井上家、安井家、林家），设立“名人”头衔，以激励围棋事业的发展。“名人”大多数都由公开比赛的优胜者担任，享受最高荣誉，还受官家奉养。本因坊家实力最强，历史上十代“名人”，有七代是本因坊家的掌门人。1924 年，日本棋院成立，一切有关围棋的事务都由棋院接管。1938 年，经过长时间协商谈判，最后一位“名人本因坊”（第 21 世）秀哉退隐，并同意将“名人”、“本因坊”两个具有历史意义的头衔奉献给棋院。

1939 年，日本棋院与《每日新闻》签约，委托《每日新闻》举办新制“本因坊”赛。新制的“本因坊”不再是一个传统门派的掌门，而是一个可由日本棋院及关西棋院所属的全体专业棋手公开角逐的头衔，任期也不再是终身，而是一年一届。1961 年，日本棋院又与《读卖新闻》签约，委托《读卖新闻》主办新制名人赛。这两大赛采取循环圈挑战制。“名人”与“本因坊”两大循环圈是日本全国专业棋手奋斗的目标。“名人”循环圈九人，“本因坊”循环圈八人。进入循环圈以后，每人与别人交战一局，战绩最好的成为挑战者，战绩最差的就被淘汰出圈，另有新人递补。“名人”循环圈每年只有三个名额可入围，却有几百位专业棋手争夺，入围之门相当狭窄。

就在竞争如此激烈的情况下，林海峰从 1963 年打进“名人”循环圈到 2004 年被淘汰出圈，他创下了在籍 39 年的空前纪录，其中挑战 16 次，获得头衔 8 次；而 1968 年进入“本因坊”循环圈后，在籍纪录是 33 年，挑战 11 次，赢得头衔 5 次。为新制棋赛史上的第一位“名人本因坊”。而在从 1975 年开始由《读卖新闻》与棋院重新合作举办的棋圣战中，他在循环圈的纪录是 20 年，挑战 3 次。在林海峰的围棋生涯中，有 32 年是同时在“名人”、“本因坊”两大循环圈内，有 20 年是同时在“棋圣”、“名人”、“本因坊”三大循环圈内。1989 年，获天元战冠军，此后五连霸，终身享有名誉“天元”称号。此外，他还获得十段 1 次，王座 1 次，小棋圣 1 次，富士通杯冠军 1 次，他成就了日本棋界的“林海峰时代”。

作为日本棋界的超一流棋手，林海峰一生荣誉不计其数，共赢得 35 个日本正式棋赛冠军，是日本棋界首位在正式棋战中对局数达到 2096 局的专业棋士，已赢得 1300 胜以上。这一辉煌纪录在日本是空前的。他是日本围棋史上 400 多年来最年轻的“名人”，这项纪录到现在没人能打破；他到 59 岁还赢得“名人”挑战权，向“棋龄上限”挑战。

（三）日本棋界的“二枚腰”

林海峰在日本棋界有“二枚腰”之称。“二枚腰”是日本相扑的用语，形容相扑者有两个腰，非常难以推倒。他初次挑战的“名人”坂田荣男，是一位曾在前一年获得 7 个冠军（当时日本一共只有 8 个比赛）的所向披靡的人物，赛前大都预测年轻的林海峰能赢一盘就不错了，第 1 局，林海峰也的确在被已经神化的坂田荣男凌厉的攻势下惨败。这时老师吴清源告诉林海峰，要以平常心对待，得到老师指点的林海峰，不再畏惧，连胜 3 局。虽然坂田第 5 局扳回 1 局，但第 6 盘林海峰又获胜。最终以总比分 4 比 2 获胜。

“平常心”就此成了林海峰下棋的内在力量。平常心就意味着“胜不骄，败不馁”，这铸就了林海峰的“二枚腰”——即使处于劣势，也绝不放弃，仍然拼尽全力，坚持到底，从而在最后关头造成逆转。比如 1965 年，在与当时的日本棋坛新锐石田芳夫的对局时，林海峰曾九连败。在接下来的七番棋决赛中，又是连输三盘。而最后林海峰还是硬生生地连扳四盘，创造了日本围棋史上绝无仅有的纪录。1973 年，卫冕冠军林海峰九段在第 12 届名人战中遭到了石田芳夫九段的强有力的挑战，一开始对方便以 3 比 0 领先，被逼上悬崖的林九段近乎陷入绝望，吴清源又以“平常心”送之，在老师的鼓励下，林九段后面如有神助，破天荒地取得了四连胜，这是日本围棋史上首次出现三连败后反败为胜的案例。虽然一度林海峰成了无冠棋士，但到 1983 年林海峰再度受到世人注目，与 1973 年名人挑战赛同样情形以三连败四连胜逆转棋士赵治勋，重获“本因坊”头衔。1988 年林海峰得到首届世界选手权之富士通杯的参赛权，打进决赛，虽败给木谷门的武宫正树，但仍有亚军佳绩。1989 年，获天元战冠军，1990 年，林海峰遇上的是中国棋圣聂卫平，获得第 3 届富士通杯冠军，成为世界棋王。同年在中日天元杯赛中，林海峰接连击败刘小光和聂卫平，获得日本天元头衔。1994 年，第 19 届碁圣战中首次获得碁圣称号。2001 年 8 月获“名人”挑战权，第 14 届富士通杯季军。1996 年林海峰参加了第三届应氏杯，因使用了新规则，导致这次与韩国刘昌赫本以赢半目收场的对局，被判决为输一目半，从而失去冠军宝座。

作为日本围棋划时代的人物，林海峰曾是一道难以攀越的雄峰，现在他仍怀有雄心壮志：突破藤泽秀行 67 岁夺冠的高龄王者纪录，并在为此而努力。

附：林海峰围棋之路的简要年谱

1942 年　农历 5 月 6 日生于中国上海。

1948 年　随父母移居台湾。

1952 年 8 月　围棋大师吴清源访台，与林海峰下让六子的指导棋，10 月赴日。

1955 年　入段同年升为二段。

1957 年　升为三段。

1958 年　升为四段。

1959 年　升为五段。

1960 年　升为六段。

1962 年　获大手合高段部第一名，升为七段。

1965 年　升为八段。在第 4 期旧名人战决赛中以 4 比 2 战胜坂田荣男九段夺冠，获第 3 期秀哉赏。

1966 年　在第 5 期旧名人战决赛中以 4 比 1 战胜坂田荣

男九段卫冕，在第3期专业十杰战决赛中以2比0战胜高川格九段夺冠，获大手合高段部第一名，荣获第4期秀哉赏。

1967年　升为九段。在第6期旧名人战决赛中以4比1战胜坂田荣男九段达成三连霸，荣获第1期棋道赏“最多胜利赏”(30胜20败)。

1968年　在第23期本因坊战决赛中以4比3战胜坂田荣男九段夺冠。

1969年　在第8期旧名人战决赛中以4比2战胜高川格九段夺冠，在第24期本因坊战决赛中以4比2战胜加藤正夫五段卫冕，获第7期秀哉赏，获第3期棋道赏“最优秀棋士赏”。

1970年　在第25期本因坊战决赛中以4比0战胜坂田荣男九段达成三连霸，在第17期NHK杯快棋赛决赛中战胜坂田荣男九段夺冠。

1971年　在第10期旧名人战决赛中以4比2战胜藤泽秀行九段夺冠。

1972年　在第11期旧名人战决赛中以4比2战胜藤泽秀行九段卫冕。

1973年　在第12期旧名人战决赛中以4比3战胜石田芳夫九段达成三连霸，在第21期王座战决赛中以2比1战胜坂田荣男九段夺冠，在第10期专业十杰战决赛中以3比1战胜桥本宇太郎九段夺冠，荣获第11期秀哉赏，荣获第7期棋道赏“最优秀棋士赏”。

1974年　在第21期NHK杯快棋赛决赛中战胜加藤正夫八段夺冠，在第11期专业十杰战决赛中以3比0战胜武宫正树七段。

1975年　在第13期十段战决赛中以3比0战胜桥本昌二

九段夺冠。

1976 年 在第 8 期快棋锦标赛决赛中战胜坂田荣男夺冠。

1977 年 在第 2 期新名人战决赛中以 4 比 0 战胜大竹英雄九段夺冠，获第 2 期棋圣战九段战冠军和全段争霸战冠军，荣获第 11 期棋道赏“最多胜利赏”（42 胜 10 败），“胜率第一位赏”（80.8%），“连胜纪录赏”（24 连胜）。

1978 年 在第 25 期 NHK 杯快棋赛决赛中战胜大平修三九段夺冠。

1979 年 获第 1 期鹤圣战冠军，获第 4 期棋圣战九段战冠军，荣获第 13 期棋道赏“最多胜利赏”（39 胜 20 败）。

1983 年 在第 38 期本因坊战决赛中以 4 比 3 大逆转战胜赵治勋九段夺冠，获第 8 期棋圣战九段战冠军，荣获第 21 期秀哉赏，荣获第 17 期棋道赏“最优秀棋士赏”，“最多胜利赏”（38 胜 12 败）。

1984 年 在第 39 期本因坊战决赛中以 4 比 1 战胜淡路修三八段卫冕。

1985 年 在第 17 期快棋锦标赛决赛中以 2 比 0 战胜加藤正夫九段夺冠。

1988 年 在第 20 期快棋锦标赛决赛中战胜石田芳夫九段夺冠。

1989 年 在第 15 期天元战决赛中以 3 比 2 战胜赵治勋九段夺冠，获第 13 期棋圣战九段战冠军。

1990 年 在第 16 期天元战决赛中以 3 比 1 战胜小林光一九段卫冕，在第 9 期 NEC 杯快棋赛决赛中战胜王立诚九段夺冠，在第三届富士通杯世界职业围棋锦标赛决赛中战胜聂卫平九段夺冠，在第三届中日围棋天元战中以 2 比 1 战胜刘小光九段，获第 24 期棋道赏“国际赏”。

1991 年　在第 17 期天元战决赛中以 3 比 1 战胜加藤正夫九段达成三连霸，在第 4 期中日天元战中以 2 比 1 战胜聂卫平九段。

1992 年　在第 18 期天元战决赛中以 3 比 1 战胜山城宏九段达成四连霸，获第 14 期碁圣战冠军。

1993 年　在第 19 期天元战决赛中以 3 比 1 战胜片岗聪九段达成五连霸，60 岁后可以使用名誉天元的称号。

1994 年　在第 19 期碁圣战中以 3 比 1 战胜小林光一九段夺冠，第 7 届富士通杯世界职业围棋锦标赛中获得第三名。

2001 年　第 14 届富士通杯世界职业围棋锦标赛中获得第三名，同年以 59 岁的高龄获得第 26 期名人战挑战权 2 比 4 负于依田纪基九段，荣获棋道赏“优秀棋士赏”。

钱澄海的篮球情结

钱澄海

钱澄海（1934—2008）篮球运动员、高级教练员、运动健将。浙江鄞县人。1952 年参加中国人民解放军。1955 年被选入八一队。同年被选入国家队。历任国家男子篮球队教练、副总教练，国际篮球联合会世界教练员协会副主席。是第三、五、六届全国人大代表。曾为国家男子篮球队队长、核心后卫。其所在的国家队，1961 年获社会主义国家友军篮球赛冠军，本人获“个人优秀”奖。1963 年获新兴力量运动会男子篮球比赛冠军，1964 年战胜第 18 届奥运会男篮第 6 名波兰队。1972 年担任男篮主教练后，指导中国男子篮球队获 1975 年、1977 年、1979 年、1981 年、1983 年连续 5 年亚洲篮球锦标赛冠军，1978 年第 8 届亚运会、1986 年第 10 届亚运会男子篮球比赛冠军。1984 年第 23 届奥运会第 10 名和 1986 年第 10 届世界锦标赛第 9 名。先后担任过北京市崇文区、北京市、全国人大代表。曾任中国篮球协会副主席、中国篮球协会技术顾问。为表彰钱澄海对中国篮球事业作出的贡献，他曾被国家体委命名为“全国体育优秀标兵”。2008 年 4 月 24 日凌晨 2 时 45 分，因患胃癌去世。

钱澄海是新中国第一批运动健将，曾获得贺龙元帅命名的全国体育标兵称号。1955—1965 年间，钱澄海在国家队担任核心后卫，并担任球队队长长达 10 年；1972—1988 年，他又担任了中国男篮的主教练（期间马清盛和刘贵乙短暂地担任过中国男篮的主教练），带领球队屡获亚洲冠军，并于 1986 年带队获得了世界男篮锦标赛的第九名，创造了中国篮球的历史。几乎将一生奉献给了中国男篮的钱澄海，堪称中国男篮的智多星，他的篮球哲学、执教理念、训练方法等对中国篮球的发展产生了巨大而深远的影响。

（一）独具一格的篮球技术与篮球哲学

钱澄海在中学时期就迷上了篮球，曾在上海市少年篮球赛中获得亚军。这是钱澄海在篮球方面获得的第一个“成绩”，此后他便与篮球结下了不解之缘。1952 年参军后，钱澄海接受了正规的篮球训练。1955 年他因实力突出被调到全国冠军队八一队，1956 年，钱澄海又被招入为备战墨尔本奥运会而组建的国家集训队，从此，开始了他 28 年的国家队队员和教练员的篮球生涯，这在当今中国篮坛上绝无仅有。

钱澄海是中国篮球“小、快、灵”打法的代表性人物。他速度奇快、动作灵活、投篮准确，在国家集训队中大放异彩。1956年，中国国家队在与刚刚夺取了世界男篮亚军的苏联队进行友谊比赛时，钱澄海攻守兼备，技术全面，“尤其是那一手高超、敏捷、快速、凶狠的跳起断球技术，堪称一绝”。当时苏联队拥有2.18米的世界第一中锋克鲁尼，球队平均身高也将近两米。在中国队67比62战胜苏联队的一场比赛中，钱澄海让一帮两米多的大个子目瞪口呆。他在比赛中不仅以一项“转身跳投”的技术，独得30分，而且还以快速的反应掩护队友快攻得手。由于“转身跳投”技术的开创性，国际篮联将钱澄海定为这项技术的发明者。

钱澄海是一位攻击力强的后卫，曾长期担任国家队队长，在国际重大比赛中发挥了重大作用。通过摸索、实践，他总结出了中国的篮球哲学。他说：“我们虽然个子小，但运用了紧逼、快攻、跳投这三大法宝，发扬快速灵活的特点，也形成了自己的风格。”1959年他们接连战胜排在世界前3名、前4名的篮球强队，使中国篮球有了第一次飞跃，第一次接近了世界篮球强国的位置。

（二）独特的篮球理念与训练方法

1972年，退役6年多的钱澄海开始担任国家男篮教练。此后的16年，他几乎一直在带领国家队南征北战，针对世界不同强队，组织不同打法，使中国男篮在亚洲确定了霸主地位。

在钱澄海做教练的时代，中国男篮由于身体条件的限制，内线薄弱，国际大赛经验也不丰富，与欧美强队差距很大。在这样的情况下，钱澄海教练依据中国队实际，制定了一套以快攻为主的打法。他最早在场上引入了“全场紧逼”的概念，并最早倡导了“追身分级”概念，使其成为“跑轰”战术的雏形。他借鉴了西班牙篮球理论中“队员间的距离四米左右，手上持球不能超过四秒”的基本规则，在训练时要求队员手上持球不能超过三秒，三秒内传给队友，原地站住不能超过三秒。这样队员在运动中，球也在运动中，运动员在运球过程中传球，停下来传球就是违例。不管是发端线球、边线球还是断球成功，中国队拿到球即发起快攻，移动着打，突破着打，常常是对方刚投篮中，还没退回自己半场转身落位防守，中国队已经将球打到篮下实施攻击了。

钱澄海的训练原则是在快乐中学习和训练。比如，对抗训练，他很少吹哨叫停。练习进攻时，防守队员连拉带扯，像打橄榄球，他“视而不见”，可进攻队员上篮不进，他却要罚练。练防守时，他让进攻队员无所不用其极，但防守队员连可判可不判的犯规都不能有，防守成功后还要进攻成功。而在下午训练容易疲惫的情况下，他会让助理教练藏到角落里，让每个球员跑去摸一下助理教练，再投篮进一个球，而且必须进三个，以此来提高大家的兴致。身体训练时，他让队员趴在地上玩手球，这使篮坛巨人们很是辛苦，却兴致颇高，“篮球本身就是游戏，玩得科学才有趣，教中有乐，乐中有学”。

中国篮球在世界级大赛中从来没有夺取过冠军，但中国篮球拥有两项世界之最：从 1972 年到 1988 年，钱澄海执掌中国男篮教鞭 16 年，是世界篮球历史上任期最长的国家队教练；1986 年世界男篮锦标赛上，中国男篮被 FIBA 主席斯坦科维奇称为“世界上最聪明的球队”——那正是钱澄海的球队。

（三）赛场上的智慧

亚洲锦标赛始于 1960 年，但是直到 1975 年，中国恢复在亚洲篮联的合法席位后才第一次出席。钱澄海在 1975—1983

年间曾指导中国男子篮球队连续5年获得亚洲篮球锦标赛冠军，为中国的篮球事业立下了汗马功劳。

1975年11月14日，在泰国首都曼谷举行的第八届亚洲锦标赛上，是中国男篮第一次征战亚锦赛，在决赛中遭遇韩国队。当时，中国队的实力与其不相上下，他们的战术是“比赛打不过就打架，要不就磨着你，开始就是不进攻，等你着急了，放松警惕了，突然在外线杀出一记三分”。赛场上，在韩国队和中国队磨进攻的时候，钱澄海叫了暂停，布置中国队在前20秒不要进行积极防守，只要做出动作就可以了，后10秒开始积极防守，结果中国队防对手的外线，攻对手的内线，最终，组队仅一周的中国队以97比78胜出。之后，钱澄海率领的中国男篮在之后的五届亚锦赛上一路领先，获得参加亚锦赛之后的五连冠，并且初步奠定了中国男篮在亚洲的霸主地位。

1979年在日本名古屋举行的第10届亚洲男篮锦标赛上，中国和韩国这对老对手在半决赛中相遇。在那场比赛中，上半时还没结束，中国男篮首发的五名队员，全部都被裁判罚下场，其中包括中锋穆铁柱、前锋匡鲁彬等主力队员，比赛到了下半时中国男篮只能依靠剩下的队员和韩国队周旋。全场比赛还剩下3分钟就要结束的时候，中国队还落后5分，此时，钱澄海换上了五名小个队员上场，原本依靠内线优势改为外线发威，结果韩国队一时不适应，反被中国队翻盘，最终中国队以5分的优势战胜韩国，晋级决赛。

1983年的亚锦赛，中国男篮正在经历着新老交替的阵痛，在中国队与韩国队的决战中，钱澄海考虑到穆铁柱的脚下移动速度比较慢，会影响中国队的反击速度，于是他运用了“进攻集中在内线打，而回防的时候任务就交给速度快的小个子”的战术。最终中国队再次战胜韩国队。

中国男篮从 1975 年第一次参加亚锦赛开始，在之后的连续五届亚锦赛里都占据着冠军的位置，让其他的亚洲球队望尘莫及。他首先带领中国男篮从日韩手中夺取了亚洲冠军的宝座，并进而在亚洲篮坛确立了霸主地位。随后在向世界篮坛冲击的过程中，虽然中国男篮屡次受到挫折，但钱澄海从未灰心失望，而是及时总结经验教训，进行了更为艰苦的训练。1972—1988 年的 16 年里，钱指导执教的中国男篮没有丢失过一次参加世锦赛和奥运会的机会。1984 年，中国男篮在他的带领下获得奥运会第十名；1986 年，钱澄海又带领中国男篮在 24 支球队参赛的情况下历史性地获得了世界锦标赛的第九名，使人看到中国男篮跻身世界强队的曙光，实现了中国篮球历史性的突破。

傅其芳与他的乒乓王国

傅其芳

傅其芳（1922—1968），鄞县五乡碶人。幼丧父，随母迁居上海，初中毕业后入钱庄学业。自小喜打乒乓球。1949 年去香港，曾代表香港参加第 19 届世界乒乓球锦标赛。1953 年回大陆，次年参加世界大学生夏季运动会乒乓球比赛，获男子单打和双打（与王传耀合作）第三名。第 24 届世界乒乓球锦标赛男子团体赛中，为中国队主力队员之一。1958 年起担任国家乒乓球男队和第 25 届世界乒乓球锦标赛男子单打冠军容国团的教练。在第 26、27、28 届世界乒乓球锦标赛中，中国队 3 次蝉联男子单打、男子团体世界冠军，因他教练有方，立特等功3次。与人合著《乒乓球训练法》。1961年、1963年获国家体委颁发的荣誉奖章。其间两次返甬，访问家乡天童区校（今五乡碶小学）、宁波市少年体校，指导球技，选拔人才。1964年任中国乒乓球协会副主席、第四届全国政协委员，次年加入中国共产党。“文化大革命”中受迫害致死。1978年平反，恢复名誉。1988年7月，北京举行“三英杯”乒乓球赛，纪念他与容国团、姜永宁逝世20周年和对中国乒坛的贡献。

傅其芳是乒乓球运动员出身，退役后当教练，他率领中国队首次夺得代表世界乒乓球运动最高水平的男子团体冠军，并登上“三连冠”宝座。球场上，傅其芳是一员骁将；当教练，他善于出谋划策，堪称乒坛奇才。傅其芳为开创“乒乓王国”立下了不朽的功勋。

（一）国家队的主力队员

傅其芳念小学时开始学打乒乓球，1949年前夕，因生活所迫去香港谋生。起初在乒乓房当“陪打”，刻苦练功，球技渐精，终“反陪为主”。他长于直拍快攻，善打两角直线球，用这种打法击败过来港比赛的许多名将，包括英国的乒乓球世界冠军李奇和伯格曼，名声大振，成为香港人心目中的耀眼球星。

1952年2月，傅其芳代表香港首次参加了在印度孟买举行的第19届世界乒乓球锦标赛，在男团比赛中取得第三名的佳绩。同年，他所在的香港队在新加坡战胜日本队，夺得亚洲乒乓球锦标赛冠军，回港时，受到同胞们迎接英雄凯旋般的热烈欢迎。但令他感触最深的，莫过于一位年迈的华侨女教师对他说的一句话：“如果能代表中国就更好了！”

那时，我国竞技体育刚刚起步，国家体委初创，急需大批人才，但又对家庭出身和社会关系很苛求。时任国务院副总理兼国家体委主任的贺龙元帅，力排众议，不拘一格选用优秀运动员和教练员，其中突出的一例便是大胆选用傅其芳。1953年春天，傅其芳怀着为国争光和报答知遇之恩的强烈愿望，来到了刚于1952年底组建的中国乒乓球队。贺龙元帅亲自接见，还特批傅其芳月薪200万元，比当时国家体委的许多领导都高。

傅其芳精心钻研乒乓球技术，并形成了自己的技术三绝。他原是打削球的，到香港后转为进攻型，直拍进攻型打法的他，个子高大，身手矫健；变化多端的发球、神出鬼没的“摆短”和正手侧身“滑板”是他技术上的“三绝”。凭借他高超的乒乓球技术，1954年，在布达佩斯举行的世界大学生夏季运动会上，傅其芳获乒乓球男子单打第三名，并与王传耀合作获男子双打第三名。1957年3月在斯德哥尔摩第24届世界乒乓球锦标赛上，中国男队获团体第三名，他是主力队员之一，他在团体分组赛中获全胜。

（二）立功三次的国家队教练

1958年起，他开始担任国家乒乓球男队教练。执掌中国队帅印后，他不负厚望，在实践中摸索出一条极具中国特色的近台快攻的路子，培养出庄则栋、李富荣、徐寅生、张燮林等一批世界级名将，创造出举世瞩目的辉煌业绩。他提出的要以速度即“前三板”技术取胜对手的理论和“快、准、狠、变”的战术，直到现在还在沿用，并成为中国队保持长盛不衰的成功法宝。他提出的“练为战，不为看”的原则已成为我国乒乓球队的传统。

1959年4月5日，是中国体育史上一个值得永远纪念的日子。这一天，在傅其芳的指导下，22 岁的容国团在德国多特蒙德第 25 届世乒赛上勇夺男子单打冠军，为中国捧回了有史以来第一座世界冠军奖杯，打开了中国乒乓球登上世界顶峰的大门。为此，世界体坛对中国也刮目相看。国际乒联决定，将 1961 年第 26 届世乒赛的举办地点放在中国北京。

这是新中国第一次承办大型国际体育比赛。傅其芳率领国家队日夜苦练，并通过各种渠道了解强敌日本队发明的“弧圈球”，让经验丰富的老将模仿弧圈球的打法，供主力队员适应。这种“陪练”方法后来成了中国队的优良传统，也是中国兵团克敌制胜的重要法宝。

1961 年在北京第 26 届世界乒乓球锦标赛上，中国男队凭借威力无穷的快攻打法，一路过关斩将，在半决赛中以 5∶1 横扫世界强队匈牙利，杀入决赛。五次蝉联男团冠军的世界霸主日本队本想以新发明的“魔法”弧圈球打垮中国队，实现六连冠的梦想，然而他们刁钻古怪的“魔法球”没起什么作用，中国人疾如闪电的快攻却大发神威，速度之快常常令他们措手不及，顾此失彼。最终中国队的容国团战胜弧圈高手星野，以 5∶3 赢得决赛胜利，第一次为祖国捧回男子团体世界冠军奖杯——斯韦思林杯。接着，庄则栋和邱钟惠相继又将男单、女单奖杯收入囊中，加上 4 项亚军、8 项第三，中国乒乓球队在第 26 届世乒赛上一鸣惊人，震动了世界。

傅其芳任教期间，中国队蝉联了第 26 届、第 27 届、第 28 届世界乒乓球锦标赛的男子单打、男子团体世界冠军。为此，国家体委 1961 年、1963 年两次授予他体育运动荣誉奖章。可以说，傅其芳、容国团这一代人创造的业绩，不仅是乒坛的辉煌，而且是真正代表中国体育走向世界的标志。

可惜的是，正当中国乒乓球队挟“三连冠”之余威，信心百倍地准备迎战两年后在瑞典斯德哥尔摩举行的第29届世乒赛时，史无前例的“文化大革命”爆发了。傅其芳被扣上“莫须有”罪名，遭到迫害，不幸于1968年4月16日含冤弃世。直到1978年春天，才得以平反昭雪。1984年，傅其芳被评为中华人民共和国成立35年来杰出教练员之一。1989年，傅其芳又被评为中华人民共和国成立40年来杰出教练员之一。他与我国第一位乒乓球教练、著名的乒乓球专家梁焯辉合著了10万字的《乒乓球训练法》一书也载入体育史册。

主要参考文献*

1. 完颜绍元：《王正廷传》，河北人民出版社 1999 年版。

2. 李建树：《应昌期传》，理艺出版社 1999 年版。

3. 陈鸣：《周信芳：海派京剧宗师》，上海教育出版社 1999 年版。

4. 沈鸿鑫等：《周信芳传》，河北教育出版社 1996 年版。

5. 司马烈人：《黄金荣秘传》，中国文史出版社 2004 年版。

6. 郭学勤：《千面人生——袁牧之传》，浙江人民出版社 2005 年版。

7. 曾宏燕：《上海巨商黄楚九》，人民文学出版社 2004 年版。

8. 秦绿枝：《海派商人黄楚九》，上海书店 1999 年版。

9. 应大白编著：《应云卫》，重庆出版社 2007 年版。

10. 沈鸿鑫：《梅兰芳周信芳和京剧世界》，格致出版社 2004 年版。

11. 王重光等：《马友友琴系故土》，宁波出版社 2007 年版。

12. 宋路霞：《上海的豪门旧梦》，中国友谊出版公司 2002 年版。

13. 李家驹：《商务印书馆与近代知识文化的传播》，商务印书馆 2005 年版。

14. 张静庐：《在出版界二十年》，上海书店影印 1984 年版。

15. 上海市出版工作者协会、编辑学会编：《上海出版人》，学林出版社 2003 年版。

16. 杨杨：《商务印书馆：民间出版业的兴衰》，上海教育出版社

---

* 本志除所列书籍外还参考了“中国期刊网”上的相关文章，恕不在此一一列举。

2000 年版。

17. ［法］戴仁著，李桐实译：《上海商务印书馆》，商务印书馆 2000 年版。

18. 冯春龙：《中国近代十大出版家》，广陵书社 2006 年版。

19. 郭学勤：《宁波帮与中国近现代电影业》，中国文史出版社 2006 年版。

20. 时影编著：《民国电影》，团结出版社 2005 年版。

21. 李多钰主编：《中国电影百年》（上编）（1905—1976），中国广播电视出版社 2005 年版。

22. 陆弘石：《中国电影史（1905—1949）》，文化艺术出版社 2005 年版。

23. 李道新：《中国电影文化史》，北京大学出版社 2005 年版。

24. 李道新：《中国电影史研究专题》，北京大学出版社 2006 年版。

25. 蒋中崎编著：《甬剧发展史述》，浙江文艺出版社 1991 年版。

26. 宁波市政协文史委编：《宁波帮研究》，中国文史出版社 2004 年版。

27. 周千军：《甬人风采》，宁波出版社 2007 年版。

28. 丁言伟等：《百年商旅》，广东经济出版社 2001 年版。

29. 金普森、孙善根主编：《宁波帮大辞典》，宁波出版社 2001 年版。

30. 各类志书：《上海出版志》、《上海文化艺术志》、《上海博物馆志》、《上海体育志》、《上海电影志》、《上海图书馆志》、《浙江电影志》、《宁波帮大辞典》等。